Russian Composition
and
Conversation

C. R. BUXTON, T.D., B.A., M.A.

PASSPORT B
a division of *NTC Publis*
Lincolnwood, Illinois USA

1991 Printing

Published by Passport Books, a division of NTC Publishing Group.
© 1986, 1977 by NTC Publishing Group, 4255 West Touhy Avenue,
Lincolnwood (Chicago), Illinois 60646-1975 U.S.A.
Manufactured in the United States of America.

0 VP 9 8 7 6 5 4

Russian Composition and Conversation

Preface

The purpose of this book is to provide specialized vocabulary lists classified by subject for writers and speakers of Russian. Frequency-count vocabulary lists or dictionaries can often prove inadequate, laborious, and misleading. Students, travelers, and others who have a good basic idea of how the language works can immediately use this Guide for communication. A special feature of this book is a large section of extracts from the contemporary Soviet press—keyed into the vocabulary lists and showing words used in context.

The main problem in writing a specialized composition in a foreign language is assembling the required vocabulary. The same problem arises when talking to a foreigner in his or her own language about sports, politics, or even semi-technical aspects of the weather. Not just nouns are needed, but also verbs with their irregular forms, adjectives, and idioms. Most of all, students need to see these words used together correctly in order to feel comfortable trying their own expressions.

Part One of *A Guide to Russian Composition and Conversation* contains subject vocabularies arranged according to topic—the natural world, city life, communications and the arts, science, travel, sports, government, industry, health, and many more. These lists are in alphabetical order. Section 48 is a list of frequently-used adjectives covering a broad range of subjects. Section 49 provides a table of irregular verbs, giving present/future, past, and past passive participle forms.

Other useful features in Part One are: a list of countries, inhabitants, and adjectival forms; a table of English proverbs with corresponding Russian versions; and a five-page chart of abbreviations covering many areas of Soviet life.

Part Two is made up of thirty-seven extracts, assembled from publications such as the weekly edition of *Nedyelya* and the periodicals *Sovietsky Soyuz* and *Kultura i Zhizn'*. Each article is cross-referenced to word lists in Part One. Additional vocabulary for the extracts is listed alphabetically at the end of the book.

Students especially interested in the commercial use of Russian may wish to refer to *Business Russian* by Siegfried Kohls, also published by National Textbook Company. Other works on Russian grammar and literature are also listed at the end of the Guide.

Contents

Part One
Subject Vocabularies

1. Geography

abyss	про́пасть	marsh	топь
bank	бе́рег	meadow	луг
bay	зали́в, бу́хта	mountain	гора́
bog	боло́то	mountain pass	го́рный прохо́д
cave	пеще́ра	mountain range	го́рный хребе́т
chasm	бе́здна	nature	приро́да
clearing	про́сека	oasis	оа́зис
cliff	скала́	pass	перева́л, дефиле́
coppice	ро́щица, кустáрник	path	тропа́, тропи́нка
copse	ро́ща	peak	верши́на
crag	уте́с	plain	равни́на
current	струя́, стру́йка	plateau	плоского́рье
desert	пусты́ня	pond	пруд
downs	откры́тая возвы́шенность	precipice	про́пасть
		ravine	тесни́на, овра́г
estuary	у́стье реки́	ridge	гре́бень горы́
field	по́ле	river	река́
flat	ро́вный	rock	скала́
foothills	подно́жие горы́	scenery	ландша́фт, пейза́ж
footpath	тропи́нка	shore	бе́рег
forest	лес	slope	накло́н
glacier	гле́тчер, ледни́к	steep	круто́й
gorge	тесни́на, ущéлье	steppe	степь
gully	овра́г	strait	проли́в, ги́рло
heath	степь, ве́реск (plant)	stream	ручéй (gen. ручья́)
hill	гора́, холм	summit	верши́на
hillock	буго́р, хо́лмик	swamp	боло́то, топь (f)
hilly	холми́стый	taiga	тайга́
lake	о́зеро	thicket	ча́ща, глушь
landscape	ландша́фт, пейза́ж	tundra	ту́ндра
		undulating	волни́стый
lowland	ни́зменность	valley	доли́на

1

volcano	вулка́н	wooded, forested	леси́стый
waterfall	водопа́д		
wood	лес	to rise (ground)	поднима́ться
outskirts	опу́шка, окра́ина	to fall (ground)	отва́ливаться

2. Sky and weather

barometer	баро́метр	ray	луч
black ice	гололёд	rough	неро́вный
blizzard	пурга́, въю́га	sky	не́бо
climate	кли́мат	slippery	ско́льзкий
cloud	о́блако	snow	снег
cold	хо́лод, холо́дный (adj.)	snowball	снежо́к
		snowdrift	сугро́б
cold spell	похолода́ние	snowfall	снегопа́д
continental	континента́льный	snowflake	снежи́нка
cool	прохла́дный	snowstorm	мете́ль, бура́н
dew	роса́	star	звезда́
downpour	ли́вень (m)	storm	бу́ря
drizzle	ме́лкий дождь	sun	со́лнце
eclipse	затме́ние	sunlight	со́лнечный свет
flood	разли́в	sun's ray	луч со́лнца
flooding	наводне́ние	ten-day period	дека́да
fog	тума́н	thaw	о́ттепель
frost	моро́з	thunder	гром
night frost	ночно́й моро́з	peal of thunder	уда́р гро́ма
hail	гроза́	tropical	тропи́ческий
heat	жара́, теплота́	typhoon	тайфу́н
high water	па́водок	universe	вселе́нная
hoar frost	и́ней	unstable	неусто́йчивый
horizon	горизо́нт	warm	тёплый
hurricane	урага́н	warm spell	потепле́ние
ice	лёд	weather	пого́да
lightning	мо́лния	wet	мо́крый
lightning flash	уда́р мо́лнии	wind	ве́тер
mist	тума́н, лёгкий тума́н		
moderate	уме́ренный		
moist	мо́крый	weather service	слу́жба пого́ды
moon	ме́сяц, луна́	weather forecast	прогно́з пого́ды
full moon	полнолу́ние	change in the weather	измене́ние пого́ды
new moon	новолу́ние		
planet	плане́та	settled weather	постоя́нная пого́да
polar	поля́рный		
precipitation	оса́док	rainy weather	дождли́вая пого́да
protracted	затяжно́й		
puddle	лу́жа	area of high pressure	о́бласть высо́кого давле́ния
rain	дождь		
incessant rain	затяжно́й дождь	area of low pressure	о́бласть ни́зкого давле́ния
rainbow	ра́дуга		

in good weather	в хоро́шую пого́ду	I am drenched to the skin (*lit.* bones)	я промы́к до косте́й, наскво́зь
in bad weather	в плоху́ю пого́ду	thick fog	густо́й тума́н
it is hot, cold, stuffy	жа́рко, хо́лодно, ду́шно	to fall (snow)	выпада́ть, вы́пасть
it is cloudless, bright, cloudy, dull	безо́блачно, я́сно, о́блачно, пасму́рно	in the rain	на дожде́
		it is raining cats and dogs	дождь идёт как из ведра́
it is raining	дождь идёт	it is slippery underfoot	ско́льзко под нога́ми
it is blowing, windy	ве́тер ду́ет	to be on slippery ground	говори́ть на ско́льзкую те́му
the snow is thawing	снег та́ет	in the north, south, east, west	на се́вере, на ю́ге, на восто́ке, на за́паде
it is snowing	снег идёт		
What is the weather like today?	Кака́я сего́дня пого́да?		
Is the weather good or bad?	Хоро́шая и́ли плоха́я пого́да?	northern, southern, eastern, western	се́верный, ю́жный, восто́чный, за́падный
outside	на дворе́		
in the open air	на откры́том во́здухе, под откры́том не́бе		
		atmospheric pressure	атмосфе́рное давле́ние
it is freezing	моро́зит	the weather was fine	стоя́ла хоро́шая пого́да
severe frost	треску́чий моро́з		
how many degrees of frost?	ско́лько гра́дусов моро́за?	there is a frost	стои́т моро́з
		to be in one's seventh heaven	быть на седьмо́м не́бе
the thermometer indicates 30 below zero	термо́метр пока́зывает 30 гра́дусов ни́же нуля́	to put by for a rainy day	отложи́ть про чёрный день

3. Agriculture and horticulture

agricultural	сельскохозя́йственный	farm, state	совхо́з
		farm labourer, worker	батра́к, колхо́зник, колхо́зница
agriculture	се́льское хозя́йство		
arable land	па́хотная земля́	farmer	фе́рмер
barley	ячме́нь (*m.*)	farmhouse	жило́й дом на фе́рме, ху́тор
cattle	скот		
cattle rearing	скотово́дство	fence	забо́р
combine harvester	убо́рочная маши́на, жа́твенная комба́йн	field	по́ле
		frame	парнико́вая ра́ма
		fruit farming	плодово́дство
corn	хлеб	furrow	борозда́
cotton	хло́пок	gardener	садо́вник
country	дере́вня	gardening	садово́дство
country house	да́ча	grain	зерно́
country life	се́льская жизнь	granary	зернохрани́лище
farm	ху́тор, фе́рма	grass	трава́
farm, collective	колхо́з	blade of	трави́нка

3

greenhouse	тепли́ца, оранжере́я	sowing machine	се́ялка
greens (vegetables)	зе́лень (*f.*)	spade	лопа́та
harvest	урожа́й	straw	соло́ма
hay	се́но	surplus	изли́шек
haymaking	сеноко́с	tractor	тра́ктор
haystack	стог се́на	vegetables	о́вощи
kitchen garden	огоро́д	village	село́, дере́вня
labourer	батра́к	village council	мир, сельсове́т
land reform	земе́льная рефо́рма	villager	се́льский жи́тель, селяни́н
lot, appanage	уде́л	viticulture	виногра́дарство
market gardener	огоро́дник	water sprayer	дождева́тель
market gardening	огоро́дничество	wheat	пшени́ца
milking machine	дои́льный аппара́т	spring	ярова́я пшени́ца
milkmaid	до́ярка	winter	ози́мая пшени́ца
pail	ведро́		
peasant	крестья́нин, крестья́нка, мужи́к	to cultivate	возде́лывать
		to dig	копа́ть
peasant farmer	кула́к	to drain	дрени́ровать, осуша́ть
peasant woman	ба́ба		
pitchfork	ви́лы	to force (plants)	расти́, пуска́ть
plough	плуг	to graze	пасти́
ploughing	па́хота	to irrigate	ороша́ть
ploughman	па́харь	to launch, set something going	пуска́ть, пусти́ть в ход
production	произво́дство		
reaper	жнец, жни́ца; жа́твенная маши́на	to milk	дои́ть
		to mow	коси́ть
		to plough, till	паха́ть
rural	се́льский	to plough fallow land	паха́ть под пар
rural population	се́льское населе́ние	to reap, harvest	жать
		to smell	па́хнуть
scythe	коса́	to sow	се́ять
seeds	семена́	to take away	отбира́ть, отобра́ть
sheaf	сноп		
shed	сара́й	fattening (for killing)	отко́рм
shepherd	пасту́х		
sickle	серп	the bad season	распу́тица
sowing	посе́в		

4. The animal world

(a) ANIMALS

(i) *General*

animal	живо́тное	claw	ко́готь (*m.*)
animal kingdom	живо́тное ца́рство	domestic animals	дома́шние живо́тные
antlers	рога́	fore quarters	пере́дние но́ги

genus	род	skin	шку́ра
hind quarters	за́дние но́ги	species	вид
horn	рог	tail	хвост
mane	гри́ва	zoo	зоопа́рк
plumage	спере́ние	zoology	зооло́гия

(ii) Animals

antelope	антило́па	hyena	гие́на
bat	лету́чая мышь	kangaroo	кенгуру́
bear	медве́дь (m.)	lamb	ягнёнок
beaver	бобр	leopard	леопа́рд
camel	верблю́д	lion	лев
deer	оле́нь (m.)	lioness	льви́ца
doe	лань (f.)	lizard	я́щерица
elephant	слон	lynx	рысь (f.)
elk	лось (m.)	mole	крот
fox	лиса́, лиси́ца	monkey	обезья́на
giraffe	жира́ф	mouse	мышь
hare	за́яц (gen. sing. за́йца)	otter	речна́я вы́дра
		ox	вол, бык
hedgehog	ёж	pheasant	фаза́н
hippopotamus	гиппопота́м	rabbit	кро́лик

(iii) Domestic animals

ass	осёл	foal	жеребёнок
bull	бык	goat	коза́ (f.), козёл (m.)
calf	телёнок, теле́ц		
cat	кот, ко́шка	goose	гусь
chicken	цыплёнок	hen	ку́рица
cock	пету́х	horse	ло́шадь
cow	коро́ва	kitten	котёнок
dog	соба́ка, пёс	pig	свинья́
domestic animals	дома́шние живо́тные	piglet	поросёнок
		puppy	щено́к
donkey	осёл	ram	бара́н
drake	се́лезень	sheep	овца́
duck	у́тка	turkey	индю́к
ewe	овца́		

(b) BIRDS AND INSECTS

(i) General

beak, bill	клюв	insect	насеко́мое
bird	пти́ца	nest	гнездо́
cage	кле́тка	tail	хвост
claw, talon	ко́готь	wing	крыло́ (pl. кры́лья)
feather	перо́		

(ii) Birds

canary	канаре́йка	duck	у́тка
chiff-chaff	пе́ночка	eagle	орёл
cock	пету́х	finch	зя́блик
crane	жура́вль (m.)	fowl	ку́рица
crossbill	клёст	goldfinch	щего́л

grouse	шотла́ндская куропа́тка	robin	мали́новка
hawk	я́стреб	seagull	ча́йка
hen	ку́рица	skylark	жа́воронок
kingfisher	зиморо́док	sparrow	воробе́й
lark	жа́воронок	stork	а́ист
linnet	чечётка	starling	скворе́ц
nightingale	солове́й	swallow	ла́сточка
ostrich	стра́ус	swan	ле́бедь (*m.*)
owl	сова́	thrush	дрозд
parrot	попуга́й	turkey	индю́к
peacock	павли́н	wagtail	трясогу́зка
pheasant	фаза́н	woodpecker	дя́тел
pigeon	го́лубь (*m.*)	yellow bunting	овся́нка

(c) FISH AND REPTILES

carp (sea)	карп, саза́н	sardines	сарди́ны
caviare, roe	икра́	shark	аку́ла
cod	треска́	sprats	ки́льки
crab	краб	sturgeon	осётр, осетри́на, севрю́га
crayfish	(морско́й) рак	fillet of sturgeon	ба́лык
eel	у́горь (*m.*)	sword-fish	ры́ба-са́бля, меч-ры́ба
fish	ры́ба		
frog	лягу́шка		
goldfish	золота́я ры́бка	toad	жа́ба
herring	сельдь	tortoise	черепа́ха
jellyfish	меду́за	trout	форе́ль (*f.*)
lizard	я́щерица	tunny	туне́ц
lobster	ома́р	turbot	тюрбо́, ка́мбала
mackerel	ску́мбрия	walrus	морх
oyster	у́стрица	whale	кит
pike	щу́ка		
plaice	ка́мбала		
salmon	ло́сось (*m.*), лососи́на, сёмга		

5. Trees

(a) GENERAL

bark	кора́	tree	де́рево
berry	я́года	coniferous	хво́йное де́рево
branch	сук, ветвь (*f.*)	deciduous	ли́ственное де́рево
foliage	листва́, зе́лень		
leaf	лист (*pl.* ли́стья)	trunk	ствол
pine needle	хвоя́	twig	ветвь (*f.*), ве́точка (*f.*)
root	ко́рень (*m.*)		
stem	ствол	wood	лес

to change colour	меня́ть цвет	to prune	обре́зывать,
to fall (leaves)	спада́ть		обре́зать
to plant	сажа́ть, посади́ть	to rustle	шелесте́ть

(b) TYPES OF TREE

apple	я́блоня	maple	клён
ash	я́сень (*m.*)	mountain ash	ряби́на
aspen	оси́на	oak	дуб
beech	бук	pear	гру́шевое де́рево,
birch	берёза		гру́ша
bush	куст	pine	сосна́
cedar	кедр	plane	плата́н
chestnut	кашта́н	plum	сли́ва
cypress	кипари́с	shrub	куста́рник
elm	ильм, вяз	willow	и́ва
fir	ель (*f.*)	weeping	плаку́чая и́ва
larch	ли́ственница	yew	тис
lime	ли́па		

6. Gardens

(a) GENERAL

deck chair	стул для лежа́ния	garden work	садо́вая рабо́та
fence	забо́р	gardener	садо́вник
fish pond	пруд	grass	трава́
flower bed	клу́мба	greenhouse	тепли́ца
frost	моро́з	lawn	газо́н
sensitive to	чувстви́тельный к моро́зу	lawnmower	газонокоси́лка
		manure	удобре́ние, наво́з
		plant	расте́ние
frost-resistant	зимосто́йкий	aquatic plant	водяно́е расте́ние
garden	сад		
front garden	палиса́дник	house plant	ко́мнатное расте́ние
house garden	сад при до́ме		
kitchen garden	огоро́д	spray	шприц
rock garden	альпи́нум	summer house	бесе́дка
garden gate	садо́вая дверь	flower	цвето́к
garden shed	сара́й (для прибо́ров)	vase	ва́за (для цвето́в)

(b) TREES AND SHRUBS

azalea	аза́лия	ivy	плющ
box	самши́т	jasmine	жасми́н
evergreen	вечнозелёный	laburnum	золото́й дождь
broom	раки́тник	lilac	сире́нь (*f.*)
bush	куста́рник	magnolia	магно́лия
camellia	каме́лия	myrtle	мирт
clematis	ломоно́с	reeds	си́тники
honeysuckle	жи́молость (*f.*)	rhododendron	рододе́ндрон
hydrangea	горте́нзия		

7

| rose | ро́за | shrub | куста́рник |
| wild rose | ди́кая ро́за | tree | де́рево |

(c) FLOWERS

annual	одноле́тнее расте́ние	fuchsia	фу́ксия
		geranium	гера́нь (*f.*)
antirrhinum	льви́ный зев	gladiolus	шпа́жник
aster	а́стра	heather	ве́реск
aubretia	аубре́ция	hollyhock	ма́льва
begonia	бего́ния	lily	ли́лия
bluebell	колоко́льчик	lily of the valley	ла́ндыш
buttercup	лю́тик	narcissus	нарци́сс
cactus	ка́ктус	pansy	фиа́лка
carnation	кра́сная гвозди́ка	passion flower	пассифло́ра, страстоцве́т
chrysanthemum	хризанте́ма		
cornflower	василёк	perennial	многоле́тнее расте́ние
crocus	кро́кус		
cyclamen	цикламе́н	phlox	флокс
daffodil	бле́дно-жёлтый нарци́сс	plant	расте́ние
		poppy	мак
dahlia	да́лия, геоги́на	primula	первоцве́т
daisy	маргари́тка	snowdrop	подсне́жник
dandelion	одува́нчик	sunflower	подсо́лнечник
flowering plant	цветко́вое расте́ние	tulip	тюльпа́н
		violets	аню́тины гла́зки
forget-me-not	незабу́дка	weed	со́рная трава́
foxglove	наперстя́нка	wild flowers	полевы́е цветы́

(d) VEGETABLES

artichokes	артишо́ки	mushrooms	грибы́
asparagus	спа́ржа	onion	лук
beans	бобы́	pea	горо́х
beet	свёкла	potatoes	карто́фель, карто́шка
cabbage	капу́ста		
carrot	морко́вь (*f.*)	radish	реди́ска
cauliflower	цветна́я капу́ста	tomatoes	тома́ты, помидо́ры
celery	сельдере́й		
cucumber	огуре́ц	turnip	ре́па
lettuce	лакту́к, сала́т	vegetables	о́вощи

(e) FRUITS

almond	минда́ль (*m.*)	fruit(s)	фру́кты, плод
apple	я́блоко	gooseberry	крыжо́вник
apricot	абрико́с	grapes	виногра́д
banana	бана́н	lemon	лимо́н
blackberry	ежеви́ка	melon	ды́ня
black currant	чёрная сморо́дина	orange	апельси́н
cherry	ви́шня	peach	пе́рсик
cranberry	клю́ква, брусни́ка	pear	гру́ша
		pineapple	анана́с
date	фи́ник	plum	сли́ва
fig	фи́га	raspberry	мали́на

red currant	кра́сная смород́ина	tangerine	мандари́н
strawberry	земляни́ка	water melon	арбу́з

(f) GARDEN TOOLS

barrow	ручна́я теле́жка	shears	но́жницы
fork	ви́лы для копа́ния	spade	за́ступ (ручно́й)
		syringe	шприц
lawn mower	газонокоси́лка	trowel	садо́вый сово́к
rake	гра́бли (*pl.*)	watering can	садо́вая ле́йка
secateurs	сека́тор		

(g) GARDEN WORK

to clear land	опустоша́ть, опустоши́ть	to pluck	срыва́ть, собира́ть
to cut (flowers)	обре́зать	to re-pot	переса́живать в горшо́к
to fence in	огора́живать, огороди́ть	to sow	се́ять
to grow	расти́	to spray	отпры́скивать
to look for	иска́ть	to tend (flowers)	уха́живать (за + *instr.*)
to manure	удобря́ть		
to overwinter	перезимова́ть	to tie up	привя́зывать
to pick	собира́ть	to transplant	переса́живать
to plant	сажа́ть	to water (plants)	полива́ть

7. Country pursuits

(a) FORESTRY

axe	топо́р	poacher	браконье́р
bow saw	попере́чная пила́	sawmill	лесопи́льный заво́д
firewood	дрова́		
forest	лес	timber merchant	лесопромы́шленник
forester	лесни́к		
forestry	лесни́чество	undergrowth	за́росль (*f.*)
gamekeeper	лесни́к	woodland path	лесна́я доро́га
hut	изба́		
lumberjack	лесору́б	to fell	руби́ть

(b) BEEKEEPING

bee	пчела́	drone	тру́тень (*m.*)
queen	ма́тка	honey	мёд
worker	пчела́-рабо́тница	honeycomb	яче́йка, со́ты (*pl.*)
beehive	у́лей	swarm of bees	рой
beekeeper	пчелово́д	wax	воск
beekeeping	пчелово́дство		

(c) HUNTING

dog	соба́ка, пёс	hound	дог
game	дичь (*f.*)	hunter	охо́тник

hunting	охо́та	to hunt	охо́титься на (+
hunting dog	охо́тничья		*acc.*), за (+
	соба́ка, борза́я		*instr.*)
huntsman	охо́тник	to sense (animals)	чу́лять
stand	сто́йка	to shoot	стреля́ть в (+
track	след		*acc.*)

(d) FISHING

angler	рыболо́в	reach (of river)	плёс
bait	прима́нка,		
	наса́дка		
fishing	ры́бная ло́вля	to bite (fish)	клева́ть
fishing line	ле́ска, леса́	to cast a line	заки́нуть у́дочку
fishing rod	у́дочка, уди́лище	to catch	пойма́ть
float	попла́вок	to fish, angle	уди́ть ры́бу
hook	крючо́к		

The fish is biting.

They returned towards evening with a rich catch.

Once again—failure! A large fish slipped off the hook.

This morning we caught seven more perch.

Ры́ба клюёт.

С бога́тым уло́вом возвраща́лись под вечер.

И сно́ва неуда́ча. С крючка́ сошла́ кру́пная ры́ба.

В э́то у́тро мы пойма́ли ещё семь судако́в.

8. Ports and shipping

ahead	вперёд	dock	док
anchor	я́корь (*m.*)	dry dock	сухо́й док
astern	наза́д	floating dock	плову́чий док
ballast	балла́ст	donkey engine	вспомога́тельная
berth	прича́л, стоя́нка		маши́на
boiler	котёл	draught	оса́дка
boiler room	коте́льное	engine	дви́гатель,
	отделе́ние		маши́на, мото́р
bollard	ту́мба	engine room	маши́нное
bollards	кне́хты		отделе́ние
bow	нос	fathom	са́жень (*f.*)
bridge	мо́стик	forecastle	бак
buoy (channel)	буй, буёк	fuel	то́пливо
buoy (mooring)	бо́чка	funnel	дымова́я тру́бка
cabin	каю́та	gangplank	схо́дня
cargo ship	грузово́е су́дно	guide rail	леер
chain	цепь (*f.*)	harbour	га́вань (*f.*)
crane	кран	harbour entrance	вход в порт, в
crew	экипа́ж, кома́нда		га́вань
deck	па́луба	harbourmaster	нача́льник по́рта
derrick	(грузова́я) стрела́	helmsman	шту́рман
displacement	водоизмеще́ние	hold	трюм
distress signal	сигна́л бе́дствия,	knot	у́зел
	авари́йный	ladder	трап
	сигна́л		

lifeboat	спасáтельная шлю́пка	to go aground	сади́ться на мель
lighthouse	мая́к	to tow, take in tow	брать, взять на букси́р
lightship	пловýчий мая́к	to moor alongside	прича́ливаться, прича́литься
liner	лáйнер, рéйсовое сýдно	to moor at a buoy	станóвиться, стать на бóчку
mast	мáчта	to anchor	станóвиться, стать на я́корь
mercantile marine	морскóй флот		
motor vessel	теплохóд	to be at anchor	стоя́ть на я́коре
navigation	навигáция	to weigh anchor	снимáться, сня́ться с я́коря
pier	пирс, мол		
port	порт	to be loading	стоя́ть под погрýзкой
propeller	(гребнóй) винт		
quarter-deck	шкáнцы (pl.)	to berth a ship	швартовáться
rigging	такелáж	to cast off	отдавáть, отдáть швартóвы
road (naut.)	рейд		
rudder	руль	to sail under the flag of	плáвать под флáгом
seaman	матрóс		
speed	скóрость (хóда)	to make for	держáть курс на (+ acc.)
steamer	парохóд		
stem	форштéвень, нос	to win the Blue Ribband	завоевáть Голубýю Лéнту
stern	кормá		
superstructure	надстрóйка		
tanker	(нéфте) наливнóе сýдно, тáнкер	at full speed	пóлным хóдом
		on the upper deck	на вéрхней пáлубе
tow rope	букси́рный трос, канáт		
		on board	на бортý
trade route	рéйс	under way	на ходý, в пути́
tug	букси́р	harbour facilities	портóвые соорý-
vessel	корáбль (m.)		жéния и
waist	шкафýт		устрóйства
wharf	верфь (f.)		
winch	лебёдка		
wires, ropes	трóсы, канáты		

Powerful cargo vessels are now being launched.

Our fleet exports abroad millions of tons of freight with the trade mark "Made in USSR".

The ships sail at a speed of 35–40 knots.

The first Soviet icebreaker was launched at that time.

The ship's ladders are removed and the motor vessel moves away from the landing stage without noise, slowly turning into the current.

I go up to the captain's bridge.

The "holy of holies" of the ship is the charthouse.

Around the island are sandbanks, submerged stones and boulders. Vessels avoid this dangerous spot.

Тепéрь со стапелéй схóдят мóщные сухогрýзные судá.

Наш флот вывóзит за грани́цу миллиóны тонн грýзов с мáркой «сдéлано в СССР».

Они́ плáвают со скóростью 35–40 узлóв.

В то врéмя спусти́ли со стáпеля пéрвый совéтский ледокóл.

Трáпы ýбраны и теплохóд, бесшýмно отдели́вшись от при́стани, мéдленно развора́чивается по течéнию.

Поднимáюсь на капитáнский мóстик.

Святáя святы́х корабля́—штýрманская рýбка.

Вокрýг óстрова—óтмели, подвóдные кáмни и валуны́. Судá обхóдят это опáсное мéсто.

In the very near future we shall operate a regular passenger service Leningrad–Montreal.

В са́мое ближа́йшее вре́мя откро́ем регуля́рную пассажи́рскую ли́нию Ленингра́д–Монреа́ль.

The liner collided with the tanker.

Ла́йнер столкну́лся с та́нкером.

Caught in a storm, the tanker broke in half.

Попа́в в шторм, та́нкер перело-ми́лся попола́м.

Man overboard!

Челове́к за бо́ртом!

9. Boats

boat hook	багóр, отпóрный мест
boat-house	лóдочная стáнция, сарáй для лóдок
boatman	лóдочник
buoy (mooring)	бóчка
buoy (navigational)	буй
canoe	канóэ (*indecl.*)
choppy sea	неспокóйное мóре
collision	столкновéние
dinghy	ту́зик, шкиф
displacement	водоизмещéние
draught	осáдка
fishing boat	рыбáчья лóдка
hovercraft	воздýшная подýшка
hydrofoil	корáбль на подвóдных кры́льях
jetty	при́стань (*f.*)
keel	киль (*m.*)
mast	мáчта
moorings	мéсто стоя́нки
motor boat	мотóрный кáтер
high-speed boat	гли́ссер
oars	вёсла
rowing boat	гребнáя шлю́пка/лóдка
sail	пáрус
sailing boat	пáрусное сýдно, пáрусник
sailing regatta	пáрусная регáта
sailing ship/vessel	пáрусная лóдка
schooner	шху́на
sea trip	прогу́лка в мóре

slipway	стáпель, слип
squall	шквал
surf	прибóй
surf boat	прибóйная лóдка
tiller	рýмпель (*m.*)
wharf	при́стань, причáл
yacht	я́хта
yawl	иóл
to drown	утóпать, утону́ть
to get into the boat	входи́ть в лóдку, сади́ться в лóдку
to get out	выса́живаться, вылезáть
to go boating	катáться на лóдке
to hoist a sail	поднимáть, подня́ть пáрус
to lower a sail	спускáть/спусти́ть пáрус
to rescue	спасáть
to sail	плáвать, идти́ под парусáми
to shorten sail	брать/взять пáрус
to sink (vessel)	топи́ть
to steer	прáвить рулём
to swim	плáвать, плыть, поплы́ть
to turn	повора́чивать
length from stem to stern	длинá от бýга до кормы́
We are all in the same boat.	Мы все в одинá-ковых услóв-иях, в одинá-ковом поло-жéнии.

10. Fishing and the Fishing industry

cabin	каю́та
catch	уло́в, добы́ча
diver	водола́з
echo sounder	эхоло́т
fish	ры́ба
fish market	ры́бный ры́нок
fisherman	рыба́к, рыболо́в
fisherwoman	рыба́чка
fishing (*adj.*)	ры́бный, рыба́чий
fishing agreement	соглаше́ние о рыболо́встве
fishing boat	рыба́чья ло́дка
fishing industry	рыбопромы́шленность
screw	винт
seafarer	морепла́ватель
ship's boy	ю́нга (*m.*)
trawl	трал
trawler	тра́лец, тра́улер, тра́льщик
deep-sea trawler	океа́нский тра́(у)лер
trawling	трале́ние
trawling (*adj.*)	трало́вый
wheelhouse	штурманская ру́бка
to freeze	замора́живать
to go aground on a reef	сади́ться на риф
to go for a refit	зайти́ на ремо́нт
to go out of commission	зайти́ с про́мысла
to put to sea	уходи́ть/уйти́ в пла́вание
to wind	намота́ть
morse code	а́збука мо́рзе
net	сеть (*f.*)
northern hemisphere	се́верное полуша́рие
reef	риф
refrigerated ship	рефрижера́торное су́дно

It was being carried on to the reefs with the steering gone.

Neither fish, flesh, nor good red herring.

A fishy story.

Понесло́ на ри́фы без рулево́го управле́ния.

Ни ры́ба, ни мя́со.

Преувели́ченный расска́з.

11. Life by the sea

(a) BY THE SEASIDE

beach	пляж
cliff	скала́, утёс
cloud	о́блако
storm cloud	ту́ча
coastline	берегова́я ли́ния
current	тече́ние
gale	шторм
full gale	си́льный шторм
gale warning	штормово́е предостереже́ние
health centre	здра́вница
holiday	пра́здник
the holidays	кани́кулы
lighthouse	мая́к
mist	тума́н
river bed	ру́сло реки́
rough sea	неспоко́йное мо́ре
rough weather	бу́рная пого́да
sand	песо́к
fine sand	ме́лкий песо́к
sandbank	песча́ная ба́нка
sandy	песо́чный, песча́ный
sandy beach	песча́ный пляж
sea	мо́ре
the Baltic	Балти́йское мо́ре
the Black Sea	Чёрное мо́ре
the Caspian	Каспи́йское мо́ре
choppy sea	коро́ткие во́лны, неспоко́йное мо́ре
sea bed	грунт

13

shallow	неглубо́кий, ме́лкий	water	вода́
		low water	ма́лая вода́
shingle	га́лька	wave	волна́
shingly beach	бе́рег, покры́тый га́лькой	crest of wave	гре́бень (*m.*)
spa	куро́рт		
tide	прили́в/отли́в	to go to the seaside	пое́хать на бе́рег мо́ря
ebb tide	отли́в		
flood tide	прили́в		
high tide, high water	по́лная вода́	by the seaside	у мо́ря
turn of the tide	сме́на отли́ва/ прили́ва	on shore	на берегу́

(b) ACTIVITIES ON THE BEACH

aqualung	аквала́нг	sand dunes	дю́ны
awning	тент	seaweed	во́доросли
bather	купа́ющийся	sunbathing	со́лнечная ва́нна
bathing hut	купа́льня	sunglasses	со́лнечные очки́
bathing suit	купа́льный костю́м	sunshade	зонт
		sunstroke	со́лнечный уда́р
beach hat	шля́па для пля́жа	suntan	зага́р
beach tent	пала́тка на пля́же	swimmer	плове́ц, пловчи́ха
deck chair	шезло́нг	swimming trunks	пла́вки
flippers	ла́сты	tent	пала́тка
ice cream stall	пала́тка для прода́жи моро́женого	to bathe	купа́ться, вы́купаться
lifebelt	спаса́тельный круг	to be at the seaside	быть на мо́ре
lilo, inflatable raft	надувно́й матра́ц	to lie on the beach	лежа́ть на пля́же
mussel	ра́ковина	to sunbathe, become sunburnt	загора́ть, загоре́ть
sand	песо́к		
sandcastle	ма́ленький за́мок из песка́	in the daytime	в дневно́е вре́мя

12. Town planning and building

(a) BUILDINGS, ETC.

architect	архите́ктор, зо́дчий	building density	пло́тность застро́йки
architecture	архитекту́ра, зо́дчество	building site	уча́сток
		building work	строи́тельство
architectural	архитекту́рный, зо́дческий	building worker	строи́тельный рабо́чий
block of flats	жило́й дом	capital	столи́ца
brickwork	кирпи́чная кла́дка	capital (*adj.*)	столи́чный
		cathedral	собо́р
building	зда́ние, ко́рпус	ceiling	потоло́к

14

chapel	часо́вня	nursery (children's	де́тские я́сли
church	це́рковь (*f.*)	day)	
classical	класси́ческий	plan	план, прое́кт
competition	ко́нкурс	planner	проектиро́вщик
concrete mixer	меша́лка	planning	проекти́рование
construction,	сооруже́ние	planning (layout,	планиро́вка
building,		design)	
erection		planning institute	прое́ктный
co-ordination	увя́зка		институ́т
decoration	отде́лка	population	населе́ние
demolition	снос	prefabricated	сбо́рный
depot, terminus	коне́чная ста́нция	prefabricated	сбо́рные дома́
	(трамва́ев	houses	
	и.т.д.)	premises	помеще́ние
development	разви́тие	public buildings	обще́ственные
domestic	бытово́й		зда́ния
dwelling house,	жило́й дом	reading room	чита́льня
apartment house		reconstruction	реконстру́кция
entry	въезд	reinforced piles	железобето́нные
external	вне́шний		сва́йки
façade	фаса́д	repair	ремо́нт
factory	заво́д	restoration	восстановле́ние,
factory housing	рабо́чий посёлок		возобновле́ние
estate		ring road	кольцева́я
fire escape	ле́стничная		магистра́ль
	кле́тка	roadworks	доро́жные
five year plan	пятиле́тка		рабо́ты
flight of steps	перро́н	sash (window)	(око́нный)
floor	пол		переплёт
foundation	фунда́мент	scaffolding	подмо́стки (*pl.*)
framework	стропи́ло	scale	масшта́б
green belt	полоса́	services	обслу́живания,
	озелене́ния		слу́жбы бы́та
heating	отопле́ние	skyscraper	небоскрёб
hospital	больни́ца	slum, unfit	трущо́ба
house	дом	property	
tall house	высо́тный дом	spacious	просто́рный
housing area	жило́й райо́н	sports centre	спорти́вный зал
hydro-electric	гидроста́нция	square	сквер, пло́щадь
station			(*f.*)
illuminated	световы́е ло́зунги	station	вокза́л
advertisements		subway	тонне́ль,
industrial	промы́шленный		тонне́льный
internal	вну́тренний		мост
intersection	пересече́ние	telephone exchange	телефо́нная
laundry	пра́чечная		ста́нция
laying	кла́дка	town construction	градострои́те-
living space	жила́я пло́щадь		льство
main thoroughfare	магистра́ль	town planning	градострои́те-
masonry	ка́менная кла́дка		льство
model	маке́т	town square	городска́я
monument	па́мятник		пло́щадь
movement of	движе́ние	undertaking,	предприя́тие
transport	тра́нспорта	enterprise	
multistoried	многоэта́жный	unsightly	непригля́дный

vacant land	пустырь (*m.*)	water supply	водоснабжёние
water main	водопровóдная магистрáль	widening	расширéние

(b) MATERIALS FOR BUILDING

brick	кирпич (кирпичный)	to erect	возводить пострóйку
cement	цемéнт (цемéнтный)	to mix	мешáть
glass	стеклó (стеклянный)	to plan	проектировать
granite	гранит (гранитный)	to reconstruct	реконструировать
lime	известь (известкóвый)	to spread, unroll, unfold	развёртывать
marble	мрáмор (мрáморный)	to take a decision	принимáть, принять решéние
reinforced concrete	железобетóн (железобетóнный)	to widen	расширять, расширить
sand	песóк (песóчный)	to work on plans	трудиться над прое́ктами
steel	сталь (стальнóй)	to work out plans	разрабóтать плáны
tile	черепица (черепичный)		
wood	дéрево (деревянный)	in the background	на зáднем плáне
		in the foreground	на пéрвом плáне
to assemble	монтировать	large unit (*adj.*)	крупноэлемéнтный
to build	стрóить		
to develop	развивáть, развить		

The scale of construction activity	Масштáб созидáтельных рабóт
Great attention has been paid to the quality of construction	Большóе внимáние уделилось кáчеству строительства
To come into use	Вступáть, вступить в строй
14–16 storey flats	Жилые домá в 14–16 этажéй
Construction in summer and winter time	Строительство в лéтнее и зимнее врéмя
Cinema of 400 seats	Кинотеáтр на 400 мест
The drawing office prepares plans for 12–13 storey flats	Мастерскáя готóвит эскизы проéктов 12–13 этáжных домóв
At present the plan only exists on paper	Проéкт существýет покá тóлько на листé
Flats of one or two rooms, destined for single persons, newly-weds, and small families	Квартиры в однý или две кóмнаты, рассчитанные на одинóчек, молодожёнов и небольшие сéмьи
Assembly on the site	Монтáж на площáдке, на учáстке

13. Town life

advertisement	реклáма	arcade	аркáда
alley, small street	мáленькая ýлица, прохóд	avenue	проспéкт, бульвáр

16

bank	банк	pavement	тротуа́р, мостова́я
boulevard	бульва́р	pedestrian	пешехо́д
bridge	мост	people	лю́ди, наро́д
building	зда́ние	policeman	милиционе́р,
bus stop	остано́вка		полице́йский
	авто́буса	police station	полице́йский
bypass	обхо́д		уча́сток
canal	кана́л	post office	почта́мт, по́чта
capital	столи́ца	public house	каба́к, пивна́я
castle	за́мок	restaurant	рестора́н
cathedral	собо́р	roadway	шоссе́
church	це́рковь (*f.*)	rubbish	му́сор
cinema	кино́, кинотеа́тр	shop	магази́н, ла́вка
circus	цирк	shop window	витри́на
crossing	перехо́д	''sights'', place of	достопримеча́-
crossroads	перекрёсток	interest	тельности
crowd	толпа́	skating rink	като́к
district	кварта́л, часть	square	сквер, пло́щадь
	го́рода		(*f.*)
embankment	на́бережная	stall	кио́ск
environs	окре́стности	station	вокза́л
exhibition	вы́ставка	stock exchange	фо́ндовая би́ржа
factory	заво́д	stop (bus, etc.)	остано́вка
fire engine	пожа́рная	street	у́лица
	маши́на	main street	гла́вная у́лица,
fire station	пожа́рная охра́на		магистра́ль
garden	сад		(*f.*)
gate, archway	воро́та (*pl.*)	one-way street	однопу́тная у́лица
gutter	кана́вка	side street	попере́чная/
hospital	больни́ца		бокова́я
hotel	гости́ница, оте́ль		у́лица
	(*m.*)	street corner	у́гол у́лицы
information office	спра́вочное бюро́	street lamp	у́личный фона́рь
municipal infor-	горспра́вка	street trader	у́личный
mation office			торго́вец
inhabitant	жи́тель (*m.*)	suburb	при́город
kerb	кра́й тротуа́ра,	supermarket	гум
	обо́чина	swimming bath	бассе́йн
lane	переу́лок	taxi stand	стоя́нка такси́
lavatory	убо́рная	telephone box	телефо́нная бу́дка
public lavatory	обще́ственная	theatre	теа́тр
	убо́рная	toilet	туале́т
law court	суд	town	го́род
letter box	почто́вый я́щик	town (*adj.*)	городско́й
market place	ры́нок	town centre	це́нтр го́рода
mayor	мэр	town dweller	горожа́нин
monument	па́мятник	town hall	ра́туша
municipal	городско́й	traffic light	светофо́р
museum	музе́й	traffic sign	сигна́л у́личного
outskirts	окра́ина		движе́ния
palace	дворе́ц	underground	метро́ (*indec.*)
park	парк	visitor	посети́тель
parking place	стоя́нка	wall, rampart	вал
	автомаши́н	wastepaper bin	корзи́на для
passage	прохо́д, пасса́ж		отбро́сов

17

14. Shopping

(a) GENERAL

advertisement	реклама	shop sign	вывеска
article	предмет	shop window	витрина
assistant	продавец, продавщица	state trading	государственная торговля
cash	наличные деньги	store (large)	универмаг
cash desk	касса	warehouse	склад
cashier	кассир, кассирша		
change (money)	сдача		
cheap	дешёвый	to go shopping	делать покупки, идти за покупками
complaint	жалоба		
counter	прилавок		
customer	покупатель, -ница	to buy	покупать, купить
dear	дорогой	to sell	продавать, продать
department	отдел, отделение		
entrance	вход	to acquire (for sale)	закупать, доставать
escalator	эскалатор		
exit	выход	to cost	стоить
goods	товар	to deliver	поставлять, доставлять
groceries	бакалея		
lift	лифт, подъёмник	to order	заказывать, заказать
manager	заведующий магазином	to store	складывать
market	рынок	to weigh	взвешивать, взвесить
packet	пачка		
payment	платёж	to wrap up, pack	укладывать, завёртывать, завернуть
present	подарок		
price	цена		
price reduction	снижение цен	to pay at the desk for	платить, заплатить (в кассу за + acc.)
price increase	увеличение, повышение цен		
price list	прейскурант	to choose	выбирать, выбрать
private trade	частная торговля		
purchase	покупка	to pack	упаковывать, упаковать
sale	продажа		
salesman	продавец	to show	показывать, показать
saleswoman	продавщица		
scales	весы	to unwrap	развёртывать, развернуть
selection	выбор		
self-service	самообслужи-вание	to have on hire purchase	покупать в рассрочку
shelf	полка	to pay by instalments	выплачивать периодическими взносами
shop (small)	лавка		
shopping bag	сумка		

There is always a wide choice of goods here
  The shop was crammed full of people
In the shop window
When are the shops open?
Ready-made clothes

Здесь всегда широкий выбор товаров
Магазин битком набитый народом
На витрине
В какие часы работают магазины?
Готовые платье

baker's	бу́лочная	hairdresser's shop/	парикма́херская/
bookshop	кни́жный магази́н (see under Literature)	beauty salon laundry photographer's	сало́н красоты́ пра́чечная фо́то-магази́н (see
chemist's	апте́ка (see also under Medicine)	shop	under Leisure, Photography) магази́н о́буви
confectioner's	конди́терский магази́н	shoeshop	(see also under Clothing)
greengrocer's	овощно́й магази́н (see also under Vegetables)	sports shop	спорти́вный магази́н
grocery	гастроно́м, продово́льственный магази́н (see also under Meals)	stationer's shop tailor's and outfitter's shop; haberdashery	писчебума́жный магази́н галантере́я (see also under Clothing)

(i) Baker's shop

baker's shop	бу́лочная	dough	те́сто
baking powder	пека́рный порошо́к	flour loaf	мука́ бато́н
biscuits, pastry	пече́нье	roll, bun	бу́лочка
bread	хлеб	tart	торт
black bread	чёрный хлеб	to bake	печь
white bread	бе́лый хлеб	to knead dough	меси́ть те́сто
cake (small)	пиро́жное	freshly made	свежеиспечённый

(ii) Grocery

butter	ма́сло	milk	молоко́
cereals	крупа́	condensed milk	сгущённое молоко́
cheese	сыр		
cream	сли́вки	sausage	колбаса́
egg	яйцо́	tinned food	консе́рвы

(iii) Tailor's and outfitter's: Haberdashery

buttons	пу́говицы	ribbon	ле́нта
cloth	материа́л	scissors	но́жницы
dressmaker	портни́ха	sewing machine	швейная маши́на
fitting room	приме́рочная	sewing needle	швейная иго́лка
haberdashery	галантере́я	tape measure	метр
needle	иго́лка	thimble	напёрсток
pin	була́вка	thread	ни́тка
safety pin	англи́йская була́вка		

(iv) Confectionery

bar (chocolate)	пли́тка (шокола́ду)	box (of matches) chocolate	коро́бка (спи́чек) шокола́д
biscuits	пече́нье	cocoa	кака́о
bottle (of milk)	буты́лка (молока́)	coffee	ко́фе

confectionery	кондитерские изделия	packet (sugar, etc.)	пачка (сахару и.т.д.)
ice cream	мороженое	sweets	конфеты
jam	варенье	tea	чай
jar	банка		

(v) Smoking

cigar	сигара	lighter	зажигалка
cigarette (Russian)	папироса	matches	спички
cigarette	сигарета	pipe	трубка
cigarette case	портсигар	tobacco	табак

(vi) Chemist's shop

eau-de-cologne	одеколон	tooth paste	зубная паста
perfume	духи	tooth powder	зубной порошок
prescription	рецепт		
rouge	румяна, губная помада	to prepare a prescription	приготовлять, приготовить рецепт
soap	мыло		
tablets	таблетки		

(vii) Hairdresser's shop/Beauty salon

barber's chair	кресло	curlers, rollers	бигуди (indecl.)
barber's shop	парикмахерская	dryer	сушилка
blade	лезвие	haircut, coiffure	причёска
client, customer	клиент, клиентка	manicurist	маникюрша
comb	гребёнка	parting (hair)	пробор
hairbrush	щётка	permanent wave	перманент
hair cream	помада	waving	завивка
hairdresser	парикмахер		
razor (electric)	бритва (электрическая)	to brush one's hair	причёсывать, причесать
shaving brush	кисточка для бритья	to have one's hair done	причёсываться, причесаться у парикмахера/ в парикмахерской
to cut (hair)	стричь, постричь		
to get one's hair cut	стричься, постричься	to shampoo one's hair	вымыть волосы
to shave	брить, побрить	to have one's hair set	уложить волосы
to trim	подостригать, подстричь	to dye one's hair	красить волосы
		to have one's hair waved	делать завивку
Haircut or shave?	Постричь или побрить?	to go grey	седеть
beautician	косметичка		
beauty parlour/ salon	салон красоты	The coiffure looks good.	Причёска выглядит хорошо.
client	клиентка	fair hair	светлые волосы

(viii) Shoeshop

footwear	обувь (f.)	artificial leather	искусственная кожа
heel	каблук		
leather	кожа	shoe (high)	башмак

shoe (low), slipper	ту́фля	waterproof	водонепрони-ца́емый
shoe factory	обувно́й заво́д		
shoe laces	шнурки́		
shoe polish	ва́кса	to try on (shoes, etc.)	ме́рить, поме́рить
shoe shop	обувно́й магази́н	to repair	починя́ть, почини́ть
sole	подо́шва		

(ix) Stationer's shop

fountain pen	стило́ (indecl.)	writing paper	бума́га за пи́сем, почто́вая бума́га, пи́счаɤ бума́га
newspaper	газе́та		
pen	перо́		
postcard	откры́тка		
stationer's	писчебума́жный магази́н	to put pen to paper	взя́ться за перо́
stationery	канцеля́рские принадле́жности		

(x) Laundry

clothes, washing, linen	бельё	to bleach	бели́ть
		to dry	суши́ть
dirty linen	гря́зное бельё	to iron	гла́дить, вы́гладить
laundering	сти́рка		
laundry	пра́чечная	to send to the laundry	отдава́ть, отда́ть в сти́рку
washed articles	чи́стое бельё		
washerwoman	пра́чка	to tear	рвать, порва́ть

(c) OCCUPATIONS. See under Professions and Occupations

15. Clothing

(a) TYPES OF CLOTHING

anorak	спорти́вная ку́ртка с капюшо́ном	footwear	о́бувь
		galoshes	гало́ши
		glove	перча́тка
apron	фа́ртук	hat	шля́па
beret	бере́т	ladies	да́мская шля́па
blouse	блу́за, ко́фта	headscarf	головно́й плато́к
boot	сапо́г	heel	каблу́к
brassière	бюстга́льтер	hood	капюшо́н
cap, hat	ша́пка, ша́почка, ке́пка	jacket	ку́ртка
		leather	ко́жа, ко́жаный (adj.)
coat, jacket	пиджа́к		
coat (fur)	шу́ба	nightdress	ночна́я руба́шка
ladies	да́мское пальто́	overcoat	пальто́
winter	зи́мнее пальто́	pullover	пуло́вер
dress	пла́тье	pyjamas	пижа́ма, спа́льный костю́м
dressing gown	хала́т		
evening dress (men)	смо́кинг		
		raincoat	дождеви́к
evening dress (women)	вече́рнее пла́тье	scarf	шарф

shirt	руба́ха, руба́шка,	suit	костю́м
	соро́чка	sweater, jumper	сви́тер, джéмпер
shoes	ту́фли	tie	га́лстук
felt shoes	ва́ленки	trousers	брю́ки
shoeshop	магази́н о́буви	underclothes	бельё
shorts	трусы́	vest	ма́йка
skirt	ю́бка	waistcoat	жилéт
slipper	ту́фля	windjacket	непромока́емая
socks	носки́		ку́ртка
stocking	чуло́к (*pl.* -лки)		

(b) MATERIALS (adjectival form in brackets)

cloth	сукно́	velvet	ба́рхат
clothing	одéжда		(ба́рхатный)
cotton	си́тец (си́тцевый)	wool	шерсть
lace	кру́жево		(шерстяно́й)
	(кружевно́й)	knitted	вя́заный
linen	полотно́	sewn	ши́тый
	(полотня́ный)		
nylon	капро́н		
silk	шёлк		
	(шёлковый)		
artificial silk	иску́сственный		
	шёлк		

(c) PARTS OF CLOTHING

belt	по́яс	shirt cuff	манжéта
button	пу́говица, кно́пка	trimming	отдéлка
collar	воротни́к	zip-fastener	застёжка-мо́лния
sleeve	рука́в		

(d) ACCESSORIES

bracelet	браслéт	purse	кошелёк (*pl.*
buckle, fastening	застёжка		кошельки́)
dress model,	манекéн	scarf	шарф
tailor's dummy		shopping bag	су́мка для
dress pattern	вы́кройка,		поку́пок
	образéц	spectacles	очки́
fitting	примéрка	stick	тро́сточка
gloves	перча́тки	umbrella	зо́нтик
handbag	да́мская су́мка	wallet	бума́жник
handkerchief	носово́й плато́к	wristwatch	ручны́е часы́
lipstick	губна́я пома́да		

(e) COLOURS

beige	бéжевый	grey	сéрый
black	чёрный	lilac	лило́вый
blue, dark	си́ний	orange	ора́нжевый
blue, light	голубо́й	red	кра́сный
brown	кори́чневый	red (ginger)	ры́жий
cream	крéмовый	rose	ро́зовый
golden	золото́й	violet	фиолéтовый
green	зелёный	white	бéлый

yellow	жёлтый	dull	ма́товый
		fresh	све́жий
bright	я́ркий	light	све́тлый
brilliant	блестя́щий	pale	бле́дный
coloured	цветно́й	shade	отте́нок
dark	тёмный	sharp	ре́зкий

to try on a suit, dress, etc.	примеря́ть, приме́рить костю́м, пла́тье и.т.д. (*also* ме́рить, поме́рить)
to choose	выбира́ть, вы́брать
to put on	надева́ть, наде́ть
to repair	чини́ть, почини́ть
to launder	стира́ть, выстира́ть
to send to the laundry	отдава́ть, отда́ть в сти́рку
to send for cleaning	отдава́ть, отда́ть в чи́стку
to iron	гла́дить, вы́гладить
to darn stockings	што́пать, за550что́пать
to cut out a pattern	снять вы́кройку
to polish shoes	чи́стить боти́нки
to sew	шить, сшить
to knit	вяза́ть, связа́ть
to embroider	вышива́ть, вы́шить
to wash one's dirty linen in public	рыться в гря́зном белье́, вы́носить сор из избы́

I want	мне ну́жен . . .
Do you like this?	Вам нра́вится э́то?
This dress suits you.	Пла́тье вам идёт.
This is now fashionable.	Э́то тепе́рь в мо́де.
ready-made clothes	гото́вые пла́тье
What size are you?	Вам како́й разме́р?
How many metres do I need (for . . .)	Ско́лько ме́тров ну́жно (на + *acc.*) . . .
high-heeled shoes	ту́фли на высо́ком каблуке́
low-heeled shoes	ту́фли на ни́зком каблуке́
This suit fits you very well.	Костю́м хорошо́ сиди́т на вас.
How much does this dress cost?	Ско́лько сто́ит э́то пла́тье?
fashion book	журна́л мод
Put it on and look at yourself in the mirror.	Наде́ньте и посмотри́тесь в зе́ркало.

16. Hotel, restaurant, café

arrival	прие́зд	corridor	коридо́р
barman	буфе́гчик	customer	посети́тель
bathroom	ва́нная	departure	отъе́зд
bill	счёт	desk clerk	дежу́рный
cloakroom	гардеро́б	door	дверь (*f.*)
commissionaire	портье́	rotating	враща́ющаяся дверь
cook	по́вар		

floor	пол	restaurant	ресторáн
glass	стакáн	room (hotel)	нóмер
guest	гость	room key	ключ от кóмнаты,
hall	холл		кóмнатный
hotel	гостúница, отéль		ключ
	(*m.*)	services	услýги
hotel room	нóмер	service bureau	бюрó обслýжи-
lift	лифт, подъёмник		вания
luggage room	кáмера хранéния	tariff, cost	тарúф
maid	гóрничная	tourist	турúст
manager	завéдующий	traveller	путешéственник
menu	меню́	waiter	официáнт
newspaper stand	газéтный киóск	head waiter	стáрший
porter	швейцáр,		официáнт
	служúтель	waitress	официáнтка
reception	приём	W.C.	убóрная, туалéт

to arrive	прибывáть
to depart	уезжáть
to stay	пробы́ть
to have breakfast	зáвтракать
to have dinner	обéдать
to have supper	у́жинать
to go on an excursion	éхать на экскýрсию
to stay at, put up at	останáвливаться, остановúться
to fill in a form	заполня́ть, заполнить листóк
to register	запúсываться, записáться
to reserve a room (by telephone)	закáзывать, заказáть нóмер (по теле-
	фóну)
to go up by the lift	подня́ться на лúфте
to take a bath (shower)	приня́ть вáнну
to travel	путешéствовать
to tidy up the room	убирáть кóмнату

person arriving	приезжáющий
on the ground floor	на пéрвом этажé
on the first floor	на вторóм этажé
key to the room	ключ от номéра
single room	кóмната для одногó
double room	кóмната на двоúх
a room for one or for two?	кóмната для одногó úли на двоúх?
How long will you be staying here?	Как дóлго вы пробýдете здесь?
On what floor is your room?	На какóм этажé вáша кóмната?
The windows of the room look out on the street.	Óкна кóмнаты выхóдят на ýлицу.
hotel with all mod. cons.	гостúница со всéми удóбствами
Have you a vacant room?	У вас есть свобóдный нóмер?
Let me have the bill, please.	Дáйте, пожáлуйста, счёт.
telephone number of the hotel	телефóн гостúницы
extension 502	добáвочный 502
full board	пóлный пансиóн
traveller's cheque	аккредитúв

24

17. Meals

(a) GENERAL

condiments	припра́вы	hors d'oeuvre	заку́ски
dessert	сла́дкое	lunch	второ́й за́втрак
dinner	обе́д	poultry	дома́ння пти́ца
dish, course	блю́до	seasoning	припра́ва
drinks	напи́тки	snack	лёгкая заку́ска
food	пи́ща	soup	суп
foodstuffs	пищевы́е проду́кты	supper	у́жин
game	дичь (f.)	utensils	посу́да
greens	зе́лень, о́вощи		

(b) UTENSILS

ash tray	пе́пельница	plate	таре́лка
butter dish	маслёнка	salt cellar	соло́нка
coffee pot	кофе́йник	saucer	блю́дце
cup	ча́шка	spoon	ло́жка
fork	ви́лка	sugar basin	са́харница
knife	нож	tea pot	ча́йник
menu	меню́	wine glass	бока́л, рю́мка
milk jug	моло́чник		

(c) EXPRESSIONS

to taste good	нра́виться	to pay	плати́ть, заплати́ть
to appeal to	быть во вку́су	to sit down	сади́ться, сесть
tasty	вку́сный	to serve	подава́ть, пода́ть

(d) SOUPS

soup	суп	consommé	бульо́н
broth	отва́р	potato	карто́фельный суп
cabbage soup	щи	noodle	суп с лапшо́й
with pickled cucumber	рассо́льник		
beetroot	борщ		

(e) SEASONING, GARNISHING

garlic	чесно́к	sauce	со́ус
gravy	подли́вка	sour cream	смета́на
horse radish	хрен	spice	спе́ция
mushrooms	грибы́	sugar	са́хар
mustard	горчи́ца	vinegar	у́ксус
onion	лук		
pepper	пе́рец	garnished with vegetables	вме́сте с овощны́м гарни́ром
salt	соль (f.)		

(f) POULTRY AND GAME

chicken	ку́рица	partridge	куропа́тка
duck	у́тка	pheasant	фаза́н
fowl	ку́ра	poultry	дома́шняя пти́ца
game	дичь (f.)	turkey	индю́шка, инде́йка
goose	гусь (m.)	venison	оле́нина
grouse	ря́бчик		

25

(g) EGGS

egg	яйцо́ (*pl.* я́йца)	soft boiled	яйцо́ всмя́тку
fried	яи́чница	ham and eggs	яи́чница с ветчино́й
hard boiled	яйцо́ вкруту́ю	omelet	омле́т

(h) BREAD

bread	хлеб	slice	ло́мтик
brown	чёрный	slice of bread	бутербро́д
white	бе́лыи	and butter	
bread and butter	хлеб с ма́слом	toast	тост, поджа́ренный
home-made bread	дома́шний хлеб		хлеб
rolls	бу́лочки	fresh	свѐжий
rye bread	ржано́й хлеб	stale	чёрствый
sandwich	бутербро́д		
sandwich with cheese, etc.	бутербро́д с сы́ром		

(i) MEAT

beef	беф, говя́дина	meat sandwich	бутербро́д с мя́сом
roast beef	ро́стбеф	mutton	бара́нина
chop	котле́та	pork	свини́на
goulash	гуля́ш	sausage	колбаса́
ham and eggs	яи́чница с ветчино́й	steak	бифште́кс
ham sandwich	бутербро́д с мя́сом	stew, ragout (of)	рагу́ (из)
kidney	по́чка	veal	теля́тина
lamb	бара́шек	boiled	варёный
lamb chops	бара́ньи котле́ты	roast	жа́реный
liver	печёнка	stewed	тушёный

(j) MISCELLANEOUS

butter	ма́сло	salad	сала́т
caviar	икра́	green salad	зелёный сала́т
cottage cheese	тво́рог	snack, hors d'oeuvre	заку́ски
dishes, courses	блю́да		
ice cream	моро́женое	tea	чай
macaroni	макаро́ны	strong	кре́пкий
nuts	оре́хи	weak	жи́дкий
pâté	паште́т	three-course dinner	обед из трёх блюд
porridge	ка́ша		

(k) DESSERT

cake	торт	jelly	желе́ (*indecl.*)
fancy cake	пиро́жное	sour jelly	кисе́ль
sponge cake	бискви́т	pancakes	блины́
honey	мёд	pastry	пече́нье, пиро́жное
ice cream	моро́женое	pie	пиро́г
strawberry	земляни́чное	apple pie	я́блочный пиро́г
sundae	пломби́р	pudding	пу́динг
whipped cream	взби́тые сли́вки (*pl.*)	rice pudding	ри́совый пу́динг
		stewed fruit	компо́т
jam	варе́нье	stewed pears, etc.	компо́т из груш

(l) VEGETABLES, see *under* 6(d)

(m) FRUITS, see under 6(e)

(n) DRINKS

alcohol	алкого́ль	glass	стака́н
aperitif	аперити́в	juice	сок
barman	буфе́тчик	orange juice	апельси́нный сок
beer	пи́во	lemonade	лимона́д
light	све́тлое	liqueur	ликёр
dark	тёмное	milk	молоко́
brandy	конья́к, бре́нди	mineral water	минера́льная вода́
bottle	буты́лка	non-alcoholic	безалкого́льный
burgundy	бургу́ндское вино́	rum	ром
champagne	шампа́нское	sherry	хе́рес
cider	сидр	tea	ча́й
cocktail	кокте́йль	vermouth	верму́т
cocoa	кака́о	vodka	во́дка
coffee	ко́фе	whisky	ви́ски
black with	чёрный ко́фе со	wine	вино́
cream	сли́вками	red	кра́сное
cognac	конья́к	white	бе́лое
cork	про́бка	dry	сухо́е
drink	напи́тка	sweet	сла́дкое
gin	джин	wineglass	бока́л

to get drunk	пьяне́ть
to uncork (wine, etc.)	отку́поривать, отку́порить

your health!	на здоро́вье!
alcoholic drinks	спиртны́е напи́тки
non-alcoholic drinks	безалкого́льные напи́тки

18. Traditional and church architecture

acropolis	акро́поль	buttress	контрфо́рс
aisle	боково́й неф	flying buttress	подпо́рная а́рка,
	кора́бля		а́рочный
altar	алта́рь		контрфо́рс
apse	абси́да	capital	капите́ль
arcade	арка́да, сво́дчатая	carving	резьба́
	галере́я	castle	за́мок
arch	а́рка, свод	cathedral	кафедра́льный
triumphal arch	триумфа́льная		собо́р
	а́рка	cellar	подва́л, по́греб
arched, vaulted	а́рочный	cemetery	кла́дбище
baroque	барро́кко	cell	ке́лья
base, foundation	цо́коль	chapel (side)	часо́вня
basilica	базили́ка		(небольша́я)
belfry	колоко́льня	choir	хор
brick	кирпи́ч, кирпи́чный	church	це́рковь (f.)

27

church porch	па́перть (*f.*)	palace	дворе́ц
cloister	монасты́рь (*m.*);	parquet	парке́т
	кры́тая арка́да	parquet floor	парке́тный пол
coffin	гроб	passage	се́ни (*pl.*)
colouring,	раскра́ска	patio	вну́тренний дво́рик
painting		pedestal	пьедеста́л
column	коло́нка	pew (church)	церко́вная скамья́
cornice	карни́з	pillar, column	столб
country estate	уса́дьба	plaster	штукату́ра
courtyard	двор	pointed	заострённый
crypt	склеп	porch, portico	по́ртик
dome	ку́пол, свод, глава́	portal	порта́л
domed	гла́вый	rafter, beam	стропи́ло, ба́лка
5-domed, etc.	пятигла́вый	sacristy, vestry	ри́зница
engraver	ре́зчик	refectory	тра́пезная
façade	фаса́д	repair work	ремо́нтная рабо́та
finish, exterior	отде́лка	roofing	покры́тие
font	купе́ль (*f.*)	room, chamber	поко́й
fortress	кре́пость (*f.*)	shrine	святы́ня
fountain	фонта́н	staircase	ле́стница
frieze	фриз	main staircase	пара́дная
gargoyle	гаргу́лья,		ле́стница
	водосто́чная	steeple	шпиц, шпиль (*m.*)
	труба́	stone	ка́мень (*m.*),
gate	воро́та		ка́менный
glass	стекло́	stucco	лепно́й
stained glass	цветно́е стекло́	style	стиль
girder	ба́лка	byzantine	византи́йский
hall, chamber	черто́г	gothic	готи́ческий
iconostasis	иконоста́с	romanesque	рома́нский
icon-painting	и́конопись	tier	я́рус
lantern	фона́рь ве́рхнего	tile	изразе́ц
	све́та	tiling	черепи́ца
lectern	анало́й	tomb, burial	усыпа́льница
modelling	ле́пка	vault	
monastery	монасты́рь (*m.*),	tower	ба́шня
	ла́вра	observation	наблюда́тельная
monument	па́мятник	(watch)	вы́шка,
mosaic	моза́ика		сторожева́я
mosque	мече́ть		вы́шка
moulding	украше́ние	tracery	ажу́рная рабо́та
nave	неф, кора́бль	transept	трансе́пт
obelisk	обели́ск	triptych	три́птих
ogee	стре́лка, гусёк	turret	ба́шенка
ogival	ожива́льный,	vault	свод
	стре́льчатый	vaulting	свод, сво́ды
ornamentation	орнаме́нтика	woodcarver	ре́зчик

19. Painting and sculpture

art	искýсство, худóжество
abstract art	абстрáктное искýсство
artist	худóжник
graphic artist	рисовáльщик
bas-relief	барельéф
bronze	брóнза
gilded bronze	золочёная брóнза
brush	кисть (f.)
canvas	холст
carving	резьбá
chisel	резéц
collection	коллéкция, собрáние
colour	цвет, крáска
connoisseur	ценúтель
content	содержáние
copy	кóпия
creation	произведéние
creative	твóрческий
dab (stroke of brush)	мазóк
description	описáние
drawing	рисýнок
easel	мольбéрт
etcher	гравёр
etching	гравюра, офóрт
exhibit	экспонáт
exhibition	выставка
fine arts	изобразúтельные искýсства
form	фóрма
frame	рáма
gallery	галлерéя
genre	жанр
gift, ability	даровáние
marble	мрáмор
masterpiece	шедéвр
model	натýрщик
mural	фрéсковая жúвопись, стéнопись (f.)
museum	музéй
paint	крáска
oil paint	мáсляная крáска
painter	малáр, живопúсец
painting	жúвопись, картúна
icon painting	úконопись (f.)
water colours	аквáрельная жúвопись
picture	картúна
picture gallery	картúнная галлерéя
porcelain	фарфóр
portrait	портрéт
portraitist	портретúст
quality	кáчество
realism	реалúзм
socialist realism	социалúст-úческий реалúзм
reality	действúтельность
retouch	рéтушь
retoucher	ретушёр
sculptor	ваáтель, скýльптор
sculpture	ваáние
sketch	эскúз, крокú (indec.), набрóсок
statue	стáтуя
studio	артéль (f.)
study	этюд
subject	сюжéт, предмéт
talent	талáнт
treasure (art)	сокрóвище
water colour	акварéль (f.)
wood engraving	гравюра

to paint in water colours	рисовáть акварéлью
to paint in oils	писáть мáслом
to draw	рисовáть, нарисовáть
to describe	опúсывать, описáть
to etch	гравировáть
to sculpt, carve	ваáть, лепúть
to sketch	рисовáть, нарисовáть эскúзы, набрóски
to ply a brush	владéть кúстью
to celebrate (centenary)	отпрáздновать
to create	творúть
to preserve	сохранáть, сохранúть
to exhibit	выставлáть, выставить
to recreate	воссоздавáть, воссоздáть

29

| to paint | писа́ть, написа́ть |
| art for art's sake | иску́сство для иску́сства |

20. Music

(a) MUSICAL INSTRUMENTS

brass	ме́дные инструме́нты	percussion instruments	уда́рные инструме́нты
cello	виолонче́ль (*f.*)	saxophone	саксофо́н
clarinet	кларне́т (кларнети́ст)	stringed instruments	стру́нные (смычко́вые) инструме́нты
cymbals	таре́лки		
drum	бараба́н	trombone	тромбо́н
kettle drum	лита́вры (литаври́ст)		(тромбони́ст)
flute	фле́йта (флейти́ст)	trumpet	труба́ (труба́ч)
guitar	гита́ра	tuba	ту́ба (туба́ист)
harp	а́рфа (арфи́стка)	viola	вио́ла/альт (альти́ст)
horn	горн (горни́ст)		
oboe	гобо́й (гобои́ст)	violin	скри́пка (скрипа́ч)
organ	орга́н (органи́ст)	violoncello	виолонче́ль
piano	фортепиа́но (пиани́ст)		(виолончели́ст)
grand piano	роя́ль (*m.*)		

(b) TYPES OF MUSIC

fugue	фу́га	sonata	сона́та
overture	увертю́ра	suite	сюи́та
prelude	прелю́д	symphony	симфо́ния
serenade	серена́да	theme	те́ма

(c) GENERAL

accompaniment	сопровожде́ние	concert goer	посети́тель концерта, слу́шатель конце́рта
ballad	балла́да		
baritone	барито́н		
bass	бас		
double bass	контраба́с	concert hall	конце́ртный зал
chef d'oeuvre	шеде́вр	conductor	дирижёр
chord	акко́рд	conservatory	консервато́рия
choir, chorus	хор	critic	рецензе́нт
company	анса́мбль (*m.*)	expert	ма́стер
competition	ко́нкурс	finale	заключи́тельный акко́рд
composer	компози́тор		
composition	компози́ция	key	кла́виша
concert	конце́рт	keyboard	клавиату́ра
orchestral	оркестро́вый	leader	дирижёр
symphony concert	симфони́ческий конце́рт	melody	мело́дия

30

musical comedy	музыка́льная коме́дия	quartet	кварте́т
musical instru- ments	музыка́льные инструме́нты	record (disc)	грампласти́нка
		rehearsal	репети́ция
musician	музыка́нт, член орке́стра	dress rehearsal	генера́льная репети́ция
		rehearsal room	репетито́рий
notes	но́ты	repertoire	репертуа́р
opera	о́пера	response	о́тклик
opera singer	о́перная певи́ца	score	партиту́ра
operetta	опере́тка	singer	певе́ц, певи́ца
orchestra	орке́стр	soloist	соли́ст
orchestral	оркестра́льный	suite	сюи́та
orchestra member	оркестра́нт, оркестра́нтка	talent	дар
		tenor	те́нор
overture	увертю́ра	treble	ди́скант
pedal	педа́ль (*f*.)	trio	три́о (*indecl*.)
performer	концерта́нт, исполни́тель	tutor	репети́тор
		virtuosity	виртуо́зность
polyphonic	полифони́ческий	wood instru- ments	дере́вянные инструме́нты
poster	афи́ша		
prize	пре́мия		

to improvise	фантази́ровать
to play the violin, etc.	игра́ть на скри́пке и.т.д.
to beat a drum	бить в бараба́н
to arrange a concert	устра́ивать, устро́ить конце́рт
to tune an instrument	настра́ивать, настро́ить инструме́нт
to compose	компони́ровать
to set to music	положи́ть на му́зыку
to evoke a warm response	вызыва́ть, вы́звать живо́й о́тклик

He has an ear for music.	У него́ музыка́льный слух.
out of tune	расстро́енный
concert for violin	конце́рт для скри́пки

ballet	бале́т	ballet master	балетме́йстр
ballet dancer	бале́тная танцо́вщица	ballet music	бале́тная му́зыка
ballet group	бале́тная гру́ппа	staging	мизансце́на

21. Theatre and concert hall

act	акт	comedy	коме́дия
audience	зри́тели (*pl*.)	comic	смешно́й
auditorium	зри́тельный зал	curtain	за́навес
balcony	балко́н	cycle	цикл
ballet	бале́т	designer	худо́жник
box office	театра́льная ка́сса	drama	дра́ма
cast	соста́в исполни́телей	dramatic group	драмкружо́к
		dress circle	бель-эта́ж
cloakroom	гардеро́б	farce	фарс

first night	премье́ра
footlights	ра́мпа
foyer	фойе́ (*indecl.*)
gallery	галёрка
gesture	жест
historical play	пье́са-хро́ника
innovator	нова́тор
interval	антра́кт
leading lady	премье́рша
leading man	премье́р
lighting	освеще́ние
matinee	дневно́й спекта́кль, сеа́нс
melodrama	мелодра́ма
open-air theatre	зелёный теа́тр
opera	о́пера
opera glasses	театра́льный бино́кль
operetta	опере́тка
pantomime	пантоми́ма, представле́ние для детей
part	роль, па́ртия
performance	представле́ние
pit	парте́р
play	пье́са
playbill	театра́льная афи́ша
producer	режиссёр
production	постано́вка
prompter	суфлёр
puppet	ку́кла

puppet theatre	ку́кольный теа́тр
refreshment room	буфе́т
rehearsal	репети́ция
repertoire	репертуа́р
row	о́чередь (*f.*), ряд
first row	пе́рвая о́чередь
scene	сце́на
scenery	декора́ция
spectator	зри́тель
stage	сце́на, эстра́да
staging	постано́вка пье́сы
show	спекта́кль (*m.*)
stalls	кре́сла
theatre	теа́тр
theatre bill	афи́ша
theatregoer	театра́л, театра́лка
tour	гастро́ль (*f.*)
touring company	гастроли́рующая тру́ппа
tragedy	траге́дия
tragic	траги́ческий
troupe (theatrical)	тру́ппа
upper circle	пе́рвый я́рус
usherette	билетёрша
variety (vaudeville)	эстра́да
variety actor	арти́ст, арти́стка эстра́ды
wings	кули́сы

(a) GENERAL EXPRESSIONS

to put on a play	ста́вить, поста́вить пье́су
to applaud	аплоди́ровать
to watch a show	смотре́ть, посмотре́ть спекта́кль
to play a part	исполня́ть, испо́лнить, роль, па́ртию
to go to the theatre, concert	ходи́ть, идти́ в театр, на концéрт
to praise	хвали́ть, похвали́ть
to criticize	критикова́ть, раскритикова́ть
to see a play	смотре́ть, посмотре́ть пье́су
to go to the premiere	идти́, пойти́ на премье́ру
to over-act	переи́грывать, переигра́ть
to have a rehearsal	води́ть, вести́ репети́цию
to play the leading part	игра́ть, сыгра́ть веду́щую роль
to be successful, a great success	име́ть успе́х, большо́й успе́х
to book tickets in advance	зака́зывать, заказа́ть биле́ты зара́нее
to make a hit	име́ть большо́й успе́х
to play to a full house	де́лать по́лный сбор
to play to the gallery	иска́ть дешёвой популя́рности
to be present at the play	прису́тствовать на спекта́кле
to recreate forgotten parts	воссоздава́ть, воссозда́ть забы́тые ро́ли
to take part in little-known plays	уча́ствовать в малоизве́стных пье́сах
to tour	гастроли́ровать

tickets for the daytime/evening performance	билеты на дневной/вечерний сеанс
All tickets are sold out.	Все билеты проданы.
stage fright	волнение перед выходом на сцену
It is difficult to get tickets.	Трудно достать билеты.
Have you a spare ticket?	У вас лишний билет?
Our seats are in the third row.	Наши места в третьем ряду.
Loud applause is heard.	Раздаются громкие аплодисменты.
The lights go out.	Свет гаснет.
He got me a ticket for the opera, a ticket for the concert, cinema, theatre.	Он достал мне билет на оперу, билет на концерт, в кино, в театр.
What are you interested in?—ballet, opera, drama?	Что вас интересует?—балет, опера, драма?
What's on at the Bolshoi next Saturday?	Что идёт в Большом в следующую субботу?
When do the evening performances begin?	Когда начинаются вечерние сеансы?
in the balcony	на балконе
behind the scenes	за кулисами
a future (coming) star	восходящая звезда
The play only lasted for one performance.	Пьеса выдержала всего лишь одно представление.
the Moscow Art Theatre	Московский Художественный Театр (МХТ)
The opening of the theatrical season in the USA was early and highly promising.	Открытие театрального сезона в Соединённых Штатах было ранним и многообещающим.
In spite of the gloomy forecasts of the prophets, who predict the death of the theatre in the age of the cinema and television, the theatre is living.	Несмотря на мрачные прогнозы пророков, предсказывающих гибель театра в век кинематографа и телевидения, театр живёт.
A representative delegation of members of the Soviet theatre went to the jubilee celebrations in Stratford-on-Avon.	На юбилейные торжества в Стратфорд-на-Эйвоне выезжала представительная делегация деятелей советского театра.

22. Cinema

arrangement	монтаж	documentary	документальный фильм
audience	зрители (*pl.*)	film	фильм
cinema	кино, кинотеатр	children's film	детский фильм
cinema advertisement	кинореклама	silent film	немой фильм
cinemagoer	посетитель кино, кинозритель	sound film	звуковой фильм
		three-dimensional film	пластичный фильм
cinema operator	кинооператор	wide-screen film	широкоформатное кино
cinema show	киносеанс		
cinematography	кинематография	film director	кинорежиссёр
critic	критик	film festival	кинофестиваль (*m.*)
current events	текущие события		

film star	кинозвезда́	scenario, script	сцена́рий
film strip	киноплёнка	screen	экра́н
film studio	киносту́дия	setting	постано́вка
newsreel	киножурна́л	show	сеа́нс,
picture (film)	карти́на		представле́ние
producer	постано́вщик,	weekly review	обзо́р на неде́лю
	продю́сер,		
	режиссёр		

to release a film	выпуска́ть, вы́пустить фильм
to produce a film	ста́вить, поста́вить фильм
to shoot a film	снима́ть, снять фильм
to show a film	демонстри́ровать фильм
to win the main prize	удосто́ивать, удосто́ить гла́вной пре́мии

We took 70,000 metres of film in Mexico.

Мы сня́ли в Ме́ксике се́мьдесят ты́сяч ме́тров плёнки.

This film has only just appeared on the screens but has already won the first prize for the best comedy film at the festival.

Э́тот фильм то́лько начина́ет свой путь на экра́нах, но он уже́ отме́чен пе́рвой пре́мией за лу́чший комеди́йный фильм на фестива́ле.

The film should appear on the screen in April of this year.

Фильм до́лжен вы́йти на экра́н в апре́ле э́того го́да.

23. Radio and television

announcer	ди́ктор	information	осведомле́ние
atmospherics	атмосфе́рные	interval	переры́в
	поме́хи	licence	лице́нзия
BBC	Брита́нская Радио-	listener	слуша́тель
	веща́тельная	loudspeaker	громкоговори́тель,
	Корпора́ция		дина́мик
broadcast	переда́ча	microphone	микрофо́н
educational	просвети́тельная	news	но́вости
broadcast	переда́ча	newsreel	киножурна́л
live broadcast	актуа́льная	picture	карти́на,
	програ́мма	(television)	изображе́ние
news broadcast	переда́ча	programme	програ́мма,
	новосте́й		переда́ча
sound broad-	звукова́я	radio	ра́дио (*indecl.*)
cast	переда́ча	receiver	приёмник
camera man	опера́тор	record	пласти́нка
choice (of	вы́бор (програ́мм)	record player	про́игрыватель
programmes)		review	обзо́р, обозре́ние
commentator	коммента́тор	screen	экра́н
compère	руководи́тель	spool	кассе́та
	сеа́нса	station	ста́нция
dressing room	убо́рная	studio	сту́дия
entertainment	развлече́ние	tape	плёнка, ле́нта
Eurovision	Еврови́дение	tape recorder	магнитофо́н

televiewer	телезри́тель	transmitter	переда́тчик
television	телеви́дение	wave length	волна́, длина́ волны́
camera	телевизио́нная	short wave	коро́ткая волна́
	ка́мера	medium	сре́дняя волна́
centre	телеце́нтр	long	дли́нная волна́
programme	телевизио́нная	way of life	укла́д жи́зни
	програ́мма	V.H.F.	УКВ (ультра-
network	телевизио́нная		коро́ткие во́лны)
	сеть	video-tape	
set	телеви́зор	recorder	видеомагнитофо́н
transmission	переда́ча		
	телеви́дения		

to announce on the radio	сообщи́ть по ра́дио
to listen to the radio	слу́шать ра́дио
to listen to sound broadcasts	слу́шать звуковы́е переда́чи
to watch television	смотре́ть телеви́зор
to broadcast	передава́ть, переда́ть по ра́дио
to switch on	включа́ть, включи́ть
to switch off	выключа́ть, вы́ключить

the latest news	после́дние изве́стия
sound and television licence	звукова́я и телевизио́нная лице́нзии
What's on television?	Что идёт по телеви́зору?
He saw . . . on television.	Он смотре́л . . . по телеви́зору.
music for dancing	му́зыка для та́нцев

The BBC, in accordance with its Royal Broadcasting Charter, should provide information, education of the people and entertainment.

Бибиси—согла́сно Короле́вской Ха́ртии о радиовеща́нии—должно́ обеспе́чить осведомле́ние, наро́дное просвеще́ние и развлече́ние.

Radio and television transmissions are financed by licences, paid for by the owners of sets.

Переда́чи по ра́дио и телеви́дению финанси́руются лице́нзиями, опла́чиваемыми владе́льцами аппара́тов.

radio transmissions in 39 languages

радиопереда́чи на 39 языка́х

The BBC offers its listeners a choice of programmes from the lightest and gayest to the most serious.

Бибиси предоставля́ет слу́шателям вы́бор програ́мм от са́мых лёгких и весёлых до весьма́ серьёзных.

On the screen is a view of the Kremlin.

На экра́не вид Кремля́.

(a) RADIO PROGRAMME

Ра́дио 25 октября́

Пе́рвая програ́мма: 5.30 Земля́ и лю́ди. 9.15 С до́брым у́тром! 11.00 Л. Андре́ев—Гости́нец. Расска́з. 11.30 Встре́чи с прекра́сным. Музыка́льная переда́ча. 12.00 Гло́бус. 12.20 Паган́ини—Пе́рвый конце́рт для скри́пки с орке́стром. 13.30 Пе́сня ве́чной ю́ности. Конце́рт. 14.00 Для дете́й, В. Шу́кшин —Слу́чай в бензогоро́дке. Радиопостано́вка. 15.00 Воскре́сная програ́мма для села́. 16.00 Междунаро́дные обозрева́тели—радиослу́шателям. 16.30 Репорта́ж о футбо́льном состяза́нии. 17.00 Програ́мма радиоста́нции Ю́ность. 18.30 Собесе́дник. 19.00 Конце́рт мастеро́в иску́сств. 20.00 Литерату́рные вечера́. 21.15 С улы́бкой. Радиоальмана́х. 22.30 Вече́рняя музыка́льная програ́мма радиоста́нции Ю́ность.

Втора́я информацио́нно—музыка́льная радиопрогра́мма Ма́як передаётся круглосу́точно.

Телеви́дение 23 октября́

Пе́рвая програ́мма: 16.40 Для шко́льников. Шко́ла начина́ющего спортсме́на. 17.10 Для малыше́й. Уме́лые ру́ки. 17.40 Телевизио́нный экономи́ческий ве́стник. 18.30 Расска́зы о геройзме. 19.00 Г. Бенгш—Ночно́е дежу́рство. Телевизио́нный спекта́кль. 20.30 Телевизио́нные но́вости. 21.00 На XIII Олимпи́йских и́грах в То́кио.

Втора́я програ́мма: 18.30 Дома́ схо́дят с конве́йера. Телевизио́нный о́черк. 19.00 На экра́не-самоде́ятельность. 20.10 Моско́вские но́вости. 20.30 Споко́йной но́чи, малыши́! 20.40 Лу́чший о́тдых в выходно́й день. 20.50 Конце́рт.

24. Literature, books, magazines

(a) LITERATURE

act (play)	сце́на
artistic literature	худо́жественная литерату́ра
author	а́втор, литера́тор, состави́тель
book	кни́га
book review	реце́нзия
bookseller	книгопрода́вец
bookshop	кни́жный магази́н
chapter	глава́
column	гра́нка, коло́нна
comedy	коме́дия
copy	экземпля́р
dictionary	слова́рь
director	дирижёр
drama	дра́ма
dramatist	драмату́рг
dramatis personae	де́йствующие ли́ца
edition	изда́ние, тира́ж
new edition	переизда́ние
editor	реда́ктор
fiction	беллетри́стика
footnote	вы́носка
heading	заголо́вок
line	строка́
literary work	произведе́ние
novel	рома́н
novelist	романи́ст
page	страни́ца
paper jacket	обло́жка
play	пье́са
one-act play	одноа́ктная пье́са
poet	поэ́т
poetry, verse	стихи́, стихотворе́ние
poetic	поэти́ческий
poetic quality	поэ́зия
preface	предисло́вие
printing error	опеча́тка
producer	режиссёр
publishing house	изда́тельство
state publishing house	гослитизда́т
prose	про́за
public opinion	обще́ственность
reader	чита́тель
reading room	чита́льный зал
scene	сце́на
scientific work	труд
serial	фельето́н
short story (long)	по́весть (f.)
short story, tale	расска́з
sketch	о́черк
textbook	уче́бник
tragedy	траге́дия
verse narrative	поэ́ма
versifier	стихотво́рец
volume	том
writer	писа́тель

(b) BOOKS AND MAGAZINES

binding	переплёт
book	кни́га
book cover	обло́жка

magazine	журна́л	popular science magazine	нау́чно-популя́р-ный журна́л
illustrated magazine	иллюстри́рован-ный журна́л		
literary magazine	литерату́рный журна́л		

advertisement	объявле́ние	newspaper	газе́та
column	столбе́ц	evening paper	вече́рняя газе́та
correspondent	корреспонде́нт	morning paper	у́тренняя газе́та
editor	реда́ктор	newspaper stall, kiosk	газе́тный кио́ск
journalist	журнали́ст	press, the	печа́ть, пре́сса
leader, leading article	передова́я статья́	printing error	опеча́тка
		reporter	репортёр

(d) LIBRARIES

bibliography section	библиографи́ческий отде́л	catalogue	катало́г
bookshelf	кни́жная по́лка	form (for books)	тре́бование
card (reader's)	чита́тельский биле́т	librarian	библиоте́карь
card (library)	ка́рточка	reader	чита́тель
card index	картоте́ка	stand (for books)	стенд
card index drawer	я́щик		

(e) EXPRESSIONS

daily	ежедне́вный	monthly	ежеме́сячный
weekly	еженеде́льный	yearly	ежего́дный

to publish	издава́ть, изда́ть, публикова́ть
to subscribe (to)	подпи́сывать, подписа́ть (на + acc.)
to print	печа́тать
to write	писа́ть, написа́ть
to scribble	писа́ть, написа́ть кара́кулями
to read	чита́ть, прочита́ть
to turn over the pages	перели́стывать
to lend a book	выдава́ть, вы́дать кни́гу
to edit	редакти́ровать
to set up (type)	набира́ть
to sell	продава́ть
to fill in a form	заполня́ть, запо́лнить тре́бование
to order a book	зака́зывать, заказа́ть кни́гу
to return a book	сдава́ть, сдать кни́гу
to visit the library	посеща́ть, посети́ть библиоте́ку

weekly review	еженеде́льное обозре́ние
subscription to the paper for 1966	подпи́ска на 1966 год на газе́ту
For how long do you wish to subscribe?	На како́й срок вы хоти́те подписа́ться?
annually or half yearly?	на год и́ли на полго́да?

37

25. General scientific terms

acceleration	ускоре́ние	landing	приземле́ние, поса́дка
accurate	то́чный	laser	ла́зер
achievement	достиже́ние	law	зако́н
action	де́йствие	light	свет
alternating current	переме́нный ток	limit	грани́ца, преде́л
apparatus	прибо́р	material	материа́л, вещество́
artificial	иску́сственный	heat-resisting material	термосто́йкий материа́л
artificial earth satellite	иску́сственный спу́тник земли́ (ИСЗ)	matter	вещество́
attraction	притяже́ние, тяготе́ние	means	сре́дство
		method	ме́тод, спо́соб
automatic	автомати́ческий	multiplication	умноже́ние
semi-automatic	полуавтомати́ческий	multi-stage	многоступе́нчатый
automatic control	автомати́ческое управле́ние	nature	приро́да
		nucleus	ядро́
axis	ось (f.)	nuclear physics	я́дерная фи́зика
body	те́ло	nuclear power	я́дерная эне́ргия
boundary	грани́ца, преде́л	number	число́
carrier-rocket	раке́та-носи́тель	observation	наблюде́ние
cause	причи́на	observer	наблюда́тель
computer	вычисли́тельная маши́на	orbit	орби́та
concept	поня́тие, иде́я, представле́ние	particle	части́ца
		charged particle	заряжённая части́ца
conclusion	вы́вод	phenomenon	явле́ние
condition	усло́вие	planet	плане́та
connection	связь (f.)	plastics	пластма́ссы
constellation	созве́здие	polymers	полиме́ры
density	пло́тность	pressure	давле́ние
discovery	откры́тие	principle	при́нцип
distance	расстоя́ние	property	сво́йство
distribution	распределе́ние	ray	луч
division	деле́ние	reactor	реа́ктор
failure	неуспе́х, неуда́ча	thermonuclear reactor	термоя́дерный реа́ктор
fibre	волокно́	research institute	иссле́довательский институ́т
fission	деле́ние	research worker	иссле́дователь
force	си́ла	result	результа́т
friction	тре́ние	revolution	оборо́т
generator	генера́тор	rocket	раке́та
gravity	тя́жесть, си́ла тя́жести	rotation	враще́ние
		safety	безопа́сность
image	изображе́ние	satellite	спу́тник
influence	влия́ние	scale (extent)	масшта́б
information	информа́ция, све́дения	science	нау́ка
		applied sciences	прикладны́е нау́ки
internal	вну́тренний	natural sciences	естествозна́ние
interplanetary	межпланетный		
invention	изобрете́ние	scientist	учёный
isotope	изото́п	solar battery	со́лнечная батаре́я
laboratory	лаборато́рия		

38

solution	реше́ние	success	успе́х
source	исто́чник	superconductivity	сверхпроводи́мость
space	простра́нство	surface	пове́рхность
space flight	косми́ческий полёт	tape recorder	магнитофо́н
		task	зада́ча
spaceman	космона́вт	technology	техноло́гия
spaceship	косми́ческий кора́бль	temperature	температу́ра
		theory	тео́рия
speed	ско́рость	universe	вселе́нная
sphere	шар	velocity	ско́рость
star	звезда́	weight	вес
state	состоя́ние	specific weight	уде́льный вес
strength	си́ла	weightlessness	невесо́мость
structure	структу́ра, устро́йство	world	мир
		X-rays	рентге́новы лучи́
substance	вещество́		

(a) SCIENCES AND SCIENTISTS

astronomy (astronomer)	астроно́мия (астроно́м)	to place	ста́вить, класть
biochemistry	биохи́мия (биохи́мик)	to equip	снабжа́ть, снабди́ть
		to depend (on)	зави́сеть (от)
biology	биоло́гия (био́лог)	to fluctuate	колеба́ть(ся)
chemistry	хи́мия (хи́мик)	to allow, permit	разреша́ть
engineer	инжене́р (инжене́рное де́ло)	to arise, occur	возника́ть
		to carry out	выполня́ть, вы́полнить
chemical engineer	инжене́р-хи́мик	to calculate	вычисля́ть, вы́числить
electrical engineering	электроте́хника (электроте́хник)	to launch	запуска́ть, запусти́ть
mathematics	матема́тика (матема́тик)	to cause	вызыва́ть, вы́звать
		to burn	жечь
physics	фи́зика (фи́зик)	to develop	развива́ть, разви́ть
technology	техноло́гия (техно́лог)	to succeed	удава́ться, уда́ться
to transmit	передава́ть, переда́ть		

26. Metals, Minerals, Chemical elements

metal	мета́лл	barium	ба́рий
mineral	минера́л, ископа́емые (pl.)	bismuth	ви́смут
		boron	бор
		brass	лату́нь (f.)
alum	квасцы́	bromide	бром
alloy	сплав	cadmium	ка́дмий
aluminium	алюми́ний	carbon	углеро́д
antimony	сурьма́	cement	цеме́нт
argon	арго́н	chalk	мел
arsenic	мышья́к	charcoal	древе́сный у́голь

39

chlorine	хлор	platinum	пла́тина
chromium	хром	potassium	ка́лий
clay	гли́на	precious stone,	драгоце́нный
concrete	бето́н	jewel	ка́мень
copper	медь (*f.*)	amber	янта́рь
flint	креме́нь (*m.*)	diamond	алма́з
fluorine	фтор	emerald	изумру́д
glass	стекло́	pearl	жёмчуг
granite	грани́т	sapphire	сапфи́р
gravel	гра́вий	quartz	кварц
gold	зо́лото	rock crystal	го́рный хруста́ль
helium	ге́лий	salt	соль (*f.*)
hydrogen	водоро́д	saltpetre	сели́тра
iodine	ио́д	sand	песо́к
iron	желе́зо	sandstone	песча́ник
lead	свине́ц	silicon	кре́мний
lime	и́звесть	silver	серебро́
limestone	известня́к	slate	сла́нец
magnesium	ма́гний	sodium	на́трий
manganese	ма́рганец	stone	ка́мень (*m.*)
marble	мра́мор	sulphur	се́ра
mercury	ртуть (*f.*)	tin	о́лово
mica	слюда́	tungsten	вольфра́м
molybdenum	молибде́н	vanadium	вана́дий
neon	нео́н	zinc	цинк
nickel	ни́кель (*m.*)	zircon	цирко́н
niobium	нио́бий		
nitrogen	азо́т	rust	ржа́вчина
oxygen	кислоро́д	rust resistant	нержаве́ющий
phosphorus	фо́сфор		

27. Communications

(a) POST

address	а́дрес	postcard	откры́тка
home address	дома́шний а́дрес	poste restante	до востре́бования
airmail	возду́шная по́чта	postman	почтальо́н
counter	око́шко	postmark	почто́вый ште́мпель
delivery (mail)	доста́вка	post office	почта́мт
envelope	конве́рт	printed matter	печа́тное
foreign mail	заграни́чная по́чта	receipt	квита́нция
letter	письмо́	receiver	получа́тель,
letter box	почто́вый я́щик		адреса́т
money order	перево́д де́нег,	registered letter	заказно́е письмо́
	де́нежный	sale of stamps	прода́жа ма́рок
	перево́д	sender	отправи́тель
packet	бандеро́ль (*f.*)	sender's address	обра́тный а́дрес
parcel	посы́лка	stamp	почто́вая ма́рка
post	по́чта	waste-paper	корзи́на для бума́ги
postal dues	почто́вые расхо́ды	basket	
post box	почто́вый я́щик		

to send a letter	отправля́ть, отпра́вить/посыла́ть, посла́ть псиьмо́
to place a letter in	опуска́ть, опусти́ть письмо́ (в + *acc.*)
to stick on (stamps)	накле́ивать, накле́ить
to deliver mail	доставля́ть, доста́вить по́чту
to weigh	взве́шивать, взве́сить
to fill in (form)	заполня́ть, запо́лнить
to send by airmail	посыла́ть, посла́ть авиапо́чтой
to correspond (with)	перепи́сываться (с + *instr.*)
wrong address	ло́жный а́дрес

(b) TELEGRAPH, RADIO AND TELECOMMUNICATIONS

cable	каблогра́мма	receiving set	приёмник
international code of signals	междунаро́дный свод сигна́лов	telegram	телегра́мма
		telegram counter	прие́м телегра́мм
radio communications	радиосвя́зь (*f.*)	telegram form	телегра́фный бланк
		telegraph	телегра́ф
rate, cost	тари́ф	transmitter	переда́тчик

by telegraph	по телегра́фу
to send a telegram	дава́ть, да́ть телегра́мму, посыла́ть, посла́ть телегра́мму

(c) TELEPHONE

button A	кно́пка для упла́ты
call	разгово́р
local call	ме́стный разгово́р
long distance call	междугоро́дный разгово́р
three-minute call	трёхмину́тный разгово́р
coin slot	отве́рстие для опуска́ния
dial	диск, номеронабира́тель
exchange	центра́льная (ста́нция)
public phone	таксофо́н, моне́тный телефо́н
receiver	тру́бка
subscriber	абоне́нт, уча́стник
telephone	телефо́н
telephone book	спи́сок абоне́нтов
telephone booth	телефо́н-автома́т
telephone directory	телефо́нная кни́га
telephone kiosk	телефо́нная бу́дка
telephone operator	телефони́ст, телефони́стка

to telephone	звони́ть, позвони́ть, телефони́ровать
to pick up the receiver	снима́ть, снять тру́бку
to put down the receiver	класть, положи́ть тру́бку
to dial a number	набира́ть, набра́ть но́мер
to cut off	разъединя́ть, разъедини́ть
"line engaged"	ли́ния занята́

28. Travel by land, sea and air

(a) GENERAL

forms of transport	вид трáнспорта	motor-car	автомобúль, автомашúна
animal-drawn transport	гужевóй трáнспорт	motor cycle	мотоцúкл
		motor vehicle	машúна
sea navigation	морскóе судохóдство	motorway, turnpike	автострáда
river navigation	речнóе судохóдство	oil	мáсло
underground transport	подзéмная желéзная дорóга	overpass	путепровóд
		parking place	стоя́нка автомобúлей
town transport	городскóй трáнспорт	pavement	мостовáя, тротуáр
suburban transport	прúгородный трáнспорт	pedestrian	пешехóд
		pedestrian crossing	пешехóдный перехóд
transport network	трáнспортная сеть	petrol	бензúн
on land and water	на сýше и на водé	petrol pump	колóнка
in the rush hours	в часы́-пик	police station	отделéние милúции
		ring road	кольцевáя автомагистрáль
avenue	проспéкт		
bicycle	велосипéд	road	дорóга
brake	тормóз (pl. тормозá)	road map	дорóжная кáрта
		road sign	дорóжный сигнáльный знак
bridge	мост		
bus	автóбус	scooter	моторóллер
bus shelter	павильóн	service station	дорóжная стáнция обслýживания автомобúлей
bus station	автовокзáл, автостáнция		
bus stop	автóбусная остановка	side car	коля́ска
		slippery	скóльзкий
conductor	кондýктор, кондýкторша	speed limit	предéльная скóрость
crossing	перекрёсток	stop	остановка
crossroads	перекрёсток	street lamp	ýличный фонáрь
cul-de-sac	тупúк	tarmac road	шоссéйная дорóга
danger	опáсность	taxi	таксú
detour	обхóд, объéзд	through transport	прямóе сообщéние
driver	водúтель	traffic	движéние
driving	ездá	traffic island	островóк спасéния
driving licence	прáво водúть	traffic light	светофóр
fare	тарúф	traffic policeman	регулирóвщик
filling station	заправочная стáнция	tram	трамвáй
highway	шоссé	tram stop	трамвáйная остановка
highway, tarmac	шоссéйный		
inter-city (adj.)	междугорóдный	trolley bus	троллéйбус
itinerary, route	маршрýт	trunk road	автомагистрáль (f.)
jeep, all-purpose vehicle	вездехóд	turning, bend	поворóт
junction	пересечéние	underground transport	метрó
lorry, truck	грузовúк	waiting room	зал ожидáния
mechanic	механик	winding	извúлистый
motel	мотéль (m.)		

parts of the car	ча́сти автомоби́ля
accelerator pedal	педа́ль га́за
accumulator, battery	аккумуля́тор, батаре́я
air filter	возду́шный фильтр
axle	ось
battery	батаре́я
bearing	подши́пник
body	ку́зов
brake pedal	педа́ль то́рмоза
button, knob	кно́пка
carburettor	карбюра́тор
clutch pedal	педа́ль сцепле́ния
crankcase	ка́ртер
cylinder	цили́ндр
4-cylinder	четырёх-цили́ндровый
door	две́рца
disc brakes	ди́сковые тормоза́
driving cab	каби́на
engine	дви́гатель
facia, control panel	пульт управле́ния
flashing indicator	мига́ющий сигна́л поворо́та
flywheel	махови́к
front	пере́дний
fuel	то́пливо, горю́чее
fuel pump	то́пливный насо́с
fuel tank	бензоба́к
gearbox	коро́бка переме́ны переда́ч
gear lever	рыча́г переме́ны переда́ч
handbrake	ручно́й то́рмоз, стоя́ночный то́рмоз
headlamp	фа́ра
heater	отопи́тель
instruments	прибо́ры
internal combustion engine	дви́гатель вну́треннего сгора́ния
lubrication	сма́зка
luggage compartment	бага́жник
motor	дви́гатель
oil	ма́сло
piston	по́ршень (*m.*)
radiator	радиа́тор
rear	за́дний
reverse	за́дний ход
seat	сиде́нье
seating capacity	вмести́мость
shaft	вал
shock absorber	амортиза́тор
side/rear lights	фонари́
silencer	глуши́тель
spare wheel	запасно́е колесо́ (*pl.* колёса)
spring	рессо́ра, пружи́на
steering wheel	бара́нка
streamlining	обтека́емость
stroke	такт
4-stroke	четырёхта́ктный
sump	маслоотсто́йник
suspension	подве́ска
transmission shaft	карда́нный вал
tyre	ши́на
valve	кла́пан
wheel	колесо́ (*pl.* колёса)
windscreen	ветрово́е стекло́

to start, move off	тро́гаться, тро́нуться с ме́ста
to accelerate	дава́ть, дать газ
to slow down	замедля́ться, заме́длиться
to press (pedal)	выжима́ть, вы́жать
to change gear	переключа́ть, переключи́ть
to seat (vehicle)	вмеща́ть, вмести́ть
to drive	пра́вить (+ *instr.*)
to call a taxi	вызыва́ть, вы́звать такси́
to take a taxi	брать, взять такси́
to give a tip	дать на ча́й
to occupy a seat	занима́ть, заня́ть ме́сто
to have one's licence endorsed	быть лишён пра́ва води́ть
to turn	повора́чивать, поверну́ть
to park	останови́ться, поста́вить маши́ну

Put in 6 litres.   Нале́йте в бак шесть ли́тров.
check the battery   прове́рте батаре́ю
tip   чаевы́е де́ньги

(c) AIR TRAVEL

aileron	элеро́н
air	во́здух
air, aerial (adj.)	возду́шный
aircraft	самолёт
airfield, airport	аэропо́рт
air hostess	бортпроводни́ца, стюарде́сса
airline	возду́шная ли́ния
air route	возду́шная тра́сса
air ticket	биле́т на самолёт
altitude	высота́
blind flying	слепо́й полёт по прибо́рам
cockpit	каби́на
control panel	пульт управле́ния
elevator	руль высоты́
engine	мото́р, дви́гатель
flight	полёт
long-distance flight	да́льний полёт, да́льний перелёт
one-way flight	полёт в одну́ сто́рону
return flight	обра́тный полёт
flying school	лётная шко́ла
fuel truck	бензозапра́вщик
fuselage	фюзеля́ж
hangar	анга́р
helicopter	вертолёт, гелико́птер
horsepower	лошади́ная си́ла (л.с.)
hovercraft	возду́шная поду́шка*

instruments	прибо́ры
jet	реакти́вный самолёт
landing	поса́дка
forced landing	вынужде́нная поса́дка
landing ground	поса́дочная площа́дка
loudspeaker	громкоговори́тель
movable ladder	передвижна́я ле́стница
parachute	парашю́т
passenger compartment	авиапассажи́рская каби́на
pilot	лётчик
radar	радиолока́ция
radio aerial	анте́нна
radio receiver	радиоприёмник
radio sonde	радиозо́нд
range	да́льность полёта
rudder	руль поворо́та
runway	ста́ртовая доро́жка, доро́жка для взлёта
Soviet airlines	Аэрофло́т
steward	бо́ртпроводник
undercarriage	шасси́
fixed	неубира́ющий
retractable	убира́ющий
visibility	ви́димость
wind sock	флю́гер-вы́мпел
wing	крыло́ (pl. кры́лья)

to fly	лета́ть, лете́ть, полете́ть
to fly blind	лета́ть, лете́ть по прибо́рам
to take off	взлета́ть, взлете́ть
to land	приземля́ться, приземли́ться
to make a forced landing	быть принуждённым приземли́ться
to go by air	е́хать на самолёте, самолётом
to get on a plane	сади́ться, сесть на самолёт
to make a landing	произвести́ поса́дку
to take off	подня́ться в во́здух
to suffer from airsickness	страда́ть от возду́шной ка́чки
an announcement on the loudspeaker	объявле́ние по громкоговори́телю

* full form: су́дно на возду́шной поду́шке

(d) INLAND TRANSPORT

bank	бéрег
barge	бáржа
freight barge	грузовáя бáржа
group of barges	буксúрный каравáн
bend	изгúб
canal	канáл
downstream	вниз по течéнию
inland shipping	речнóе судохóдство
lock	шлюз
lock gates	шлюзные ворóта
motor boat	теплохóд
navigable	судохóдный
passenger boat	пассажúрский теплохóд
river	рекá, речнóй (adj.)
river bed	рýсло рекú
river mouth	ýстье
river steamer	речнóй парохóд
steep	крутóй
swing bridge	поворóтный мост
tributary	притóк
tug	буксúр
upstream	вверх по течéнию
winding	извúлистый

(e) RAILWAYS

announcer	дúктор
arrival	приéзд
bogie	телéжка
booking office	кáсса
buffer	упóр рéльсового путú
cab	кабúна
carriage	вагóн
change (trains)	пересáдка
coal	ýголь (m.)
compartment	купé (indecl.)
control panel	прибóрная доскá
departure	отъéзд
diesel	тепловóз
driver	машинúст
electric train	электропóезд
electric train (local)	электрúчка
engine driver	машинúст
enquiry office	спрáвочное бюрó
exhaust	вы́хлоп
express, fast train	курьéрский, скóрый пóезд
fireman	кочегáр, помóщник
forecourt	плóщадь (f.)
freight	груз
fuel	тóпливо, горючее
funnel	дымовáя трубá
goods train	товáрный пóезд
hard	твёрдый
horse power	лошадúная сúла
line, direction	трáсса
line, section	учáсток
main line	глáвная лúния
local train	мéстный пóезд
locomotive (electric)	электровóз
locomotive (steam)	паровóз
luggage	багáж
mail train	почтóвый пóезд
mail van	почтóвый вагóн
monorail	монорéльс
pantograph	токоприёмник
passenger	пассажúр
passenger train	пассажúрский пóезд
platform	платфóрма
porter	носúльщик
power	мóщность
rails	рéльсы
railway	желéзная дорóга
railway worker	железнодорóжник
reserved seat	нумерóванное мéсто
restaurant	ресторáн
restaurant car	вагóн-ресторáн
road	дорóга
shunter (engine)	манёвровóй паровóз
signal box	центрáльная семафóрная устанóвка
signals	сигнáлы
signals (lights)	светофóры
sleeper (sleeping car)	спáльный вагóн
sleeper (track)	шпáла
soft	мя́гкий
stage, section	перегóн
station	стáнция, вокзáл
station master	начáльник стáнции
stop	останóвка
suitcase	чемодáн
switch	переключáтель

terminus	тупи́к, коне́чная ста́нция	train ticket	биле́т на по́езд
ticket	биле́т	travelling speed	путева́я ско́рость
return	обра́тный биле́т	underground	метро́
single	биле́т в оди́н коне́ц	waiting room	зал ожида́ния
		wheel	колесо́ (*pl.* колёса)
ticket collector	кондỳктор		
ticket office	биле́тная ка́сса	to be late (by)	опа́здывать (на + *acc.*), опозда́ть
timetable	железнодоро́жный спра́вочник, расписа́ние поездо́в	to change trains	де́лать переса́дку
		to haul	води́ть
		to whistle (train)	свисте́ть
toilet	убо́рная	to insure	застрахо́вывать, застрахова́ть
traction motor	электромото́р		
train	по́езд	the train arrives	по́езд прихо́дит
through train	по́езд прямо́го сообще́ния	the train departs	по́езд отхо́дит

(f) MEANS OF TRAVEL

to go by air	е́хать на самолёте, самолётом
to go by bicycle	е́хать на велосипе́де
to go by bus	е́хать на авто́бусе, авто́бусом
to go by car	е́хать на автомаши́не, на автомоби́ле, на маши́не
to go by helicopter	е́хать на вертолёте
to go by ship	е́хать, плыть на парохо́де, на ло́дке
to go by steamer	е́хать парохо́дом
to go by taxi	е́хать на такси́
to go by train	е́хать на по́езде, по́ездом
to go by tram	е́хать на трамва́е, трамва́ем
to go by trolleybus	е́хать на тролле́йбусе, тролле́йбусом
to go by underground	е́хать на метро́
to go on foot	идти́ пешко́м
to get on (bus, train, plane)	сади́ться, сесть на, в (+ *acc.*)
to get in (bus, tram, underground, etc.)	входи́ть, войти́ в (+ *acc.*)
to get off (bus, tram, underground, etc.)	сходи́ть, сойти́ с (+ *gen.*); выходи́ть, вы́йти из (+ *gen.*)
to change	де́лать переса́дку, переса́живать, пересе́сть
to go direct	е́хать без переса́дки
to depart	отправля́ться, отпра́виться
to arrive	прибыва́ть, прибы́ть
to travel to the station	е́хать на вокза́л
to fly to	лете́ть на (+ *acc.*)
to go into town, to the station, on an excursion	е́хать в го́род, на вокза́л, на экскур́сию
through transport	прямо́е сообще́ние
We go three stops.	Мы прое́дем три остано́вки.
We have four stops to go by trolleybus.	Нам е́хать четы́ре остано́вки на тролле́йбусе.
Where do I get off?	Где́ мне вы́ходить?
Get off at the next stop.	Сойди́те на сле́дующей остано́вке.
What means of transport do you use?	Каки́м ви́дом тра́нспорта вы по́льзуетесь?

29. Holidays and customs formalities

(a) HOLIDAYS

holiday, leave of absence	о́тпуск
sick leave	о́тпуск по боле́зни
holiday without pay	о́тпуск без сохране́ния содержа́ния
holiday mood	пра́здничное настрое́ние
holiday	пра́здник
holidaymakers	да́чник, да́чница, куро́ртник, куро́ртница
day off	выходно́й день
holiday camp	тури́сткий ла́герь
summer camp	ле́тний ла́герь
the holidays	кани́кулы
public holiday	обще́ственный пра́здник
long vacation	большо́й о́тпуск
holiday home	дом о́тдыха

to be on holiday, on leave	быть в о́тпуске
to come on a holiday, rest	отдыха́ть, отдохну́ть
to visit	ходи́ть, е́здить в го́сти, навеща́ть, навести́ть
for the holidays	на пра́здники
to spend one's holidays	проводи́ть, провести́ свой о́тпуск
to spend one's holidays on wheels	проводи́ть, провести́ свой о́тпуск на колёсах
to take a winter holiday	взять, брать о́тпуск зимо́й
to go on an excursion	ходи́ть, идти́ на экску́рсию
to spend one's day off	проводи́ть, провести́ свой выходно́й день

When are you going on holiday?	Когда́ вы пое́дете в о́тпуск?
Where are you going for your summer holidays?	Куда́ вы е́дете на ле́тние кани́кулы?
Where do you intend to go this summer?	Куда́ вы собира́етесь пое́хать ле́том?
The student decided to go to Scotland for the summer holidays.	Студе́нт реши́л пое́хать в Шотла́ндию на ле́тние кани́кулы.
We are not going anywhere this year.	В э́том году́ мы никуда́ не пое́дем.
in the open	под откры́тым не́бом

(b) GENERAL

accommodation	помеще́ние, кварти́ра	information bureau	спра́вочный отде́л
accommodation ticket	путёвка	journey	путеше́ствие
		queue	о́чередь (f.)
boarding house	пансиона́т	sport centre	спорти́вная ба́за
canvas, covering	брезе́нт	"stay-at-home"	домосе́д, домосе́дка
excursion guide	экскурсово́д	summer camp	ле́тний ла́герь
guide	гид	summer house	да́ча
health resort	здра́вница	summer resident	да́чник, да́чница
heat	жара́	summer season	ле́тний сезо́н
hospitality	гостеприи́мство	travel agency	туристи́ческое бюро́

47

| travel permit | путёвка | tourist base | туристическая база |
| trip | поход | | (турбаза) |

to set off	отправляться, отправиться в путь
to go to the summer residence	ехать на дачу
to invite	приглашать, пригласить в гости
to travel abroad	ездить, ехать за границу
to return home	вернуться домой
to go hiking	ходить в туристические походы
to hire a cottage	нанимать, нанять дачу
to let	сдавать, сдать в наём
to stay overnight	остановиться, остаться на ночлег
to put in order	приводить, привести в порядок
to work out a route	разрабатывать, разработать маршрут
to go on foot	идти пешком
to set out	выступать, выступить в путь
to go to the country	ехать, поехать за город
to hitch hike	делать автостоп
to go to Europe	ехать в Европу
to stay in one place	отдыхать на одном месте

Happy journey!	счастливого пути!
on the way	по дороге
in the country	в деревне, за городом
to the country	в деревню
on arrival	по приезде
at low cost	за дешёвую плату
at the height of the season	в разгар сезона
in the winter time	в зимнее время
this summer, last summer	этим летом, прошлым летом
a boat trip	поход на лодке, прогулка в море
on a summer's day	в один летний день

(c) PUBLIC HOLIDAYS

Christmas	Рождество	Holy Week	святая неделя
Christmas Day	Рождество	Eastertide	пасхальная неделя
	Христово	Whitsuntide	неделя после
Christmas card	рождественская		троицына дня
	открытка	Whitsunday	троицын день
Christmas tree	рождественская	Whit Monday	духов день
	ёлка		
Christmastide	святки	at, for Christmas,	на Рождество, на
Easter	Пасха	Easter	Пасху

(d) HIKING, CAMPING

camp	лагерь (m.)	journey	путешествие
camp bed	походная кровать	map reading	чтение карт
camp fire	бивачный костёр	tent	палатка
hike	поход	tent rope	палаточная верёвка
hiker	участник похода	tourist club	туристский клуб

| to set out on a hike | отправляться/отправиться в турист-ский похбд |
| to camp | расположиться лагерем |

to live in a tent	жить в пала́тке
to pitch a tent	ста́вить пала́тку
to cook	вари́ть, отва́ривать
to make a halt	де́лать прива́л
to camp out, live under canvas	жить в лагеря́х
to strike camp	снима́ть ла́герь
halt on dry land	прива́л на су́ше
pitching of tents	постано́вка пала́ток

(e) EXPRESSIONS

to go for a walk	соверша́ть/соверши́ть прогу́лку
The development of foreign tourism is one of the forms of international cultural exchange and co-operation.	Разви́тие иностра́нного тури́зма—э́то одна́ из форм междунаро́дного культу́рного обме́на и сотру́дничества.
The window overlooks the sea.	Окно́ выхо́дит на́ море.
Every Sunday you can spend the day in the country and rest from all cares.	Ка́ждое воскресе́нье проведёшь день за́ городом и отдохнёшь от всех забо́т.
There is nowhere to sleep and eat.	Переночева́ть и пое́сть не́где.
They stroll with rucksacks on their backs.	Они́ бреду́т с рюкзака́ми за спино́й.
They would like to have beside them a sea with sandy beaches, bathing, yachts, scooters, a fresh wind and hot sun.	Им хоте́лось ещё име́ть у себя́ под бо́ком мо́ре с песча́ными пля́жами, купа́нием, я́хтами, скутера́ми, све́жим ве́тром и жа́рким со́лнцем.

(f) AT THE CUSTOMS

customs examination	тамо́женный осмо́тр	frontier	грани́ца
customs officer	тамо́женный, слу́жащий тамо́женник	luggage examination	осмо́тр багажа́
		new (old) clothing	но́вые (ста́рые, но́шенные) ве́щи
customs post	тамо́жня	passport	па́спорт (pl. паспорта́)
duty, tax	по́шлина	receipt	распи́ска
entrance visa	въездна́я ви́за		
exit visa	ви́за на вы́езд		

to go through the customs	проходи́ть тамо́женный осмо́тр
to inspect	осма́тривать, осмотре́ть
to declare	предъяви́ть, объяви́ть, заявля́ть
to pay tax	уплати́ть по́шлины
to allow	разреша́ть, разреши́ть
to forbid	воспреща́ть, воспрети́ть
to record	отмеча́ть, отме́тить (в па́спорте)

for personal use	для ли́чного употребле́ния
at the customs post	в тамо́жне

30. Sport

(a) TYPES OF SPORT

acrobatics	акробáтика	lacrosse	игрá в мяч на
angling	ужéние		травянóм пóле
archery	стрельбá из лýка	motor racing	мотоспóрт
athletics	атлéтика	netball	баскетбóл
badminton	бадминтóн	polo	пóло, кóнное пóло
basketball	баскетбóл	rowing	грéбля
boxing	бокс	rugby	рéгби, рýгби
chess	шáхматы	sailing	пáрусный спорт
climbing	альпинúзм	skating	катáние на конькáх
cricket	крúкет	figure skating	фигýрное катáние
cycling	велоспóрт		на конькáх
fencing	фехтовáние	skiing	лы́жный спорт
flying	лётное дéло	skittles	городкú
football	футбóл	speedboat racing	гóнка на мотóрных
gliding	планúрование,		лóдках
	планерúзм	swimming	плáвание
golf	гольф	table tennis	настóльный тéннис
gymnastics	гимнáстика	tennis	тéннис
artistic	гимнáстика	volleyball	волейбóл
gymnastics	худóжественная	water polo	ватерпóло, вóдное
hockey	хоккéй с мя́чом		пóло
horse riding	кóнный спóрт	wrestling	борьбá
hunting	спортúвная охóта	free style	борьбá вóльная
ice hockey	хоккéй с шáйбой	wrestling	

(b) GENERAL EXPRESSIONS

to play at football, tennis, golf, etc.	игрáть в футбóл, в тéннис, в гóльф
golf links	площáдка для игры́ в гóльф
to go in for sport	занимáться, заня́ться спóртом
to train	тренировáть
sporting (*adj.*)	спортúвный
winter sport	зúмний спорт
summer sport	лéтний спорт
classification (at sport)	разря́д (спортсмéн 1-го разря́да)
spare time	свобóдное врéмя
championship	чемпионáт, пéрвенство
competition	соревновáние
entertainment	развлечéние
fan	болéльщик
instructor	инстрýктор
match	матч, игрá
Olympic Games	Олимпúйские úгры
participant, player	учáстник
recreation park	парк óтдыха
spectator	зрúтель
sport	спорт
sportsman	спортсмéн
sportswoman	спортсмéнка
sporting holiday	спортúвный прáздник
sporting society, club	спортúвное óбщество

sporting events, competition	спорти́вные состяза́ния
sports centre	спорти́вная ба́за
team	кома́нда, сбо́рная
trainer	тре́нер
training	трениро́вка
stadium	стадио́н

to meet, play against	встреча́ться/встре́титься с (+ *instr.*)
to suffer defeat at the hands of	потерпе́ть пораже́ние от (+ *gen.*)
to win by the score	победи́ть со счётом . . .
to fight for the cup	боро́ться за ку́бок
the stadium was built for . . . specta-tors	стадио́н рассчи́тан на . . . посети́тели
to be in form	быть в спорти́вной фо́рме
to achieve success in sport	доби́ться успе́хов в спо́рте
What was the score?	Како́й был счёт?
selected team	сбо́рная кома́нда
quarter final	четвертьфина́л
semi-final	полуфина́л
final	фина́л
rival	сопе́рник

(c) FOOTBALL

ball	мяч	footballer	футболи́ст, игро́к
first half	пе́рвый тайм	goalmouth	воро́та
football	футбо́л	linesman	судья́ на ли́нии
football boots	футбо́льные боти́нки	net	се́тка
		referee	судья́
football club	футбо́льный клуб	reserve	запасно́й игро́к, ресе́рв
football match	футбо́льный матч		
football pitch	футбо́льная пло́щадь	second half	второ́й тайм
		shirt	фуфа́йка

(i) *Positions*

goalkeeper	врата́рь
right full back	пра́вый защи́тник
left full back	ле́вый защи́тник
right half back	пра́вый полузащи́тник
left half back	ле́вый полузащи́тник
centre half	центра́льный полузащи́тник
right wing	пра́вый кра́йний напада́ющий
left wing	ле́вый кра́йний напада́ющий
inside right	пра́вый полусре́дний напада́ющий
inside left	ле́вый полусре́дний напада́ющий
centre forward	центр нападе́ния, напада́ющий

(ii) *Expressions connected with football*

to win	выи́грывать, вы́играть
to lose	прои́грывать, проигра́ть
to score the first goal	заби́ть пе́рвый гол
to equalize	сквита́ть счёт
to come on the field	выходи́ть, вы́йти на по́ле
result of the match	исхо́д ма́тча

return match	ответный матч
friendly game	товарищеская игра
European Cup	Кубок Европы
cupholders	обладатели кубка
victory at home, a draw away	победа дома, ничья—в гостях
The world champions showed the highest class of football.	Чемпионы мира показали высочайший класс футбола.
This team occupied the first place in Class "A".	Эта команда занимала первое место в классе «А».
The match ended in a draw.	Встреча закончилась вничью.
Both goals were scored in the first half.	Оба мяча были забиты в первом тайме.
the position of the teams in the league table	расположение команд в турнирной таблице
This was the only goal of the match.	Этот гол оказался единственным в матче.
The "Torpedo" team of Moscow suffered an unexpectedly heavy defeat.	Неожиданно крупное поражение потерпели торпедовцы Москвы.
We followed this match on television.	Мы следили за этим матчем по телевизору.
to open the scoring	открывать/открыть счёт
I am a Spartak fan.	я болею за команду «Спартак».
This team has collected a greater number of points this season.	Эта команда набрала большее количество очков в этом сезоне.
Who won the match and what was the score?	Кто выиграл матч и с каким счётом?
to play for the cup	играть на кубок
The score was 1:0 in favour of "Dinamo".	Счёт—1:0 (один-ноль) в пользу «Динамо».

(d) BOXING

amateur boxer	боксёр-любитель	middleweight	средний вес
bout	бой	light heavyweight	полутяжёлый вес
boxing referee	судья по боксу	heavyweight	тяжёлый вес
knockout	нокаут		
opponent	соперник	to box	боксировать
professional boxer	боксёр-профессионал	to hit	нанести удар
		to disqualify	снять с боя
ring	ринг, арена для бокса	to enter the final	выйти в финал
		to win the national championship	выиграть первенство страны
round	раунд		
flyweight	наилегчайший вес		
bantam weight	легчайший вес		
featherweight	полулёгкий вес	victory by a knockout	победа нокаутом
lightweight	лёгкий вес	victory on points	победа по очкам
welterweight	лёгкий-полусредний вес		

(e) FENCING

fencer	фехтовальщик	foil	рапира
fencing	фехтование	on guard	к бою
fencing instructor	тренер по фехтованию		

(f) ROWING

boat races	лóдочные гóнки	to row	грести́
four	четвёрка	to push off the	отта́лкивать лóдку
oar	веслó	boat	
rower, oarsman	гребéц	to land	прича́лить
rowing	грéбля	to steer	управля́ть лóдкой
rowing boat	гребна́я лóдка		
team	экипа́ж		

(g) EQUESTRIANISM

(i) General

arena	ипподрóм	obstacle, jump	барьéр,
clear round	без штрафны́х		препя́тствие
	очкóв	parallel bars	параллéльные
course	маршру́т		бру́сья
cross-country	кросс	rider	вса́дник, вса́дница
fall	падéние	riding	кóнный спорт, езда́
fault	оши́бка	riding school	манéж
fence	и́згородь	show ring	кóнкурсное пóле
gallop	галóп	stable	коню́шня
horse race	ска́чки	stable boy	кóнюх
horse-riding	конноспорти́вные	steeplechase	стипль-чéз
competitions	соревнова́ния	time limit	нóрма врéмени
mounting	поса́дка		

(ii) Horses and their equipment

bridle, reins	пóвод	riding crop	нага́йка
harness	сбру́я	spur	шпóра
hoof	копы́то	stirrup	стрéмя
horse	лóшадь	strap	ремéнь (m.)
jumping horse	кóнкурсная		
	лóшадь	to ride on	éздить верхóм
race horse	бегова́я лóшадь	horseback	
riding horse	верхова́я лóшадь	to mount a horse	сади́ться на лóшадь
thoroughbred	порóдистая	to amble	бежа́ть и́ноходью
	лóшадь	to vault	вольтижи́ровать
mare	кобы́ла	to break in	объезжа́ть лóшадь
riding boots	сапоги́	to saddle	седла́ть

fodder	фура́ж, корм	
The horsewoman finished the ride without faults.		Вса́дница закóнчила езду́ без погрéшностей (без штрафны́х очкóв).

(h) TENNIS AND TABLE TENNIS

covered court	закры́тый корт	server	подаю́щий
doubles	па́рная игра́	service	пода́ча
mixed doubles	смéшанная па́рная	set	па́ртия
	игра́	singles	одинóчная игра́
net	сéтка	tennis	тéннис
racket	ракéтка	table tennis	настóльный
receiver	принима́ющий		тéннис
	пода́чу	tennis court	тéннисный корт

| tennis player | теннисист, теннисистка | tennis shoes | тённисные туфли |
| | | tournament | турнир |

to serve
the world table-tennis championship

подать
чемпионат мира по настольному тённису

(i) CYCLING

cycling	велоспорт	lap	круг
cyclist	велосипедист	leader	лидер
racing cyclist	гонщик		
elimination events	отборочные состязания		

to cycle
to take part in a race

ехать/проехать на велосипеде
принимать, принять участие в гонке

The race will take place along the route Berlin-Prague-Warsaw.

Велогонка пройдёт по маршруту Берлин-Прага-Варшава.

(i) *Bicycle parts*

brake	тормоз	spoke	спица
cycle lamp	фонарь	tyre	шина
handle	ручка	flat tyre	прокол
handle bar	руль (*m.*)	wheel	колесо (*pl.* колёса)
inner tube	камера		

(j) GYMNASTICS

exercise on the beam	упражнёние на бревнё	parallel bars	параллёльные брусья
exercise on the rings	упражнёние на кольцах	points	баллы
fall	провал	to collect a point	набирать, набрать балл
gymnast	гимнаст, гимнастка		

(k) SWIMMING

bathing costume	купальный костюм	swimming	плавание
changing cubicle	кабина для переодевания	back stroke	плавание на спинё
diving board	трамплин	breast stroke	способ брасс
high diving	прыжок с вышки	butterfly	способ баттерфляй
school competitions	школьные состязания	crawl	кроль
swimmer	пловёц, пловчиха	free style	вольным стилем

to swim
to bathe
to beat the record
to improve the world record

плавать
купаться
бить, побить рекорд
улучшать, улучшить мировой рекорд

in the first (few) minutes of the race
100 metre race

на пёрвых минутах заплыва
заплыв на 100 мётров

In the men's relay race of 4 × 100 metres the time was 4 min. 02·8 sec, which is 5 seconds better than the previous record.
What was the swimmer's time?
What was his time for the 100 metres?
He became the European champion.

В комбинированном мужском заплыве 4 по 100 метров—4 минуты 02,8 секунды, что на 5 секунд выше прежнего рекорда.
Какое время показал пловец?
За сколько он проплыл 100 метров?
Он стал чемпионом Европы.

(1) ATHLETICS

(i) General

athletics	атлетика
field events	тяжелоатлетика
finish	финиш
finishing tape	лента финиша
high jump	прыжок в высоту
hurdling	барьерный бег
long jump	прыжок в длину
men's team	мужская команда
pole vaulting	прижок с шестом
putting the shot	толкание ядра
running	бег, забег
long-distance running	бег на дальнюю дистанцию
short-distance running	бег на короткую дистанцию
sprint	спринт, бег на короткую дистанцию
start	старт
starting block	стартовая колодка
starting line	стартовая линия
throwing the discus	метание диска
throwing the javelin	метание копья
track events	лёгкая атлетика
women's team	женская команда

(ii) Types of race

220 yards race (200 metres)	бег на 220 ярдов (200 метров)
1,500, 5,000 and 10,000 metres	бег на 1500, 5000 и 10000 метров
3-mile race	бег на три мили
decathlon	десятиборье
hurdles	барьерный бег
marathon race	марафонский бег
pentathlon	пятиборье
sprint	спринт
relay race	эстафетный бег

(iii) Types of competitor

decathlon competitor	десятиборец
discus thrower	метатель диска
distance runner	стайер
hurdler	барьерист
javelin thrower	метатель копья
marathon runner	марафонец
shot putter	толкатель ядра
sprinter	спринтер

(iv) Actions

to run	бегать
to jump	прыгать
to throw the javelin	метать копьё
to put the shot	толкать ядро
to throw the discus	метать диск
to long jump	прыгать в длину
to high jump	прыгать в высоту
to throw the hammer	метать молото

55

Many international meetings will take place.	Состоится много международных встреч.
a preparation, "warming up"	пристрелка
He jumped to a height of 2 metres 18 cm.	Он прыгнул в высоту на два метра 18 сантиметров.
at the start	на старте
Olympic champion	олимпийский чемпион

(m) HOCKEY

hockey	хоккей с мячом	penalty	штрафной удар
ice hockey	хоккей с шайбой	puck	шайба
hockey ball	хоккейный мяч		
hockey player	хоккеист, хоккеистка	О = points (очки)	
		В = win (выигрыш)	
hockey stick	клюшка	Н = draw (ничья)	
pads	щитки	П = defeat (поражение)	

The team has collected 32 points and occupies sixth place.	Команда набрала 32 очка и занимает шестое место.
The team represents a mixture of youth and experience.	Команда—сплав юности и опыта.
in the first session (ice hockey)	в первом периоде
The 19th ice hockey championship is coming to an end. The results of 178 out of 180 matches are already known. Two only remain to be played. These matches will not have any influence on the position of the teams in the tournament table. This is how the table looks.	Финиширует XIX чемпионат страны по хоккею с шайбой. Сейчас уже известны результаты 178 матчей из 180. Осталось провести два. Эти матчи уже не повлияют на расположение команд в турнирной таблице. Вот как выглядит таблица.

31. Leisure activities

(a) GENERAL

club	клуб	leisure hours	часы досуга
free time	свободное время	membership subscriptions	членские взносы
hobby	конёк, хобби		
leisure	досуг		

to spend one's leisure time	проводить, провести досуг
to bury oneself in books	копаться в книгах
at leisure, in one's spare time	на досуге

(b) TYPES OF GAMES

billiards	бильярд	draughts	шашки
chess	шахматы	games of chance	азартные игры
dominoes	кость (домино)	table tennis	пинг-понг

to play at billiards	игра́ть в билья́рд
to play at chess	игра́ть в ша́хматы
to play at dominoes	игра́ть в домино́
to play at draughts	игра́ть в ша́шки
to play at table tennis	игра́ть в пинг-понг
to play skittles	игра́ть в ке́гли
to throw the dice	игра́ть в ко́сти

(i) Chess

board	доска́	rival	сопе́рник
champion	чемпио́н	title	ти́тул
ex-champion	экс-чемпио́н	tournament	турни́р
check (call)	шах	umpire, judge	арби́тр
checkmate	шах и мат	bishop	слон
chess player	шахмати́ст,	castle	тура́
	шахмати́стка	king	коро́ль (m.)
drawn game	ничья́, ничей	knight	конь (m.)
end-game	э́ндшпиль (m.)	pawn	пе́шка
fool's mate	мат со второ́го хо́да	queen	ферзь (m.)
gambit	гамби́т	rook	ладья́
game	па́ртия	to cede, lose	уступа́ть, уступи́ть
grandmaster	гроссме́йстер	to win back the	отвоева́ть ти́тул
match	матч	title	
mate	мат	to check	объяви́ть шах
move	ход	to move	де́лать ход

(ii) Billiards

billiard ball	билья́рдный ша́рик	billiard room	билья́рдная
billiard cue	кий	billiard table	стол для игры́ на
billiard player	игро́к в билья́рд		билья́рде

(iii) Dominoes and draughts

dice	кость (f.)	draught	ша́шка
domino	домино́		
draught-board	ша́шечница	to throw the dice	броса́ть ко́сти

(iv) Card games

bridge	бридж	ten	деся́тка
gambler	картёжник	jack	вале́т
patience	пасья́нс	queen	да́ма
player	игро́к	king	коро́ль (m.)
poker	по́кер		
rummy	ромме́	clubs	тре́фы (тре́фа)
whist	вист	diamonds	бу́бны (бу́бна)
ace	туз	hearts	че́рвы (че́рва)
two	дво́йка	spades	пи́ки (пи́ка)
three	тро́йка		
four	четвёрка	Queen of Spades	Пи́ковая да́ма
five	пятёрка	four of spades,	четвёрка пик, черв
six	шестёрка	hearts	
seven	семёрка	five of trumps	козырна́я пятёрка
eight	восьмёрка	trump	ко́зырь (m.)
nine	девя́тка	suit	масть (f.)

to follow suit	ходи́ть	pack of cards	коло́да карт
to lead hearts	ходи́ть с червёй	to have a good	име́ть хоро́шие
to lead diamonds	ходи́ть с бубён	hand	ка́рты
to lead trumps	ходи́ть с ко́зыря	to mix cards	тасова́ть
to trump	покры́ть ко́зырем	Whose deal?	Кому́ сдава́ть?
to deal	сдава́ть, сдать		

(v) Table tennis

| ball | мяч | net | се́тка |
| bat | раке́тка | table | доска́ для игры́ |

(vi) Dancing

dance	та́нец	jazz	джаз
dance hall	танцза́л	quickstep	ско́рый ход
foxtrot	фокстро́т	waltz	вальс

(vii) Stamp collecting

collector,	коллекционе́р,	series of stamps	се́рия ма́рок
philatelist	филатели́ст	stamp	ма́рка
comb perforation	гребёнчатая		
	зубцо́вка	to collect stamps	собира́ть ма́рки
commemorative	па́мятный блок	to be engaged in	занима́ться
group		stamp collect-	филатели́ей
postage stamps	почто́вые ма́рки	ing	
postmark	штéмпель (m.)		

(viii) Photography

camera	фотоаппара́т	picture, snap	снимо́к
dark room	фотолаборато́рия	positive	позити́в
developer	проя́витель	roll of film	кату́шка
enlarger	увеличи́тель	shutter	затво́р
exposure time	вре́мя экспози́ции	spool	боби́на
film	плёнка	stand	стати́в
lens	ли́нза	studio	фотоателье́
negative	негати́в		

to photograph	фотографи́ровать, сфотографи́ровать,
	снима́ть, снять
to develop	проявля́ть, прояви́ть
to print	печа́тать, отпеча́тать
to set the camera	установи́ть
to expose	экспони́ровать
to overexpose	передержа́ть
to underexpose	недодержа́ть
to enlarge	увели́чивать, увели́чить

(ix) Other leisure activities

bowling alley	кегельба́н	gramophone	граммофо́нные
crossword	кроссво́рд	records	пласти́нки,
across	по горизонта́ли		грампласти́нки
down	по вертика́ли	record player	прои́грыватель

(x) *Skiing*

ascent	подъём	skier	лы́жник, лы́жница
chair lift	кре́сельный подъёмник	skiing	лы́жный спорт
		skiing stick	лы́жная па́лка
descent	спуск	skis	лы́жи
jump	прыгу́н	slalom	сла́лом
ski boots	лы́жные боти́нки	starting point	ба́шня для разбе́га
ski course	доро́жка для приземле́ния	turn	поворо́т
ski jumping	бег с прыжка́ми на лы́жах, прыжки́ на лы́жах	to go skiing	ходи́ть/идти́ на лы́жах

(xi) *Skating*

dance on ice	та́нец на льду	skating pair	па́рное ката́ние
figure skating	фигу́рное ката́ние	skating rink	като́к
skater	конькобе́жец, конькобе́жица	to skate	ката́ться на конька́х
skates	коньки́		

(xii) *Climbing*

ascent	восхожде́ние, взбира́ние	hillside	склон горы́
		ice pick	ледору́б
avalanche	обва́л	mountain	гора́
chasm	кулуа́р	mountain guide	проводни́к
cliff	скала́	mountain shelter	прию́т
climber	альпини́ст	overhang, projection	вы́ступ скалы́
climbing (sport)	альпини́зм		
climbing iron	стенно́й крючо́к	peak	пик
climbing jacket	ку́ртка для взбира́ния	ridge	го́рный хребе́т
		sleeping bag	мешо́к
climbing rope	верёвка, кана́т для ла́занья	snowglasses	защи́тные очки́ от сне́га
crest, ridge	гре́бень	summit	верши́на
descent	спуск	tent	бивуа́к
fall	паде́ние		
fissure	тре́щина, щель (*f.*)	to climb	взбира́ться
foot (mountain)	подно́жие горы́	to descend	спуска́ться
glacier	глётчер, ледни́к		

32. History—Old Russia

ancestral lands, domain	во́тчина	belief	ве́ра
		Black Hundreds	черносо́тенцы
ancient	дре́вний	bodyguard (Kievan Princes)	дружи́на
autocracy	самодержа́вие		
autocrat	самоде́ржец		
autocratic	самодержа́вный	Bolshevik	большеви́к
backwardness	отста́лость	bow	стрела́
battle	би́тва	boyar	боя́рин (*pl.* боя́ре)

branch	о́трасль (*f.*)	Menshevik	меньшеви́к
Byzantium	Византи́я	merchant	торго́вец
campaign	похо́д	Middle Ages	сре́дние века́
cattle raising	скотово́дство	nomad	коче́вник
cavalry	ко́нница	nomadic	кочево́й
century	век, столе́тие	October Revolu-	Вели́кая Октя́брь-
chain mail	кольчу́га	tion	ская Револю́ция
chronicle	ле́топись (*f.*)	order	о́рден (Алекса́ндра
count	граф	(Alexander,	и.т.д.)
countess	графи́ня	etc.)	
court	двор	ownership (land)	землевладе́ние
courtier	дворяни́н	pagan (*n.*)	язы́чник
cultivation	земледе́лие	pagan (*adj.*)	язы́ческий
customs	нра́вы	paganism	язы́чество
Decembrists	декабри́сты	palace	дворе́ц
deification	обожествле́ние	parliament	ду́ма
duchess	герцоги́ня	(pre-1917)	
Grand Duchess	вели́кая княги́ня	peasant	крестья́нин,
duke	ге́рцог		крепостно́й,
Grand Duke	вели́кий князь		мужи́к
economy	хозя́йство	power (state)	держа́ва
emperor	импера́тор	power (political)	власть (*f.*)
empire	импе́рия	prince	князь (*pl.* князья́)
empress	императри́ца	princely	кня́жеский
enemy	враг	princess	княги́ня
excavations	раско́пки	princess	княжна́
feudal	феода́льный	(unmarried)	
fort	кре́пость	principality	кня́жество
guardsman	дружи́нник	queen	короле́ва
goddess	боги́ня	reign	ца́рствование
Golden Horde	Золота́я Орда́	rising, revolt	восста́ние
heir	насле́дник	royal	короле́вский
heritage	насле́дие;	ruler	прави́тель
	насле́дство	ruling class	госпо́дствующий
historian	исто́рик		класс
hunting	охо́та	Russia	Росси́я
inheritance	насле́дование	Kievan Russia	Русь
khagan	кага́н	Old Russia	дре́вняя Росси́я
khaganate	кагана́т	Old Russian	древнеру́сский
king	коро́ль (*m.*)	sabre	са́бля
knight	ры́царь, богаты́рь,	serf	крепостно́й
	ви́тязь	serfdom	крепостни́чество
lance	копьё	Slav	славяни́н
landowner	землевладе́лец	slave	раб
(general)		Slavonic	славя́нский
landowner	поме́щик	sovereign	мона́рх, госуда́рь
(Russian)		state (*n.*)	госуда́рство
language	язы́к	state (*adj.*)	госуда́рственный
written	пи́сьменность	Strelitz	стреле́ц
language		struggle	борьба́
law	пра́во	subject	подчинённый
leadership	главе́нство	subjection	подчине́ние
level	у́ровень (*m.*)	supremacy	пе́рвенство
lord	ба́рин	sword	меч
medieval	средневеко́вый	Tartar	тата́рин, тата́рка

Tartar yoke	тата́рское и́го	Tsarevich	царе́вич
throne	трон	Tsarevna	царе́вна
treasure	клад	Tsarina	цари́ца
tribe	пле́мя (*gen. sing.* -ени, *pl.* -ена́)	Varangian	варя́г
		war	война́
tribute (money)	дань (*f.*)	1812	Оте́чественная Война́
Tsar	царь (*m.*)		

to wither away, decay	распада́ться, распа́сться
to struggle	боро́ться
to rule (of prince)	кня́жить
to crush	подавля́ть
to seize	овладе́ть
to carry on trade (with)	води́ть, вести́ торго́влю с (+ *instr.*)
to convert to Christianity	обраща́ть в христиа́нство
to be backward	отстава́ться, отста́ться от (+ *gen.*)
to destroy, lay waste	разоря́ть
to settle	поселя́ться, посели́ться
to make peace	подписа́ть мир
to overthrow	сверга́ть, све́ргнуть
to ascend the throne	вступи́ть на трон

in the reign of	при ца́рствовании
at Borodino	би́тва при Бородине́
The power of the Kievan Princes fell into decline.	Власть Ки́евских князе́й пришли́ в упа́док.
in exchange (for)	в обме́н (на + *acc.*)
nomad way of life	кочево́й о́браз жи́зни

33. Government and elections

(a) GOVERNMENT

ambassador	посла́нец
area	райо́н
Chancellor of Exchequer	мини́стр фина́нсов, ка́нцлер казначе́йства
commission	коми́ссия
congress	съезд
Conservative	консерва́тор, консерва́торский
constitution	конститу́ция
council	сове́т
district council	окружно́й сове́т
rural district council	райо́нный сове́т
town council	городско́й сове́т, горсове́т
village council	сельсове́т
Council of Ministers	Сове́т Мини́стров
Council of Nationalities	Сове́т Национа́льностей
councillor	сове́тник
county	гра́фство
debate	деба́ты (*pl.*)
democratic structure	демократи́ческий строй

61

deputy	заместитель
dictator	диктатор
discussion	дискуссия
district (minority)	округ
police district	участок
rural district	район
economy	хозяйство
planned economy	плановое хозяйство
embassy	посольство
exchange of opinion	обмен мнений
executive	исполнительный комитет
Foreign Minister	министр иностранных дел
government	управление, правительство
happiness	благосостояние
House of Commons	палата общин
House of Lords	палата лордов
independent member	беспартийный
Labour, Socialist	лейборист, лейбористский
law	закон
leader	лидер
leadership	руководство
legislative	законодательный
Liberal	либерал, либеральный
majority	большинство
mayor	мэр, бурмистр
member of cabinet	член кабинета
minister	министр
ministry	министерство
monarchy	монархия
M.P., representative	депутат, депутатка, член парламента
multi-national	многонациональный
negotiation	переговор
opposition	оппозиционная партия
organs of power	органы власти
parliament	парламент
act of parliament	закон парламента
party organization	партийная организация
P.M., Prime Minister	премьер-министр
population	население
president	председатель
Presidium of the Supreme Soviet	Президиум Верховного Совета СССР
press conference	пресс-конференция
proclamation	провозглашение
property	собственность
state	государственная собственность
private	личная (частная) собственность
prosperity	процветание
province	край
publication	публикование
public opinion	общественное мнение
referendum	опрос
region	область (*f.*)
representative	депутат
republic	республика
resolution, decision	постановление

right	пра́во
state	госуда́рство
structure	устро́йство
Supreme Court	Верхо́вный Суд
Supreme Soviet	Верхо́вный Сове́т СССР
treaty	догово́р
unanimous	единогла́сный
view	взгляд
way of life	о́браз жи́зни
welfare	благосостоя́ние
White paper	бе́лая кни́га
to publish, declare	опубликова́ть
to plan	плани́рова́ть
to appear on television	выступа́ть, вы́ступить по телеви́-дению
session of the town council	заседа́ние горсове́та
forming a government	сформирова́ние прави́тельства
leader of the House of Commons	ли́дер пала́ты о́бщин
two-chamber structure	двухпала́тная структу́ра
U.N. Charter	уста́в ООН

(b) ELECTIONS

ballot box	у́рна для голосова́ния
ballot paper	бюллете́нь (m.)
candidate	кандида́т
election	вы́боры
general election	всео́бщие вы́боры
local election	ме́стные вы́боры
parliamentary election	парла́ментские вы́боры
list of electors	спи́сок избира́телей
polling booth	каби́на для голосова́ния
poster	плака́т
seat	ме́сто
secret ballot	та́йное голосова́ние
swing	сдвиг
universal suffrage	всео́бщее избира́тельное пра́во
vote	го́лос
voter, elector	избира́тель
voting	голосова́ние
to have an election	проводи́ть вы́боры
to go to the polls	идти́ на вы́боры
to suffer defeat	потерпе́ть пораже́ние
to have a majority	располага́ть большинство́м
to vote (for)	голосова́ть (за + acc.)
to stand for election	выдвига́ть в депута́ты
at local elections in 22 counties	на ме́стных вы́борах в 22 гра́фства
at meetings	на собра́ниях

34. Industry

accident	несча́стный слу́чай
administration	администра́ция
administrative building	администрати́вное зда́ние
automation	автоматиза́ция
bonus	пре́мия
business, trade	про́мысел
capital goods	сре́дства произво́дства
chimney	труба́
claim	требова́ние
collective bargaining	коллекти́вный догово́р
consumer goods	това́ры широ́кого потребле́ния
contract	догово́р
disablement	нетрудноспосо́бность
dismissal	увольне́ние
distribution of industry	размеще́ние инду́стрии
economic programme	экономи́ческая програ́мма
equipment	обору́дование
extraction (metals)	добы́ча
factory	фа́брика
fibres	тка́ни
artificial fibres	иску́сственные
silk	шёлковые
wool	шерстяны́е
finished product	гото́вое изде́лие
foodstuffs	пищевы́е проду́кты
grievance	жа́лоба
handicraft, trade	ремесло́
holiday	о́тпуск
regular (annual) holiday	очередно́й о́тпуск
hydroelectric station	гидроста́нция
incentive	заинтересо́ванность
income	дохо́д
industrial	промы́шленный
branch of industry	промы́шленная о́трасль
craft industry	куста́рный про́мысел
extractive industry	добыва́ющая промы́шленность
heavy industry	тяжёлая промы́шленность
large-scale industry	кру́пная промы́шленность
light industry	лёгкая промы́шленность
labour dispute	трудово́й конфли́кт
labour force	рабо́чая си́ла
leave	о́тпуск
management	администра́ция
mill	заво́д
minerals	поле́зные ископа́емые
output	вы́пуск
overtime pay	сверхуро́чная опла́та
overtime work	сверхуро́чная рабо́та
plan	план
five-year plan	пятиле́тка
post, position, job	пост, до́лжность
leading position	руководя́щий пост

power station	электроста́нция
processing	обрабо́тка
production	произво́дство
industrial	произво́дственный
volume of production (output)	объём произво́дства
promotion	повыше́ние в до́лжности
quota	но́рма
raw material	сырьё
rural economy	се́льское хозя́йство
safety measures	ме́ры безопа́сности труда́
sales department	комме́рческий отде́л
head of sales department	нача́льник комме́рческого отде́ла
seniority	стаж
shop	цех
state planning	госуда́рственное плани́рование
strike	забасто́вка
train-load	эшело́н
transfer (to)	перево́д (на)
treatment	обрабо́тка
sick leave (paid)	опла́ченный о́тпуск
skill (industrial)	квалифика́ция
wages	за́работная пла́та (зарпла́та)
wage freeze	замора́живание зарпла́ты
wages office	бюро́ зарпла́ты
working day	трудоде́нь, рабо́чий день
workshop	мастерска́я
to produce, manufacture	производи́ть, произвести́
to import	ввози́ть, ввести́
to export	вывози́ть, вы́везти
to satisfy demands	удовлетворя́ть потре́бности
8-hour working day	8-часово́й рабо́чий день
serious economic conditions	тяжёлые экономи́ческие усло́вия
production per head of population	произво́дство проду́кции на ду́шу
level of production	у́ровень произво́дства
in post-war years	в послевое́нные го́ды
He's a jack of all trades.	Он ма́стер на все ру́ки.
This factory works a two-shift system.	Этот заво́д рабо́тает в две сме́ны.

(b) TYPES OF INDUSTRY

alloy	сплав	gas	газ
blast furnace	до́менная печь	gasholder	газго́льдер
boring	буре́ние	gasworks	га́зовый заво́д
brickworks	кирпи́чный заво́д	generator room	маши́нный зал
coal	у́голь	steam	парогенера́тор
coal mine	ша́хта	generator	
conveyor belt	тра́нспортная ле́нта	graphite	графи́т
cooling tower	гради́рня	heat, thermal	теплово́й
dynamo	дина́мо	hydroelectric	гидроста́нция
electric furnace	электропе́чь	station	
electricity	электри́чество	industry	промы́шленность
fuel	то́пливо	engineering	машинострое́ние
lack of fuel	недоста́ток то́плива	food	пищева́я промы́шленность

forestry	лесна́я промы́шленность	ore	руда́
fuel	то́пливная промы́шленность	paper mill	бума́жное произво́дство
mining	у́гольная промы́шленность	part	часть (*f.*)
oil	нефтяна́я промы́шленность	spare part	запасна́я часть
		peat	торф
sugar	са́харная промы́шленность	power, energetics	энерге́тика
		power station	электроста́нция
textile	тексти́льная промы́шленность	protection	защи́та
		quarry	карье́р
building	строи́тельная промы́шленность	reactor	реа́ктор
		rod	сте́ржень (*m.*)
iron	желе́зо	rolling mill	прока́тный заво́д
cast iron	чугу́н	sawmill	лесопи́льный заво́д
mining	го́рное де́ло	shipyard	судостро́ение
open-cast mining	у́гольный карье́р	steel	сталь
		textile mill	тка́цкий заво́д
oil	нефть (*f.*)	uranium	ура́н
		enriched uranium	обогащённый ура́н

(c) EQUIPMENT, TOOLS, MATERIALS

cement	цеме́нт	joiner's bench	верста́к
chisel (wood)	стаме́ска	lathe	тока́рный стано́к
chisel (cold)	зуби́ло	loom	тка́цкий стано́к
concrete	бето́н	machine tool	стано́к
control panel	пульт/щит управле́ния	nails	гво́зди
drill, borer	сверло́	overall	хала́т
pneumatic drill	отбо́йный молото́к	plane	руба́нок
		pliers, nippers	кле́щи, щипцы́
filament	нить	saw	пила́
file	напи́льник	sealing	гермети́чность
forge	ку́зница	semi-circular	полукру́глый
glass	стекло́	slab	плита́
hammer	молото́к	stainless steel	нержаве́ющая сталь
hydraulic press	пневмати́ческий мо́лот	starting, setting in motion	пуск
indicator board	светово́й табло́ (*indecl.*)	stores	склад материа́ла
		tool	инструме́нт
instrument	инструме́нт	valve	кла́пан

35. Professions and occupations
(*See also under separate sections such as* Sea, *etc.*)

profession	профе́ссия	craftsman	реме́сленник
liberal professions	свобо́дные профе́ссии	specialist	специали́ст, знато́к
trade, handicraft	ремесло́	accountant	бухга́лтер
apprentice	подмасте́рье	actor	актёр

actress	актри́са
air hostess	борт-проводни́ца
airman	лётчик
antique dealer	антиква́р
architect	архите́ктор, зо́дчий
artisan, handi-craftsman	реме́сленник
baker	пе́карь, бу́лочник
ballerina	балери́на
banker	банки́р
barrister	адвока́т
beautician	космети́чка
blacksmith	кузне́ц
bookseller	прода́вец книг
brewer	пивова́р
builder	строи́тель
businessman	коммерса́нт
butcher	мя́сник
caretaker	сто́рож
carpenter	пло́тник
chemist (pharma-ceutical)	апте́карь
chimney sweep	трубочи́ст
conductor	конду́ктор, конду́кторша
confectioner	конди́тер
cinema actor	киноактёр
cinema actress	киноактри́са
civil servant	госуда́рственный чино́вник, слу́жащий
clerk	(конто́рский) слу́жащий
cooper	бонда́рь, боча́р
cutler	ножо́вщик
dancer	танцо́р, танцо́вщица
dentist	данти́ст, зубно́й врач
docker	портови́к
doctor	врач
driver	води́тель
dustman	мусо́рщик
editor	реда́ктор
electrician	эле́ктрик
engine driver	машини́ст
engineer	инжене́р
factory hand	рабо́чий
farmer	фе́рмер
fireman	пожа́рник
fisherman	рыба́к, рыболо́в
fitter	монта́жник
foreman	ма́стер
gardener	садо́вник
glazier	стеко́льщик

gravedigger	моги́льщик
greengrocer	зеленщи́к
grocer	бакале́йщик, торго́вец бакале́йными това́рами
hairdresser	парикма́хер
house painter	маля́р
industrialist	промы́шленник
innkeeper	хозя́ин гости́ницы
interior decorator	отде́лочник
ironmonger	торго́вец желе́зными изде́лиями
jeweller	ювели́р
joiner	столя́р
laundress	пра́чка
lawyer	адвока́т, юри́ст, законове́д
lecturer	ле́ктор
librarian	библиоте́карь
locksmith	сле́сарь
manager	дире́ктор, заве́дующий
manufacturer	фабрика́нт
mason	ка́менщик
mechanic	меха́ник
merchant	коммерса́нт, купе́ц
messenger	курье́р
milliner	моди́стка
miner	шахтёр
musician	музыка́нт, музыка́нтка
nurse	сиде́лка, медици́нская сестра́
office cleaner	убо́рщица
official	чино́вник
optician	о́птик
painter	маля́р
pawnbroker	ростовщи́к
plasterer	штукату́р
plumber	санте́хник, водопрово́дчик
policeman	полице́йский
politician	поли́тик
porter	носи́льщик
priest	свяще́нник, иере́й
professor	профе́ссор
publican	тракти́рщик
publisher	изда́тель
road builder	доро́жник
road sweeper	доро́жный рабо́чий
sailor	моря́к
salesman	прика́зчик
scientist	учёный

secretary	секрета́рь, секрета́рьша
shepherd	пасту́х
shoemaker	сапо́жник
shop assistant	прода́вец
shopkeeper	ла́вочник
shorthand typist	стенографи́ст, стенографи́стка
social worker	де́ятель
stockbroker	биржеви́к
surgeon	хиру́рг
surveyor	землеме́р
tailor	портно́й
tax collector	сбо́рщик нало́гов
teacher	учи́тель, учи́тельница
technician	те́хник
technologist	техно́лог

tinsmith, tinker	пая́льщик
tradesman	торго́вец
turner, lathe operator	тока́рь
undertaker	гробовщи́к
veterinary	ветерина́р
waiter	официа́нт
waitress	официа́нтка
washerwoman	пра́чка
watchmaker	часовщи́к
weaver	ткач
welder	сва́рщик
workman	рабо́чий
Church	богосло́вие
Law	пра́во
Medicine	медици́на

apprenticeship	уче́ние, учени́чество
connoisseur	знато́к
brain work	мозгова́я рабо́та
to finish one's apprenticeship	ко́нчить, зако́нчить уче́ние, учени́чество
to master the trade of . . .	овладе́ть ремесло́м (+ gen.)

What's his profession?	Как у него́ профе́ссия?
He is a musician by profession.	Он музыка́нт по профе́ссии.
He is a Jack of all trades.	Он ма́стер на все ру́ки.
to be an expert at one's job	быть ма́стером своего́ де́ла

36. Finance and currency

balance sheet	бала́нс счётов
bank	банк
banknote	бума́жка
budget	бюдже́т
capital investments	капита́льные вложе́ния (капиталовло-же́ние)
cash	нали́чные де́ньги
cashier	касси́р
change (after payment)	сда́ча
cheap	дешёвый
coin	моне́та
competition	соревнова́ние
cost	сто́имость
cost of labour	опла́та труда́
cost price	себесто́имость

credit	креди́т
currency	валю́та
demand	спрос
dollar	до́ллар
earnings	за́работок
economy	хозя́йство
estimate	рассчёт
expenditure	затра́та, расхо́д
expense	расхо́д
expensive	дорого́й
goods	това́р
income	дохо́д
gross income	валово́й дохо́д
net income	чи́стый дохо́д
income tax	подохо́дный нало́г
living conditions	усло́вия жи́зни
loan	заём
market	ры́нок

means	сре́дства
money	де́ньги
percentage	проце́нт
plan	план
planning	плани́рование
price	цена́
high prices	дороговизна́
retail price	заку́почная цена́
wholesale price	опто́вая цена́
profit	при́быль
profitable	вы́годный
profitableness	рента́бельность
rate of exchange	курс валю́ты
rent	кварти́рная пла́та
rouble	рубль (m.)

savings	сбереже́ние де́нег
small change	ме́лочь (f.)
sterling	сте́рлинг
subsidized	убы́точный
subsistence level	прожи́точный ми́нимум
taxes	нало́ги
direct taxes	прямы́е нало́ги
indirect taxes	ко́свенные нало́ги
thrift	бережли́вость
treasury	казна́
unemployment	безрабо́тница
wages	за́работная пла́та, зарпла́та

to spend	тра́тить, истра́тить
to expend	расхо́довать, израсхо́довать
to save	эконо́мить, сэконо́мить де́ньги
to change, exchange	разме́нивать, разменя́ть
to cash a cheque	получи́ть де́ньги по че́ку
to write out a cheque	выпи́сывать, вы́писать чек
to finance	финанси́ровать
to pay	плати́ть, заплати́ть
to pay in	вноси́ть, внести́
to pay out	выпла́чивать, вы́платить
to pay by instalments	выпла́чивать, вы́платить взно́сами

foreign currency	иностра́нная валю́та
This is too dear (beyond one's means).	Э́то не по карма́ну.
rise in the standard of living	повыше́ние материа́льного благосостоя́ния
Prices were reduced.	Це́ны пони́зились.
current account	теку́щий счёт, сберега́тельная ка́сса

37. Trade

article	предме́т
balance of payments	платёжный бала́нс
bankruptcy	банкро́тство
branch (firm)	филиа́л
branch of industry	о́трасль промы́шленности
creditor	кредито́р
customer	покупа́тель
debtor	должни́к
demand	потре́бность
department store	универма́г
economy	эконо́мика
exhibition	вы́ставка

export	э́кспорт, вы́воз
external trade	вне́шняя торго́вля
import	и́мпорт, ввоз
industry	промы́шленность
internal trade	вну́тренняя торго́вля
investment	капиталовложе́ние
manufacturer	фабрика́нт
market	ры́нок
merchant, trader	купе́ц, коммерса́нт
office	конто́ра
order (goods)	поста́вка
price	цена́
rate of exchange	валю́тный курс

retail trade	ро́зничная прода́жа	trade turnover	товарооборо́т
self-service	самообслу́живание	transport	тра́нспорт,
Stock Exchange	фо́ндовая би́ржа		перево́зка
trade	торго́вля	warehouse	склад
trade agreement	торго́вое	wares	това́р
	соглаше́ние	wholesale trade	опто́вая торго́вля

to trade	торгова́ть
to conclude an agreement	заключи́ть догово́р
to export	вы́возить
to import	ввози́ть
to dispatch	отправля́ть, отпра́вить (отпра́вка)
to cost	сто́ить
to deliver	поставля́ть, доставля́ть
to pack	укла́дывать

Minister of external trade	Мини́стр вне́шней торго́вли
developed countries	экономи́чески разви́тые стра́ны
underdeveloped countries	слаборазви́тые стра́ны
conference on questions of trade and development	конфере́нция по вопро́сам торго́вли и разви́тия
Common Market	О́бщий ры́нок

38. Social science

activity	де́ятельность
abundance	изоби́лие
affluence	бога́тство, изоби́лие
affluent society	процвета́ющее о́бщество
age	ста́рость
alcohol	спиртны́е напи́тки
addiction to alcohol	увлече́ние спиртны́ми напи́тками
allowance	посо́бие
amenities	удо́бства жи́зни
anti-social	антиобще́ственный, антисоциа́льный
apathy	апати́чность
aspect of life	аспе́кт жи́зни, сторона́ жи́зни
behaviour	поведе́ние
bigamist	двоеже́нец
bigamy	двоеже́нство
cause	причи́на
child welfare	охра́на младе́нчества
Civil Code	гражда́нский ко́декс (ГК)
civil marriage	гражда́нский брак
class society	кла́ссовое о́бщество
commission	коми́ссия
housing and welfare	жили́щно-бытова́я коми́ссия
community	о́бщность, о́бщество
conformity to the law	закономе́рность
consciousness	созна́ние
corruption	разложе́ние

custom, habit	привы́чка
dependant	иждиве́нец
disablement, incapacity	нетрудоспосо́бность
domestic	дома́шний, бытово́й
domestic life	дома́шний быт
drunkard	пья́ница
drunkenness	пья́нство
employment	за́нятость
full employment	по́лная за́нятость
field of activity	по́ле де́ятельности
form of society	укла́д о́бщества
government	управле́ние
homeless	бездо́мный
hooligan	хулига́н, безобра́зник
ideology	мировозре́ние
illiteracy	негра́мотность
immorality	мора́льное разложе́ние, безнра́вст-венность
inquiry	опро́с
institution	учрежде́ние
labour exchange	би́ржа труда́ (БТ)
leisure	досу́г
literacy	гра́мотность
living on others	иждиве́нство
loafer	безде́льник, захребе́тник
local	ме́стный
local government	ме́стное самоуправле́ние
marriage	брак
maternity leave	декре́тный о́тпуск
morality	нра́вственность
morals	нра́вы
narrow-mindedness	ограни́чность
old people's home	дом для престаре́лых
order, edict	ука́з
overcrowding, overpopulation	перенаселённость
pastime	времяпрепровожде́ние
peasant community	крестья́нская о́бщина
pension	пе́нсия
old-age pension	пе́нсия по ста́рости
pensionable age	пенсио́нный во́зраст
people's	наро́дный
philosophy	филосо́фия
polygamy	многожёнство
poverty	бе́дность
profiteer	бары́шник
prosperity	благосостоя́ние
psychology	психоло́гия
public figure	обще́ственный де́ятель
public opinion	обще́ственное мне́ние
retarded, mentally backward	отста́лый
semi-literate	малогра́мотный
seniority	стаж
service (length of)	стаж рабо́ты
social conditions	социа́льно-бытово́й
social insurance	социа́льное страхова́ние

71

social insurance scheme	систе́ма соцстра́ха
social order	обще́ственный строй
social relationship	обще́ственное отноше́ние
social sciences	обще́ственные нау́ки
social scientist	обществове́д
social security	социа́льное обеспече́ние
social thought	обще́ственная мысль
society	о́бщество
sociologist	социо́лог
state	госуда́рство
stratification of society	расслое́ние
structure, system	строй, устро́йство
"Teddy boy"	стиля́га
trade union	профсою́з
training	подгото́вка
trend, tendency	тенде́нция, направле́ние
voluntary organizations	обще́ственные организа́ции
volunteer	доброво́лец
way of life	жи́зненный укла́д (бытьё)
work record	стаж
work-shy person, "gentleman"	безде́льник, белору́чка
welfare	благосостоя́ние
to come into contact (with)	обща́ться (с + *instr.*)
to retire on pension	уходи́ть на пе́нсию
to fill in a questionnaire	заполня́ть, заполни́ть анке́ту
Russian way of life	ру́сский быт
in everyday life	в быту́
increase in pension	повыше́ние пе́нсии
"Teddy boy behaviour"	стиля́жничество
"get rich mentality"	стремле́ние к обогаще́нию
desire to serve the people	стремле́ние приноси́ть по́льзу наро́ду

39. Health and sickness

(a) INSTITUTIONS AND HEALTH SERVICE

ambulance	автомоби́ль ско́рой по́мощи
ambulance service	ско́рая по́мощь
birth rate	рожда́емость
blood donor	до́нор
call, visit (doctor)	вы́зов
clinic, polyclinic	поликли́ника
convalescent	выздора́вливающий
death rate	сме́ртность
dependant	иждиве́нец
disease	заболева́ние
hereditary disease	насле́дственное заболева́ние
dispensary	диспансе́р
first aid station	медпу́нкт
health	здоро́вье

health services	óрганы здравоохранéния
hospital	больнѝца
hygiene	гигиéна
hygienic	гигиенѝческий
hygienic measures	санитáрно-оздоровѝтельные меро-прия́тия
infant welfare centre	дéтская консультáция
invalid	больнóй, слáбый, человéк слáбого здорóвья
maternity home	родѝльный дом
medical	медицѝнский
Minister of Health	минѝстр здравоохранéния
medical service	медицѝнское обслýживание
patient	больнóй, пациéнт
out-patient treatment	амбулатóрное лечéние
pregnancy, pregnant	берéменность, берéменная
public health service	общéственная медицѝнская пóмощь
recovery	выздоровлéние
Red Crescent	óбщество Крáсного Полумéсяца
Red Cross	óбщество Крáсного Крестá
research institute	исслéдовательский институ́т
rest home	дом óтдыха
social security	социáльное обеспечéние
spa	здрáвница, курóрт
surgery (treatment)	хирургѝческое вмешáтельство
surgery (place)	хирургѝческий кабинéт
treatment	лечéние
World Health Organization	ВОЗ (Всемѝрная Организáция по вопрóсам Здравоохранéния)

(b) THE HUMAN BODY: DISEASES AND COMPLAINTS

(i) *Parts of the body*

arm	рукá	heart	сéрдце
back	спинá	hip	бедрó (*pl.* бёдра)
beard	бородá	kidney	пóчка
blood	кровь	knee	колéно (*pl.* колéни)
body	тéло	leg	ногá
bone	кость	limb	член
brain	мозг	lip	губá
chest, breast	грудь	lungs	лёгкие (*pl.*)
chin	подборóдок	moustache	усы́
elbow	лóкоть (*pl.* лóкти)	mouth	рот
eye	глаз	muscle	мýскул
eyebrow	бровь	neck	шéя
eyelid	вéко	nerve	нерв
face	лицó	nose	нос
finger	пáлец	palm	ладóнь
fist	кулáк	skin	кóжа
flesh	плоть	skull	чéреп (*pl.* черепá)
foot	ногá	stomach	желýдок, живóт
hair	вóлосы	tooth	зуб
hand	рукá	trunk	тýловище
head	головá	vein	жѝла

73

sex	род	giant	велика́н
man, male	мужчи́на, мужско́й	cripple	кале́ка
woman, female	же́нщина, же́нский		
part of the body	часть те́ла	sense organs	о́рганы чу́вств
organ	о́рган	vision	зре́ние
		hearing	слух
dwarf	ка́рлик	deaf	глухо́й

(ii) *Diseases and complaints*

arthritis	артри́т	inflammation	воспале́ние
asthma	а́стма	jaundice	заболева́ние крове-
attack	при́ступ		но́сных сосу́дов,
blood	кровь (*f.*)		желту́ха
blood corpuscles	кровяны́е ша́рики	leukemia	лейкеми́я
blood pressure	кровяно́е давле́ние	malaria	маляри́я
bronchitis	бронхи́т	mumps	сви́нка
cancer	рак	muscle	мы́шца, му́скул
catarrh	ката́р	nervous disorders	не́рвно-
cold	на́сморк		психи́ческие
coronary	инфа́ркт		расстро́йства
cough	ка́шель (*m.*)	pneumonia	воспале́ние лёгких
disease	заболева́ние	poliomyelitis	полиомиели́т
infectious	инфекцио́нная	quinsy, tonsillitis	анги́на
disease	боле́знь	rheumatism	ревмати́зм
dizziness	лёгкое	scarlet fever	скарлати́на
	головокруже́ние	shortness of	оды́шка
haemorrhage	кровотече́ние	breath	
headache	боль в голове́,	smallpox	о́спа
	головна́я боль	stomach ache	боль в желу́дке
heart attack	разры́в се́рдца	tuberculosis	туберкулёз
heart trouble	заболева́ние се́рдца	tumour	о́пухоль (*f.*)
hypertension	гипертони́я	typhoid fever	тиф
illness	боле́знь (*f.*)	whooping cough	коклю́ш
mental illness	душе́вная боле́знь		

(c) TREATMENT

aspirin	аспири́н	prescription	реце́пт
bandage	бинт	sedative	успока́ивающее
blood transfusion	перелива́ние кро́ви		лека́рство
check-up	осмо́тр	tablets	табле́тки
diagnosis	диа́гноз	test	ана́лиз
drops	ка́пли	treatment	лече́ние
examination	осмо́тр	vaccination	приви́вка,
injection	уко́л		вакцина́ция
medicine	лека́рство	X-ray	рентге́новский
operation	опера́ция		сни́мок
pace-maker	кро́шечная	X-ray equipment	рентге́новский
(heart)	батаре́йка		аппара́т

(d) STAFF

doctor	врач	G.P.	ле́чащий врач
doctor's	фе́льдшер	midwife	акуше́рка
assistant		nurse	медсестра́

| optician | окулист | radiologist | рентгенолог |
| pharmacist | провизор, фармацевт | surgeon | хирург |

(e) EXPRESSIONS

to complain (of)	жаловаться, пожаловаться на (+ *acc.*)
to be ill	болеть, заболеть
to recover	выздоравливать, выздороветь
to order	велить (+ *dat.*)
to cure	вылечить
to give a prescription	выписывать, выписать рецепт
to take medicine	принимать, принять лекарство
to treat	лечить
to give an injection	делать укол
to examine	осматривать, осмотреть
to X-ray	делать просвечивание
to admit to hospital	принимать, принять в больницу
to discharge from hospital	выписывать, выписать из больницы
to be bed-ridden	быть прикованным к постели
to strip to the waist	раздеться до пояса
to operate for appendicitis	оперировать у кого аппендицит
to catch cold	простуживаться, простудиться
to put on a diet	посадить на диету
to diagnose	ставить диагноз
to be short of breath	испытывать одышку
to suffer from shortness of breath	страдать одышкой
to go for a test	идти на осмотр
to be on sick leave	быть в отпуске по болезни
to go and see a doctor	обратиться к врачу
to call a doctor	вызвать врача
to expect a child	ждать ребёнка
to examine (patient)	осматривать, осмотреть
to test the blood pressure	проверить кровяное давление

I have a temperature.	У меня температура.
I have influenza.	У меня грипп/Я болею гриппом.
I have a cold.	У меня насморк.
What is the matter with you?	Что у вас болит/На что вы жалуетесь?
What illnesses have you had recently?	Какие болезни вы перенесли на днях?
He has to take the medicine three times a day.	Он должен принимать лекарство три раза в день.
He has to have ten litres of blood.	Ему необходимо получить 10 литров крови.
He was operated on for appendicitis last year.	Ему оперировали аппендицит в прошлом году.
How are you feeling?	Как вы себя чувствуете?

(f) DENTIST

| cavity | дупло | dentist | зубной врач |
| dental plates | пластинки | filling | пломба |

toothache	зубна́я боль	to ache	боле́ть
sensitive	чувстви́тельный	to have a tooth extracted	вы́рвать зуб
to do a filling	поста́вить пло́мбу	to be loose (teeth)	кача́ться
to drill	сверли́ть		

(g) OPTICIAN

contact lenses	конта́кные ли́нзы	longsightedness	дальнозо́ркость (дальнозо́ркий)
ophthalmologist	офтальмо́лог		
spectacles	очки́	cross-eyed	косогла́зие (косогла́зый)
shortsightedness	близору́кость (близору́кий)		

40. Education

(a) GENERAL

boarding schools	шко́лы-интерна́ты
compulsory education	обяза́тельное обуче́ние
education, learning	воспита́ние, образова́ние, обуче́ние
educational system of the USSR	шко́льная систе́ма Сове́тского Сою́за
extra-curricular work	внекла́ссная/внешко́льная рабо́та
free education	беспла́тное обуче́ние
higher educational institution	вы́сшее уче́бное заведе́ние (ВУЗ)
higher technical educational institution	вы́сшее техни́ческое уче́бное заве-де́ние
instruction	обуче́ние
primary school	нача́льная шко́ла
secondary school	сре́дняя шко́ла
seven-year school	семиле́тняя шко́ла
teachers' training college	педагоги́ческое учи́лище
technical school	те́хникум
ten-year school	десятиле́тняя шко́ла
university	университе́т

(b) SCHOOLS

class	класс	room	ко́мната
crèche	я́сли	school course	шко́льный курс
interval, break	переры́в, переме́на	school textbook	шко́льный уче́бник
junior classes	мла́дшие кла́ссы	school year	уче́бный год
kindergarten	де́тский сад	teacher	учи́тель, учи́тельница
lesson	уро́к		
older classes	ста́ршие кла́ссы	workshop	мастерска́я
Open Day	День откры́той две́ри		
partition	перегоро́дка	pre-school phase	дошко́льное де́ло
playground	площа́дка для игр	middle classes	сре́дние кла́ссы
pupil (1st class, etc.)	первокла́ссник	scholar, pupil	учени́к, учени́ца

76

(c) IN THE CLASSROOM

blackboard	кла́ссная доска́	map	ка́рта
chalk	мел	notebook	блокно́т
desk	па́рта	pen	перо́
exercise book	тетра́дь	ball-point pen	ша́рик
fountain pen	авторучка	table	стол
ink	черни́ла	textbook	уче́бник

to study	изуча́ть, изучи́ть
to read	чита́ть, прочита́ть
to translate	переводи́ть, перевести́
to ask questions	спра́шивать, спроси́ть
to listen	слу́шать, вы́слушать
to reply	отвеча́ть, отве́тить
to pronounce	произноси́ть, произнести́
to repeat	повторя́ть, повтори́ть
to dictate	диктова́ть
to write	писа́ть, написа́ть
to understand	понима́ть, поня́ть
to explain	объясня́ть, объясни́ть
to draw	рисова́ть, нарисова́ть, черти́ть, начерти́ть
to answer	отвеча́ть, отве́тить
to make a mistake	ошиба́ться, ошиби́ться
to rub out (blackboard)	стира́ть с доски́

(d) HIGHER EDUCATION (UNIVERSITIES AND TECHNICAL COLLEGES)

application	заявле́ние
dean	дека́н
department	отделе́ние
director	дире́ктор, заве́дующий институ́том
examination	экза́мен
diploma examination	дипло́мный экза́мен
final examination	выпускно́й экза́мен
intermediate examination	промежу́точный экза́мен
preliminary examination	зачёт
state examination	госуда́рственный экза́мен
examiner	экзамена́тор
faculty	факульте́т
faculty of medicine	медици́ны
faculty of law	пра́ва
faculty of natural sciences	есте́ственных нау́к
faculty of technical sciences	техни́ческих нау́к
faculty of philosophy	филосо́фии
faculty of physico-mathematical sciences	фи́зико-математи́ческих нау́к
faculty of humanities	гуманита́рных нау́к
faculty of agriculture	сельскохозя́йственных нау́к
faculty of economics	эконо́мики
faculty of engineering	инжене́рный факульте́т
faculty of history and philosophy	исто́рико-филосо́фский факульте́т
preparatory faculty	подготови́тельный факульте́т

graduate	выпускни́к, выпускни́ца, аспира́нт, аспира́нтка
institute	институ́т
intake	приём
lecturer	ле́ктор, ле́кторша; преподава́тель, преподава́тельннца
mark	оце́нка
excellent	отли́чно
good	хорошо́
fair, satisfactory	удовлетвори́тельно
bad	пло́хо
place (at university)	ме́сто, вака́нтное ме́сто
professor	профе́ссор
occupying the chair of . . .	профе́ссор занима́ющий ка́федру
school leaving certificate	экза́мен на аттеста́т зре́лости
senate	сена́т, учёный сове́т
senior lecturer	доце́нт
student	студе́нт, студе́нтка
students of the arts	студе́нты гуманита́рных факульте́тов
students of science	студе́нты нау́чных факульте́тов
teaching staff	предподава́тельный соста́в
test	испыта́ние
thesis	диссерта́ция
vice-chancellor	ре́ктор
to receive a grade	получа́ть оце́нку
to begin one's study	приступа́ть, приступи́ть к заня́тиям
to receive a classical education	получа́ть, получи́ть класси́ческое образова́ние
to attend a lecture on . . .	слу́шать ле́кцию по (+ dat.)
to prepare a report	готовля́ть, гото́вить докла́д
to write up (notes)	запи́сывать
to finish university studies	оконча́ть, око́нчить университе́т
to get an M.A.	заслужи́ть сте́пень маги́стра
to enrol for the first course	зачисля́ть, зачи́слить на пе́рвый курс
to receive a grant	получа́ть, получи́ть стипе́ндию
to get into a university	попа́сть в университе́т
to be at the head of, direct	руководи́ть, возглавля́ть
to take (pass) an exam on . . .	сдава́ть, сдать экза́мен по (+ dat.)
to study	изуча́ть, изучи́ть
to take notes	составля́ть, соста́вить конспе́кты, запи́сывать ле́кцию
to do practical work	проходи́ть, пройти́ пра́ктику
to give a lecture	чита́ть, прочита́ть ле́кцию

(e) BUILDINGS AND ROOMS

campus	университе́тский двор/городо́к
dining room	столо́вая
experimental station	о́пытная ста́нция
gymnasium	гимнасти́ческий зал
hall of residence, hostel	студе́нческое общежи́тие
laboratory	лаборато́рия
language laboratory	кабине́т языко́в
lecture hall	аудито́рия

lecture room	кабинет
library	библиотека
main building	главный корпус
reading room	читальный зал
refreshment room	буфет
snack bar	закусочная
students' club	студенческий клуб
students' union	союз студентов
swimming bath	плавательный бассейн
university library	университетская библиотека

(f) STUDENTS AND THEIR COURSES

bench	скамейка
candidate (higher degree)	кандидат, кандидатка
compulsory lecture	обязательная лекция
course	курс
course on tape	магнитофонный курс
evening courses	вечерний университет
exercise	занятие
external correspondence course	заочный курс
external correspondence student	заочник, заочница
first year student	первокурсник
foreign student	иностранный студент
notebook	тетрадь с записками
post-graduate student	аспирант, аспирантка
practical work	практика
private study	самоучёба
seminar	семинар
specialist study, subject	учёба по специальности
student	студент, студентка
study (place)	рабочий кабинет
subject of study	предмет
syllabus, curriculum	учебная программа
task	занятие, задача
term, session	семестр
timetable	учебный план
tutorial	консультация

(g) LIST OF SUBJECTS

astronomy	астрономия	metalwork	слесарное дело
biology	биология	needlework	рукоделие
botany	ботаника	physical culture	гимнастика, физкультура
carpentry	столярное дело		
chemistry	химия	physics	физика
drawing	рисование	practical work	практическая работа
economics	экономика		
foreign language	иностранный язык	psychology	психология
geography	география	religion	религия
history	история	Russian language	русский язык
Latin	латинский язык	science	наука
literature	литература	natural sciences	естественные науки
manual work	ручной труд		
mathematics	математика	technical sciences	технические науки
medicine	медицина		

79

singing	пе́ние	to take a subject	пройти́ предме́т
sketching	черче́ние		
sociology	социоло́гия		

Moscow State university	Моско́вский госуда́рственный университе́т
Leningrad State university	Ленингра́дский госуда́рственный университе́т
Where are you studying?	Где вы учи́тесь?
in the institute	в институ́те
in the faculty	на факульте́те
in the course	на ку́рсе
in the university	в университе́те
at lectures, seminars, practicals	на ле́кциях, семина́рах, практи́ческих заня́тиях
In English universities there is a 3-year course—in USSR a five year course.	В университе́тах в А́нглии у́чатся три го́да—в СССР пять лет.
to be in the first year	учи́ть на пе́рвом ку́рсе
In the West school lessons take place 5 days per week, but in our country for 6 days.	На За́паде заня́тия в шко́лах прово́дятся в тече́ние 5 дней в неде́лю, а у нас—6 дней.
The university developed into a first-class educational institution.	Университе́т вы́рос в первокла́ссное уче́бное заведе́ние.
In the medical faculty the period of study is longer than in other faculties.	На медици́нском факульте́те срок учёбы бо́лее дли́тельный, чем на други́х факульте́тах.

41. Home and family

acquaintance	знако́мый	daughter	дочь
age	во́зраст	daughter-in-law	сноха́
anniversary	годовщи́на	dead	мёртвый
ancestors	пре́дки	death	смерть (f.)
aunt	тётя	family	семья́
bachelor	холостя́к	father	оте́ц
birth	рожде́ние	father-in-law	тесть, свёкор
birthday	день рожде́ния	fiancé, fiancée	жени́х, неве́ста
boy	ма́льчик	friend	друг
bride	неве́ста	funeral	по́хороны
bridegroom	жени́х	girl	де́вочка, де́вушка
brother	брат	grandfather	дед
brother-in-law	де́верь (n. pl. -рья́, gen. -ре́й)	grandmother	ба́бушка
		great grandchild	пра́внук, пра́внучка
child	ребёнок, дитя́		
childhood	де́тство	great grandfather	пра́дед
Christian name	и́мя	great grand-mother	праба́бка
cousin	двою́родный брат, двою́родная сестра́	grown up	взро́слый, взро́слая
		husband	муж

man, person	челове́к	widow	вдова́
mother	мать	widower	вдове́ц
mother-in-law	тёща	wife	жена́
Mr.	господи́н	youth	ю́ность, ю́ноша
Mrs., Miss	госпожа́		(person)
nephew	племя́нник		
niece	племя́нница	to be born	роди́ться
parents	роди́тели	to die	умира́ть
people, nation	иаро́д	to become	обручи́ться
people	лю́ди	engaged	
population	населе́ние	engagement	обруче́ние
relatives	ро́дственники	to marry (male)	жени́ться на (+
sister	сестра́		prep.)
sister-in-law	золо́вка	to marry	выходи́ть, вы́йти
son	сын	(female)	за́муж (за + acc.)
son-in-law	зять	marriage	брак
spinster	ста́рая де́ва	orphaned	осироте́лый
uncle	дя́дя	orphan	сирота́
wedding	сва́дьба,	widowed	овдове́вший
	бракосочета́ние	a grass widow	соло́менная вдова́

Are you married, single or a widower?   Вы жена́ты, хо́лосты и́ли вдове́ц?
Are you married, single, or a widow?   Вы за́мужем, неза́мужем и́ли вдова́?

(a) BIRTH

to give birth to	роди́ть, провести́ на свет
birthmark	ро́динка
new born	новорождённый
childbirth	ро́ды
to celebrate one's birthday	пра́здновать день рожде́ния
She gave birth to a son.	Она́ родила́ сы́на.
to christen children	крести́ть дете́й
christening	креще́ние
to give birth to twins	роди́ть дво́йню
twins	близнецы́
to register the birth	регистри́ровать, зарегистри́ровать рожде́ние
christening ceremony	церемо́ния креще́ния

(b) MARRIAGE

marriage ceremony (church)	венча́ние
to be married in church	венча́ться в це́ркви
young married couple (newly wed)	новобра́чные, молодожёны
I declare you man and wife.	Объявля́ю вас му́жем и жено́й.
The bride and groom enter the room and record in the book their married status.	Жени́х и неве́ста вхо́дят в зал и распи́сываются в кни́ге а́ктов гражда́нского состоя́ния.
marriage certificate	свиде́тельство о бра́ке
to put on a bridal veil	надева́ть, наде́ть фату́
registry office	Бюро́ за́писи а́ктов гражда́нского состоя́ния
Palace of weddings	дворе́ц бракосочета́ний
love at first sight	любо́вь с пе́рвого взгля́да
honeymoon	медо́вый ме́сяц, сва́дебное путеше́ствие

81

stable marriage	про́чный брак
to be left on the shelf	засиде́ться
divorce	разво́д
divorce suit	бракоразво́дный проце́сс
to start a family	стро́ить семью́

(c) DEATH

to bury, inter	хорони́ть, похорони́ть
civic funeral	гражда́нская панихи́да
hearse	похоро́нные дро́ги
"It's not my funeral."	Это меня́ не каса́ется.

(d) THE HOME

bungalow	бу́нгало	occupant	жи́лец
consumer goods	потреби́тельские това́ры	plot of land	земе́льный уча́сток
		private house	особня́к
dwelling	жили́ще	repair	ремо́нт
first floor	второ́й эта́ж	semi-detached (pair)	двойно́й дом
flat	кварти́ра		
floor, storey	эта́ж	skyscraper	небоскрёб
ground floor	пе́рвый эта́ж	summer residence	да́ча
house	дом	tenant	жи́тель,
housekeeping	дома́шнее хозя́йство		нанима́тель, кварти́ра́нт,
housewife	хозя́йка		кварти́ра́нтка
housework	дома́шняя рабо́та	water supply	водоснабже́ние
multi-storied house	многоэта́жный дом		

to rent	нанима́ть, наня́ть
to let	сдава́ть, сдать в наём
to move into a new flat	переезжа́ть, перее́хать на но́вую кварти́ру
to open	открыва́ть, откры́ть
to lock	запира́ть
to knock	постуча́ться
to have a housewarming party	устра́ивать, устро́ить новосе́лье
to invite as a guest	приглаша́ть, пригласи́ть в го́сти
to overlook	выходи́ть на, в (+ acc.)
to inhabit	обита́ть, жить
to take a house	снима́ть, снять кварти́ру
to wash up (washing up)	мыть посу́ду (мо́йка посу́ды)
to tidy up (tidying up)	убира́ть (убо́рка)
to furnish, equip	обору́довать
to clean	очи́стить

charwoman	убо́рщица
"house to let"	«сдаётся в наём»
"Make yourself at home".	бу́дьте как до́ма.
This house overlooks the sea.	Этот дом выхо́дит на́ море.
a new home	новосе́лье
well built houses	бдагоустро́енные дома́

(i) *Parts of the house*

aerial	анте́нна	roof	кры́ша
balcony	балко́н	slate roof	черепи́чная кры́ша
bell	звоно́к	straw roof	соло́менная кры́ша
ceiling	потоло́к	stairs	ле́стница
chimney	дымова́я труба́	wall	стена́
entrance	вход	window	окно́
exit	вы́ход	window box	я́щик для цвето́в
floor	пол	window sill	подоко́нник
garage	гара́ж		
guttering	спускна́я труба́		
niche, nook	ни́ша		

(ii) *Types of room*

attic	манса́рда	kitchen	ку́хня
bathroom	ва́нная	lounge	гости́ная
bedroom	спа́льня	loft	черда́к
cellar	по́греб	pantry	кладова́я
children's room	де́тская	rummage room	чула́н
dining room	столо́вая	study	кабине́т
entrance hall	прихо́жая	toilet	туале́т
hall	пере́дняя, приёмная		

(iii) *Heating and lighting*

bulb (electric light)	ла́мпа, ла́мпочка	hot water heating	отопле́ние тёплой водо́й
candle	свеча́	oil lamp	кероси́новая ла́мпа
electric heating	электри́ческое отопле́ние	radiator	радиа́тор
electric plug	штепсельная коро́бка	switch	выключа́тель
electric power point	розе́тка	wick	фити́ль
gas	газ	to light	зажига́ть
gas heating	га́зовое отопле́ние	to extinguish	гаси́ть
heating of a room	отопле́ние ко́мнаты	to switch off	выключа́ть, вы́ключить
		to switch on	включа́ть, включи́ть

(iv) *Household goods*

electric dryer	электросуши́лка	electric stove	электропли́тка
electric fire	электроками́н	floor polisher	полотёр
electric immersion heater	электронагрева́тель	gas cooker	га́зовая пли́тка
electric iron	электроутю́г	refrigerator	холоди́льник
electric mixer	электри́ческая взбива́лка	spare parts	запасны́е ча́сти
		vacuum cleaner	пылесо́с

(v) *Furniture*

armchair	кре́сло	bookcase	кни́жный шкаф
ash-tray	пе́пельница	bookshelf	кни́жная по́лка
bed	крова́ть (*f.*)	carpet	ковёр
blind	што́ра, жалюзи́ (*indecl.*)	chair	стул
		chest of drawers	комо́д

cupboard	шкаф
divan	диван
divan-bed	кресло-кровать
dressing table	тумбочка
furniture	мебель (*f.*)
lampshade	абажур
mirror	зеркало
ottoman	тахта
picture	картина
radiogram	радиола

radio receiver	радиоприёмник
standard lamp	стоячая лампа
table	стол
dining table	обеденный стол
table lamp	настольная лампа
tape recorder	магнитофон
tea-trolley	телёжка-поднос
television set	телевизор
writing table	письменный стол

(vi) *Kitchen—furniture, utensils, activity*

kitchen	кухня
casserole	кастрюля
coffee pot	кофейник
crockery	посуда
flour	мука
kitchen cupboard	кухонный шкаф
kitchen table	кухонный стол
meat mincer	мясорубка
oven	духовка

pan, basin	миска
shelf	полка
sink	раковина
table napkin	салфетка
table spoon	столовая ложка
teapot	чайник
tea service	чайный сервиз
tray	поднос
water/gas tap	кран

to fry	обжаривать, обжарить
to cook	готовить, приготовить пищу
to boil	варить, сварить
to bake	печь, испечь
to stir	мешать, помешать
to taste	пробовать, попробовать
to lay the table	накрывать, накрыть на стол
to clear the table	убирать, убрать со стола
to warm, heat	нагревать, нагреть
to grease	смазывать, смазать
to mix together	перемешать, перемешивать
to add	добавлять, добавить
to pour	ливать, лить

42. The law and crime

(a) THE LAW AND JUSTICE

accusation	обвинение, обвини-тельный акт
accused, defendant	обвиняемый
accuser	обвинитель
action, suit	иск
civil action	гражданский иск
libel action	иск за клевету
bloody	кровавый
brutally	звѐрьски

capital punish-ment	высшая мера наказания
counsel for the defence	защитник
court	суд
court martial	военный суд
courtroom	зал суда
culprit	виновник
damages	убытки
defence	защита

evidence	доказа́тельство	legislative power	законода́тельство
material evidence	веще́ственное доказа́тельство	libel	клевета́
execution	казнь (*f.*)	murder	уби́йство
guilt	вина́	premeditated murder	предумы́шленное уби́йство
guilty	винова́тый, вино́вный	murderer	уби́йца
innocence	неви́нность	people's court	наро́дный суд
innocent	неви́нный, невино́вный	prison	тюрьма́
judge	судья́	proof	доказа́тельство
judicial	суде́бный	prosecutor	обвини́тель
jurisprudence	законове́дение	public prosecutor	прокуро́р, исте́ц
jury	жюри́ (*indecl.*)	sentence, verdict	пригово́р
justice of the peace (J.P.)	мирово́й судья́	scandal	клевета́
law	зако́н	session (court)	се́ссия суда́
lawgiver, legislator	законода́тель	sitting (court)	заседа́ние суда́
lawyer, jurist	правове́д, законове́д	suicide	самоуби́йство
		threat	угро́за
		vengeance	месть (*f.*)
		witness	свиде́тель, свиде́тельница

to study law	изуча́ть пра́во
to murder	убива́ть, уби́ть
to sentence, condemn	пригова́ривать, приговори́ть
to plan	замышля́ть, замы́слить
to lose	теря́ть
to realize, carry out	осуществля́ть, осуществи́ть
to furnish/adduce evidence	приводи́ть доказа́тельства
to cite/subpoena	вы́звать в суд
to take into court	подава́ть в суд
to bring an action against	подава́ть в суд на (+ *acc.*)
to be on trial	быть под судо́м
to accuse of	обвини́ть, предъяви́ть обвине́ние в (+ *acc.*)

to plead guilty	признава́ть свою́ вину́
to plead not guilty	отрица́ть свою́ вину́
to be guilty of something	быть винова́тым в (+ *loc.*)
to bring in a verdict of not guilty	призна́ть невино́вным

to try (for)	суди́ть (за + *acc.*)
to prosecute a claim for damages	возбуди́ть иск об убы́тках
to appear for the prosecution	выступа́ть от лица́ истца́
to judge	суди́ть
to pronounce judgement	осужда́ть

according to the law	по зако́ну
imprisoned for a year	лишён свобо́ды на́ год
Supreme Court USSR	верхо́вный суд СССР
in court	на суде́
not guilty	опра́вдан по суду́
The court brought in a verdict of guilty (not guilty).	Суд призна́л его́ вино́вным (неви-но́вным).

(b) CRIME AND PUNISHMENT

addict	наркома́н	plunder	хище́ние
drug addict	нарко́тик	police	мили́ция
morphine addict	морфини́ст	police dog	служе́бная розы- скна́я соба́ка
arrest, detention	задержа́ние, аре́ст	policeman	милиционе́р,
arson	поджо́г		полице́йский
bodily assault	уве́нье	prison	тюрьма́
bribery	взя́точничество	proof	доказа́тельство
burglary	кра́жа со взло́мом	property	со́бственность
chief constable	нача́льник город- ско́й мили́ции	punishment	наказа́ние
		raid	налёт
CID	Уголо́вный Ро́зыск	recognition	опозна́ние
crime	преступле́ние, престу́пность	robber	граби́тель
		robbery	грабёж, кра́жа
criminal	престу́пник	bank robbery	ограбле́ние ба́нка
drunken person	пья́ный, пья́ница	search	ро́зыск
duty room	дежу́рная ко́мната	house search	о́быск
enemy	враг	squad, section	отря́д
feat	по́двиг	stealing	воровство́
hooligan	хулига́н	suspicion	подозре́ние
housebreaker, burglar	взло́мщик	swindle	моше́нничество, обма́н
incendiary	поджига́тель	switch board	коммута́тор, щит
informer	доно́счик, осведоми́тель	theft	кра́жа
		thief	вор
interrogation	допро́с	tracker dog	ище́йка
larceny (petty)	ме́лкая кра́жа	vandalism	вандали́зм
lawbreaker	правонаруши́тель	violence	уве́нье, наси́лие
murder	уби́йство	witness	свиде́тель, свиде́тельница
murderer	уби́йца	young offender	престу́пник- подро́сток
offence	просту́пок		
patrol squad	патру́льная слу́жба		

to chase after, pursue	пресле́довать
to make a search	де́лать о́быск
to walk the beat	патрули́ровать пе́шим поря́дком
to sit at the wheel	сади́ться за руль
to call up the squad cars	звони́ть патру́ли
to report	докла́дывать, доложи́ть
to rob	ворова́ть, красть/укра́сть; гра́бить/ огра́бить
to commit a theft	соверша́ть/соверши́ть кра́жу
to create an uproar, disturb the peace	бушева́ть
to skirmish (with)	вступа́ть/вступи́ть с сты́чку (с + *instr.*)
to fight	дра́ться
to arrest	заде́рживать, задержа́ть
to make off with	укати́ть
to accompany	сопу́тствовать
with two convictions	два́жды суди́м
in broad daylight	средь бе́ла дня
the "easy life"	лёгкая жи́знь
corrective labour institutions	исправи́тельно-трудовы́е учреж- де́ния

43. Religion
(with particular reference to Orthodoxy)

altar	престо́л, алта́рь(*m.*)	Lent	Вели́кий Пост
apostle	дьячо́к, дьячёк	marriage	сва́дьба
archdeacon	протодья́кон	monk	мона́х
archpriest	протоиере́й,	New Testament	Но́вый Заве́т
	протопо́п	New Year	Но́вый год
Ascension	Вознесе́ние	old believers	старове́ры
baptism	креще́ние	Old Testament	Ве́тхий Заве́т
Bible	Би́блия	orthodox	правосла́вный
catechism	зако́н бо́жий	Orthodoxy	правосла́вие
cathedral	храм	paganism	язы́чество
Catholic	като́лик	paradise	рай
Christ	Христо́с (*gen.*	patriarch	патриа́рх
	Христа́)	pilgrim	богомо́лец
Christmas	рождество́	pilgrimage	пало́мничество
Christianity	христиа́нство	Pope	па́па
church	це́рковь (*f.*)	prayer	моли́тва
church porch	па́перть (*f.*)	preacher	пропове́дник
church plate	церко́вная у́тварь	priest	свяще́нник
church service	церко́вная слу́жба	unfrocked	распо́п
churchwarden	церко́вный	priest	
	ста́роста	procession	похо́д
clerk, chorister	духо́вный	Protestant	протеста́нт,
creation	созда́ние		лютера́нин
Creator	твори́тель		
cross	крест	pulpit	ка́федра
pectoral cross	напе́рсный крест	religion	рели́гия
crown	вене́ц	Resurrection	воскресе́ние
deacon	дья́кон	robing, vestment	облаче́ние
devil	чорт, чёрт, дья́вол	saint	свято́й
Easter	па́сха	Saviour	Спаси́тель
ecclesiastic	дья́кон	schism	раско́л
fast (period of)	пост	schismatics	раско́льники
forgiveness	проще́ние	sermon	про́поведь
glory	сла́ва	sexton	церко́вный сто́рож
God	Бог	sin	грех
godfather	крёстный оте́ц	sinful	гре́шный
Good Friday	Страстна́я пя́тница*	sinner	гре́шник
gospel	ева́нгелие	Sunday	воскресе́нье
heavenly	ра́йский	superstition	суеве́рие
hell	ад	synod	сино́д
hellish,	а́дский	Virgin Mary	цари́ца небе́сная
diabolical		wedding	венча́ние
holy	свято́й	ceremony	
icon	ико́на	Whitsuntide	Тро́йца
intercessor	засту́пник,		
	засту́пница	to keep a fast	говеть
Jesus	Иису́с	to break one's	разгове́ться
Last Supper	Та́йная Ве́черя	fast	

* Variations sometimes occur in religious expressions in respect of the use of capital and small letters.

44. The Armed Services

(a) TYPES

Army	áрмия	marines	морская пехóта
Red Army	Крáсная áрмия	airborne forces	воздушно-
Red Army man	красноармéец		десáнтные силы
(soldier)		signal corps	кóрпус свя́зи
Air Force	авиáция/воéнно-	medical corps	санитáрная слýжба
	воздýшные силы	engineer corps	кóрпус инженéров
	(ВВС)	infantry	пехóта
Navy	морские силы/		
	воéнно-морскóй		
	флот (ВМФ)		

(b) ORGANIZATION

battalion, regiment	батальóн	corps	кóрпус
		division	дивизия
brigade	полк	platoon, troop	взвод
company, squadron	рóта	squad	рóта

(c) EQUIPMENT

(i) *Army*

AA gun	зенитная пýшка	gun	пýшка
artillery	артиллéрия	anti-tank gun	противотáнковая
heavy	крýпная		пýшка
artillery	артиллéрия	field gun	полевáя пýшка
bayonet	штык	machine gun	пулемёт
binoculars	бинóкль (*m.*)	mortar	бомбомёт
carbine (automatic)	автомáт	pistol	пистолéт
		range finder	дальномéр

(ii) *Navy*

aircraft carrier	авианóсец	landing craft	десáнтный кáтер
battleship	линкóр, линéйный	minesweeper	трáльщик
	корáбль	motor boat	кáтер
convoy	конвóй	submarine	подвóдная лóдка,
cruiser	крéйсер		подлóдка
destroyer	эсминец,	nuclear	я́дерная
	эскáдренный	submarine	подлóдка
	минонóсец		

(iii) *Air Force*

aircraft	самолёт	helicopter	вертолёт
bomber	бомбардирóвщик	jet aircraft	реактивный
fighter plane	истребитель		самолёт

(d) RANKS

(i) *Army*

private, soldier	рядовóй	top/master/staff sergeant	стáрший сержáнт
corporal	ефрéйтор		
sergeant	сержáнт	sergeant major	старшинá

junior (second) lieutenant	мла́дший лейтена́нт
lieutenant	лейтена́нт
captain	капита́н
major	майо́р
colonel	полко́вник

general	генера́л
major-general	генера́л-майо́р
lieut.-general	генера́л-лейтена́нт
(field)-marshal	ма́ршал
officer cadet	курса́нт

(ii) Navy

seaman	матро́с
sailor (any rank)	моря́к
AB	ста́рший матро́с
Leading hand	старшина́ второ́й статьи́
PO	старшина́ пе́рвой статьи́

CPO	главстаршина́
Acting Sub-Lt.	мла́дший лейтена́нт
Sub-Lt.	лейтена́нт
Lieutenant	ста́рший лейтена́нт
Lt. Commander	капита́н тре́тьего ра́нга

(e) GENERAL MILITARY TERMS

AA defence	противовозду́шная оборо́на (ПВО)
ambush	заса́да
army	во́йско
assault	штурм, при́ступ
attack	ата́ка, наступле́ние
barbed wire	колю́чая про́волока
barracks	каза́рма
battle	би́тва, сраже́ние
battlefield	по́ле бо́я
blackout	затемне́ние
camp	ла́герь (m.)
campaign	похо́д
crew	экипа́ж
declaration of war	объявле́ние войны́
depot	склад
dugout	убе́жище
equipment	вооруже́ние
explosion	взрыв

fire	стрельба́
fortification	укрепле́ние
fortress	кре́пость (f.)
garrison	гарнизо́н
landing	вы́садка
minefield	ми́нное по́ле
pass, permit	про́пуск
prisoner	пле́нный
provisions	провиа́нт
rank and file	рядово́й соста́в
rebellion	восста́ние
sentry	часово́й
shoulder-strap	пого́н
stretcher	носи́лки
supply	снабже́ние
traitor	изме́нник
trench	транше́я
uniform	фо́рма
volunteer	доброво́лец

(f) EXPRESSIONS

to attack	наступа́ть, наступи́ть, напада́ть, напа́сть (на + acc.)
to defend	защища́ть, защити́ть
to defeat	поража́ть, порази́ть
to capitulate	сдава́ться, сда́ться
to fight	дра́ться, подра́ться
to wage war	вести́ войну́
to invade	вторга́ться, вто́ргнуться
to fire	стреля́ть, вы́стрелить
to arm	вооружа́ть, вооружи́ть
to disarm	обезору́живать, обезору́жить
to capture, seize	захва́тывать, захвати́ть
to suffer	страда́ть, пострада́ть
to kill	убива́ть, уби́ть
to lay siege to	осажда́ть, осади́ть

to serve	служи́ть
to go on leave	уходи́ть в о́тпуск
to leave the service	уходи́ть со слу́жбы
national service	вое́нная слу́жба
sick leave	о́тпуск по боле́зни
retirement	отста́вка
court martial	вое́нный суд
First Sea Lord/Navy Secretary	морско́й мини́стр
Admiralty/Navy Department	морско́е министе́рство
combined operations	сме́шанные опера́ции

45. Nationalities

Country	Noun	Inhabitant		adjectival form
		masc. form	fem. form	
Africa[1]	Áфрика	африка́нец	африка́нка	африка́нский
America[1]	Аме́рика	америка́нец	америка́нка	америка́нский
Argentina	Аргенти́на	аргенти́нец	аргенти́нка	аргенти́нский
Asia	Áзия	азиа́т	азиа́тка	азиа́тский
Australia	Австра́лия	австрали́ец	австрали́йка	австрали́йский
Austria	Австрия	австри́ец	австри́йка	австри́йский
Belgium	Бе́льгия	бельги́ец	бельги́йка	белги́йский
Brazil	Брази́лия	бразилиа́нец	бразилиа́нка	брази́льский
Bulgaria	Болга́рия	болга́рин	болга́рка	болга́рский
Burma	Би́рма	бирма́нец	бирма́нка	бирма́нский
Canada	Кана́да	кана́дец	кана́дка	кана́дский
China	Кита́й	кита́ец	кита́янка	кита́йский
Czechoslovakia	Чехослова́кия	чех (словáк)	чéшка (словáчка)	чехословáцкий
Denmark	Да́ния	датча́нин	датча́нка	да́тский
Egypt	Еги́пет	египтя́нин	египтя́нка	еги́петский
England	Áнглия	англича́нин	англича́нка	англи́йский
Estonia	Эсто́ния	эсто́нец	эсто́нка	эсто́нский
Europe	Евро́па	европе́ец	европе́йца	европе́йский
Finland	Финля́ндия	финн	фи́ннка	фи́ннский
France	Фра́нция	францу́з	францу́женка	францу́зский
Germany	Герма́ния	не́мец	не́мка	неме́цкий
Greece	Гре́ция	грек	греча́нка	гре́ческий
Hungary	Ве́нгрия	венге́рец	венге́рка	венге́рский
India[2]	И́ндия	инди́ец	инди́йца	инди́йский
Iran (Persia)	Ира́н/Пе́рсия	перс, персия́нин	персия́нка	ира́нский/перси́дский
Ireland	Ирла́ндия	ирла́ндец	ирла́ндка	ирла́ндский
Italy	Ита́лия	италья́нец	италья́нка	италья́нский

Country	Noun	Inhabitant masc. form	fem. form	adjectival form
Japan	Япония	япо́нец	япо́нка	япо́нский
Latvia	Ла́твия	латы́ш	латы́шка	латы́шский
Lithuania	Литва́	лито́вец	лито́вка	лито́вский
Mexico	Ме́ксика	мексика́нец	мексика́нка	мексика́нский
Netherlands/Holland	Нидерла́нды/Голла́ндия	голла́ндец	голла́ндка	голла́ндский
New Zealand	Но́вая Зела́ндия	новозела́ндец	новозела́ндка	новозела́ндский
Norway	Норве́гия	норве́жец	норве́жка	норве́жский
Poland	По́льша	поля́к	по́лька	по́льский
Portugal	Португа́лия	португа́лец	португа́лька	португа́льский
Rumania	Румы́ния	румы́н	румы́нка	румы́нский
Russia[3]	Росси́я	ру́сский	ру́сская	ру́сский
Scotland	Шотла́ндия	шотла́ндец	шотла́ндка	шотла́ндский
Siberia	Сиби́рь	сибиря́к	сибиря́чка	сиби́рский
Spain	Испа́ния	испа́нец	испа́нка	испа́нский
Sweden	Шве́ция	швед	шве́дка	шве́дский
Switzerland	Швейца́рия	швейца́рец	швейца́рка	швейца́рский
Turkey	Ту́рция	ту́рок	турча́нка	туре́цкий
Ukraine	Украи́на	украи́нец	украи́нка	украи́нский
Wales	Уэ́льс			уэ́льский
White Russia	Белору́ссия	белору́сский	белору́сская	белору́сский
Yugoslavia	Югосла́вия	югосла́в	югосла́вка	югосла́вский

[1] U.S.A. = США
[2] Red Indian = инде́ец
[3] Сою́з Сове́тских Социалисти́ческих Респу́блик (СССР)

46. Proverbs

No smoke without fire.
When in Rome do as the Romans do.
Too many cooks spoil the broth.

Pride comes before a fall.
Man proposes, God disposes.

He who laughs last, laughs longest.
Like a fish out of water.
A bad peace is better than a good war.
To save for a rainy day.
Like father, like son.
What the eye doesn't see, the heart doesn't grieve about.
Heaven helps those who help themselves.
East, West—home's best.

All that glitters is not gold.
Live and let live.
When the cat's away, the mice will play.
A little knowledge is a dangerous thing.
Everyone for himself and the Lord for us all.
Lucky at cards, unlucky in love.

One man's meat is another man's poison.
People in glass houses shouldn't throw stones.
Birds of a feather, flock together.
A bird in the hand is worth two in the bush.
Health is better than wealth.

Don't look a gift horse in the mouth.
A burnt child dreads the fire.

The early bird catches the worm.
Forbidden fruit tastes sweetest.
A friend in need is a friend indeed.
Neither flesh nor fowl. . . .
Empty vessels make the most sound.
All's well that ends well.
Strike while the iron is hot.
More haste less speed.
One swallow does not make a summer.

Нет ды́ма без огня́.
С волка́ми жить, по-во́лчьи выть.
Де́сять поваро́в то́лько щи переса́ливают.
Кто хва́лится, тот с горы́ сва́лится.
Челове́к предполага́ет, Бог располага́ет.
Челове́к хо́дит, Бог во́дит.
После́дний смех лу́чше пе́рвого.
Мужи́к без ба́бы, что гусь без воды́.
Худо́й мир лу́чше до́брой бра́ни.
Береги́ де́нежку про чёрный день.
Како́в строи́тель, тако́ва и оби́тель.
Чего́ глаза́ не ви́дят, того́ се́рдце не бре́дит.
На Бо́га наде́йся, да сам не плоша́й (не лени́сь).
В гостя́х хорошо́, а до́ма лу́чше.
Дон, Дон, а лу́чше дом.
Век живи́, век учи́сь.
Не всё то зо́лото, что блести́т.
Дру́гу дружи́, а друго́му не вреди́.
Ко́шки до́ма нет, мы́шкам во́ля.

Недоу́ченный ху́же неучёного.
Всяк про себя́, а Госпо́дь про всех.

Сча́стлив игро́й, да несча́стлив жено́й.
И сча́стье, что ино́му вёдро, ино́му нена́стье.
Горшку́ с котло́м не би́ться.

Подо́бный подо́бного лю́бит.
Лу́чше сини́цу в ру́ки, чем журавля́ на не́бе.
Дал бы Бог здоро́вья, а сча́стье найдём.
Дарово́му коню́ в зу́бы не смо́трят.
Пу́ганая воро́на и хвоста́ своего́ бои́тся.
Ра́ньше встава́й, да сам нажива́й.
На запре́тный това́р, весь база́р.
Коня́ в ра́ти узна́ешь, а дру́га в беде́.
Это ни ры́ба ни мя́со.
Поро́жняя бо́чка пу́ще греми́т.
Коне́ц де́лу вене́ц.
Куй желе́зо, пока́ горячо́.
Ти́ше е́дешь, да́льше бу́дешь.
Одна́ ла́сточка весны́ не де́лает.

47. Abbreviations

(a) NATIONAL, INTERNATIONAL

ЕЭС	Европейское экономическое Сообщество	European Economic Community
УССР	Украинская Советская Социалистическая Республика	Ukrainian Soviet Socialist Republic
МССР	Молдавская . . .	Moldavian . . .
КНР	Китайская Народная Республика	National Republic of China
АССР	Автономная Советская Социалистическая Республика	Autonomous Soviet Socialist Republic
ФРГ	Федеральная Республика Германии	Federal Republic of Germany
ОАР	Объединённая Арабская Республика	United Arab Republic
ОАГ	Организация Американских Государств	Organization of American States
РСФСР	Российская Советская Федеративная Социалистическая Республика	Russian Federation of Soviet Socialist Republics
ГДР	Германская Демократическая Республика	German Democratic Republic (DDR)
СССР	Союз Советских Социалистических Республик	Union of Soviet Socialist Republics (USSR)
США	Соединённые Штаты Америки	United States of America (USA)
СЭВ	Совет экономической взаимопомощь	Council of Economic Aid (COMECON)
ООН	Организация объединённых Наций	United Nations Organization (UNO)
ком	комитет	committee
обкóм	областнóй комитéт	provisional committee
крайкóм	краевóй комитéт	regional committee
исполкóм	исполнительный комитéт	executive committee
горисполкóм	исполнительный комитéт городского совéта	urban (town) executive committee
	депутáтов трудящихся	
райкóм	райóнный комитéт	district committee
завкóм	заводскóй комитéт	factory committee
к-т	комитéт	committee
наркомáт	нарóдный комиссариáт	people's commissariat
сов. . .	совéт	council
горсовéт	городскóй совéт	town council
Моссовéт	Москóвский городскóй совéт. . .	Moscow Soviet
сов.	совéтский	Soviet

ЦК КПСС	Центра́льный комите́т Коммунисти́ческой Па́ртии Сове́тского Сою́за	Central Committee of the Communist Party of the USSR
МГБ	Министе́рство Госуда́рственной Безопа́сности	Ministry of State Security
НКВД	Наро́дный Комиссариа́т вну́тренних дел	People's Commissariat for Internal Affairs (NKVD)
компа́ртия	коммунисти́ческая па́ртия	Communist Party
парт.	парти́йный	party . . .
зам.	замести́тель	deputy
деп.	депута́т	M.P.
тов.	това́рищ	*lit.* comrade, Mr.
гос.	госуда́рственный	State
Комсомо́л	коммунисти́ческий сою́з молодёжи	Young Communists League
комсомо́лец		member of the above
Госстра́х	гла́вное управле́ние госуда́рственного страхова́ния	State Insurance Administration
Госпла́н	Госуда́рственная пла́новая коми́ссия	State Planning Commission

(b) ECONOMIC AND INDUSTRIAL

ЦСУ	центра́льное статисти́ческое управле́ние	Central Statistical Board
им.	и́мени	in the name of, after
Совто́рг	сове́тская торго́вля	Soviet Trade Organization
Совнархо́з (СНХ)	Сове́т наро́дного хозя́йства	Economic Council
зав.	заве́дующий	manager
ВДНХ	Вы́ставка достиже́ний наро́дного хозя́йства СССР	Exhibition of national industrial achievements
ГЭС	гидроэлектри́ческая ста́нция/госуда́рственная электри́ческая ста́нция	hydroelectric/electric power station
пром.	промы́шленность	industry
с. х.	се́льское хозя́йство	agriculture
ж-д	железнодоро́жное де́ло	railway
ГУМ	госуда́рственный универса́льный магази́н	State department store
универма́г	универса́льный магази́н	department store
ЦУМ	центра́льный универса́льный магази́н	central department store
акц.	акцио́нный	joint stock company

колхо́з.	коллекти́вное хозя́йство	collective farm
совхо́з.	сове́тское хозя́йство	state farm
НЭП	Но́вая Экономи́ческая Поли́тика	New Economic Policy

(c) EDUCATION

НИИ	Нау́чно-иссле́довательский и эксперимента́льный Институ́т	Scientific Research Institute
МГУ	Моско́вский госуда́рственный университе́т	Moscow State University
ЛГУ	Ленингра́дский госуда́рственный университе́т	Leningrad State University
вуз	вы́сшее уче́бное заведе́ние	higher educational establishment
втуз	вы́сшее техни́ческое уче́бное заведе́ние	higher technical educational establishment
рабфа́к	рабо́чий факульте́т	workers' faculty
ГЭК	госуда́рственная экзаменацио́нная коми́ссия	State examination commission
д-р	до́ктор	doctor (of science, etc.)

(d) SCIENTIFIC

к.т.	ко́мнатная температу́ра	room temperature
ин-т	институ́т	institute
к.п.д.	коэффицие́нт поле́зного де́йствия	efficiency
об/мин	число́ оборо́тов в мину́ту	revs per minute
оп.	о́пыт	experiment
АН СССР	акаде́мия нау́к СССР	Academy of Sciences USSR
УКВ	ультракоро́ткие во́лны	ultra-short waves
т-ра	температу́ра	temperature
сотр.	сотру́дник	colleague

(e) LITERARY AND GRAMMATICAL

| гослитизда́т | госуда́рственное изда́тельство худо́жественной литерату́ры | State literary publishing house |
| стр. | страни́ца | page |

гл.	глава́	chapter
экз.	экземпля́р	copy
ж.	жёнский род	feminine gender
м.	мужско́й род	masculine gender
с.	сре́дний род	neuter gender
ед.	еди́нственное число́	singular
мн.	мно́жественное число́	plural
нескл.	несклоня́емое	indec., indeclinable
скл.	склоня́ется	is declined
гл.	глаго́л	verb
сов.	соверше́нный вид	perfective aspect
несов.	несоверше́нный вид	imperfective aspect

(f) GENERAL

глав.	гла́вный	main
соб. корр.	со́бственный корреспонде́нт	own correspondent
от соб. корр.	от со́бственного корреспонде́нта	from our own correspondent
ТАСС	Телегра́фное Аге́нтство Сове́тского Сою́за	Tass news agency
ср.	сравни́	compare, cf.
см.	смотри́	see
ВЛКСМ	Всесою́зный Ле́нинский Коммунисти́ческий Сою́з Молодёжи	Communist League of Youth
вкл.	вкла́дка	enclosure (letters, etc.)
ЦСК	центра́льный спорти́вный клуб	Central Sports Club
д-р	дире́ктор	director
УК	уголо́вный ко́декс	criminal code
ДО	дом о́тдыха	rest home, holiday home
спецко́р	специа́льный корреспонде́нт	special correspondent
военко́р	вое́нный корреспонде́нт	war correspondent
Го́сстрой	всеросси́йская центра́льная госуда́рственная строи́тельная конто́ра	Central State Building Office

з.д.	заслуженный деятель	meritorious worker
прим.	примечание	footnote
и т.д.	и так дальше	etc.
и т.пр.	и так прочее	etc.
авиапочта	авиационная почта	airmail
ДОСААФ	Всесоюзное добровольное общество содействия армии, авиации и флоту СССР	Voluntary Society for Army, Air Force and Navy
мг.	миллиграмм	milligram
см.	сантиметр	centimetre
л.	литр	litre
сек.	секунда	second
л.с.	лошадиная сила	horse power
м.	метр	metre
км.	километр	kilometre
пл.	площадь $(f.)$	square
коп.	копейка	copeck
тыс.	тысяча	thousand
млн.	миллион	million
мм.	миллиметр	millimetre
мл.	миллилитр	millilitre
мин.	минута	minute
мес.	месяц	month
г.	год	year

48. Adjectives

(a) HUMAN BEINGS, MIND, ETC.

bad	плохо́й	lazy	лени́вый
beautiful	краси́вый	mean, stingy	скупо́й
blind	слепо́й	mortal	сме́ртный
brave	хра́брый	noble	благоро́дный
clever	у́мный	old	ста́рый
courteous	любе́зный	patient	терпели́вый
cruel	жесто́кий	polite	ве́жливый
dead	мёртвый	poor	бе́дный
deaf	глухо́й	proud	го́рдый
dexterous	ло́вкий	resembling	похо́жий
diligent	стара́тельный	rich	бога́тый
dumb	немо́й	rude	гру́бый
educated	образо́ванный	satisfied	сы́тый
generous	ще́дрый	simple	просто́й
good	хоро́ший	sincere	и́скренний
happy	счастли́вый	strange	стра́нный
healthy	здоро́вый	strong	си́льный
honest	че́стный	stupid	глу́пый
humble	поко́рный	tender	не́жный
hungry	голо́дный	thirsty	жа́ждущий
ignorant	неве́жественный	ugly	безобра́зный
ill	больно́й	unhappy	несчастли́вый,
important	ва́жный		несча́стный
inquisitive	любопы́тный	weak	сла́бый
insane	безу́мный	wicked	злой
kind	ми́лый	wise	му́дрый
known	изве́стный	worthy	досто́йный
lame	хромо́й	young	молодо́й

(b) MISCELLANEOUS

cheap	дешёвый	new	но́вый
closed	закры́тый	open	откры́тый
dear	дорого́й	pure	чи́стый
dirty	гря́зный	superfluous	ли́шний
empty	пусто́й	usual	обыкнове́нный
full	по́лный	whole	це́лый

(c) PHYSICAL

bitter	го́рький	quiet	ти́хий
cold	холо́дный	rough, coarse	гру́бый
compact	те́сный	round	кру́глый
cool	прохла́дный	salty	солёный
equal	ра́вный	sharp, acute	о́стрый
fat	то́лстый	smooth	гла́дкий
fragrant	души́стый	soft	мя́гкий
hard	жёсткий	sour	ки́слый
heavy	тяжёлый	steep	круто́й
hot	жа́ркий, горя́чий	straight	прямо́й
light	лёгкий	strong	кре́пкий
liquid	жи́дкий	sweet	сла́дкий
loud	гро́мкий	thick	густо́й

thin	тóнкий	warm	тёплый
tight	тéсный		

(d) TIME

ancient	дáвний	morning	ýтренний
autumn	осéнний	quick	скóрый
daily	ежеднéвный	rare	рéдкий
early	рáнний	slow	медлéнный
evening	вечéрний	spring	весéнний
first	пéрвый	summer	лéтний
former	прéжний	tomorrow's	зáвтрашний
frequent	чáстный	weekly	недéльный
last	послéдний	winter	зи́мний
late	пóздний	yearly	ежегóдный
long	дóлгий	yesterday's	вчерáшний
monthly	мéсячный		

(e) ABSTRACT

clear	я́сный	important	вáжный
complex	слóжный	new	нóвый
difficult	трýдный	private	чáстный
false	лóжный	ready	готóвый
general	óбщий	simple	простóй

(f) SPACE

deep	глубóкий	narrow	ýзкий
distant	далёкий	near	бли́зкий
external	внéшний	powerful	крýпный
extreme	крáйний	quick	бы́стрый
high	высóкий	rear, back	зáдний
internal	внýтренний	right	прáвый
front	перéдний	shallow	мéлкий
large	большóй	short	корóткий
left	лéвый	small	небольшóй
long	дли́нный	upper	вéрхний
low	ни́зкий	wide	ширóкий
middle, mean	срéдний		

(g) MATERIALS

artificial	искýсственный	paper	бумáжный
brick	кирпи́чный	rubber	рези́новый
glass	стекля́нный	silver	серéбряный
iron	желéзный	stone	кáменный
leather	кóжаный	wooden	деревя́нный
metal	металли́ческий		

(h) SHAPE

concave	вóгнутый	obtuse, blunt	тупóй
convex	вы́пуклый	oval	овáльный
curved	кривóй	round	крýглый
flat	плóский	wavy	волни́стый
oblong	продолговáтый		

Infinitive ((pf.) = perfective form)	Meaning	Pres./future form	Past	Past passive participle
бежа́ть	to run	бегу́, бежи́т, бегу́т	бежа́л	—
бере́чь	to guard	берегу́, бережёт, берегу́т	берёг, берегла́	бережённый
бить	to strike	бью, бьёт	бил	би́тый
блесте́ть	to sparkle	блещу́, блести́т	блесте́л	—
боро́ться	to fight	борю́сь, бо́ретсяя	боро́лся, боро́лась	—
брать[1]	to take	беру́, берёт	брал, брала́, бра́ло	бра́нный
брести́	to stroll	бреду́, бредёт	брёл, брела́	—
брить	to shave	бре́ю, бре́ет	брил	бри́тый
бро́сить (pf.)	to throw	бро́шу, бро́сит	бро́сил	бро́шенный
везти́[2]	to transport	везу́, везёт	вёз, везла́	везённый
вести́[3]	to lead	веду́, ведёт	вёл, вела́	ведённый
взве́сить (pf.)	to weigh	взве́шу, взве́сит	взве́сил	взве́шенный
взять (pf.)	to take	возьму́, возьмёт	взял	взя́тый
ви́деть	to see	ви́жу, ви́дит	ви́дел	ви́денный
висе́ть	to hang	вишу́, виси́т	висе́л	—
влечь[4]	to draw, pull	влеку́, влечёт, влеку́т	влёк, влекла́	влечённый
води́ть[5]	to lead	вожу́, во́дит	води́л	ведённый
вози́ть	to transport	вожу́, во́зит	вози́л	везённый
возни́кнуть (pf.)	to arise, occur	возни́кнет, возни́кнут	возни́к, возни́кла	—
-врати́ть (pf.)	to turn	-вращу́, -врати́т	-врати́л	-вращённый
встава́ть	to rise	встаю́, встаёт	встава́л	—
встать (pf.)	to rise	вста́ну, вста́нет	встал	—
вы́разить (pf.)	to express	вы́ражу, вы́разит	вы́разил	вы́раженный

[1] likewise собра́ться, вы́брать
[2] likewise привести́
[3] likewise вы́вести, привести́, произвести́, провести́, перевести́, отвести́
[4] likewise привле́чь
[5] likewise проводи́ть, производи́ть, вводи́ть, руководи́ть

Infinitive	Meaning	Pres./future form	Past	Past pass. part.
вы́свободить (pf.)	to liberate	вы́свобожу, вы́свободит	вы́свободил	вы́свобожденный
гаси́ть	to extinguish	гашу́, га́сит	гаси́л	га́шенный
гнести́	to press	гнету́, гнетёт		гнетённый
дава́ть	to give	даю́, даёт	дава́л	—
дать (pf.)	to give	дам, дашь, даст, дади́м, дади́те, даду́т	дал	да́нный
дви́гать	to move	дви́гаю, дви́гает, дви́жу, дви́жет		—
держа́ть	to hold	держу́, де́ржит	держа́л	де́ржанный
доби́ться (pf.)	to achieve	добью́сь, добьётся	доби́лся	—
допусти́ть (pf.)	to permit, allow	допущу́, допу́стит	допусти́л	допу́щенный
доста́ться (pf.)	to get; reach	доста́нусь, доста́нется	доста́лся	—
дости́гнуть (pf.)	to reach, achieve	дости́гну, дости́гнет	дости́г, дости́гла	дости́гнутый
дости́чь (pf.)	to reach, achieve	дости́гну, дости́гнет	дости́г, дости́гла	дости́гнутый
е́здить	to travel	е́зжу, е́здит	е́здил	—
есть	to eat	ем, ешь, ест, еди́м, еди́те, едя́т	ел	—
е́хать[6]	to go, travel	е́ду, е́дет	е́хал	—
жать	to press	жму, жмёт	жал	жа́тый
жать	to reap, harvest	жну, жнёт	жал	жа́тый
жечь	to burn	жгу, жжёт, жгут	жёг, жгла	жжённый
жить	to live	живу́, живёт	жил	—
жужжа́ть	to buzz	жужжу́, жужжи́т	жужжа́л	—
закры́ть (pf.)	to cover; close	закро́ю, закро́ет	закры́л	закры́тый
замере́ть (pf.)	to die off	замру́, замрёт	за́мер, замерла́	—
замести́ть (pf.)	to replace	замещу́, замести́т	замести́л	замещённый
заня́ть (pf.)	to occupy	займу́, займёт	за́нял	за́нятый
запере́ть (pf.)	to lock	запру́, запрёт	за́пер, заперла́	за́пертый

[6] likewise   прие́хать

102

		заряжу́, заря́дит	заряди́л	заря́женный / заряжённый
заряди́ть (pf.)	to charge			
засня́ть[7]	to photograph	засниму́, засни́мет	засня́л	засня́тый
звать[7]	to call, name	зову́, зовёт	звал	зва́нный
идти́	to go	иду́, идёт	шёл, шла	—
-йти́[8]	to go	-йду́, -йдёт	-шёл, шла	-йденный
изобрази́ть (pf.)	to portray	изображу́, изобрази́т	изобрази́л	изображённый
изобрести́ (pf.)	to invent	изобрету́, изобретёт	изобрёл, изобрела́	изобретённый
иска́ть	to seek	ищу́, и́щет	иска́л	-исканный
исче́знуть (pf.)	to disappear	исче́зну, исче́знет	исче́з, исче́зла	—
-каза́ть	to show	-кажу́, ка́жет	-каза́л	-ка́занный
класть	to put	кладу́, кладёт	клал	-ло́женный
клева́ть	to peck; bite	клюю́, клюёт	клева́л	поклёванный
красть	to steal	краду́, крадёт	крал	кра́денный
-крати́ть (pf.)	to shorten	-кращу́, -крати́т	-крати́л	-крашённый
крыть[9]	to cover	кро́ю, кро́ет	крыл	кры́тый
лете́ть	to fly	лечу́, лети́т	лете́л	—
лечь (pf.)	to lie down	ля́гу, ля́жет	лёг, легла́	—
лить	to pour	лью, льёт	лил	ли́тый
ложи́ть[10]	to put	ложу́, ло́жит	ложи́л	ло́женный
мёрзнуть	to freeze	мёрзну, мёрзнет	мёрз, мёрзла/мёрзнул	—
мести́	to sweep	мету́, метёт	мёл, мела́	метённый
мета́ть	to throw	мечу́, ме́чет	мета́л	—
ме́тить	to mark	ме́чу, ме́тит	ме́тил	мёченный
моло́ть	to grind	мелю́, ме́лет	моло́л	мо́лотый
моро́зить	to freeze	морожу́, моро́зит	моро́зил	моро́женный
мочь	to be able	могу́, мо́жет, мо́гут	мог, могла́	—

103

[7] likewise вы́звать
[8] likewise прийти́, сойти́, подойти́, произойти́, найти́
[9] likewise откры́ть, закры́ть
[10] likewise положи́ть

Infinitive	Meaning	Pres./future form	Past	Past pass. part.
мыть	to wash	мо́ю, мо́ет	мыл	мы́тый
наде́ть (pf.)	to put on	наде́ну, наде́нет	наде́л	наде́тый
наня́ть (pf.)	to rent, hire	найму́, наймёт	на́нял, наняла́, на́няло	на́нятый
нарасти́ть (pf.)	to add, increase	наращу́, нарасти́т	нарасти́л	наращённый
нести́ [11]	to bear	несу́, несёт	нёс, несла́	несённый
носи́ть [12]	to bear	ношу́, но́сит	носи́л	но́шенный/-несённый
обрати́ть (pf.)	to turn	обращу́, обрати́т	обрати́л	обращённый
окра́сить (pf.)	to paint	окра́шу, окра́сит	окра́сил	окра́шенный
освети́ть (pf.)	to illuminate	освещу́, осве́тит	освети́л	освещённый
оснасти́ть (pf.)	to furnish	оснащу́, оснасти́т	оснасти́л	оснащённый
отня́ть (pf.)	to remove	отниму́, отни́мет	о́тнял, отняла́, о́тняло	о́тнятый
отпере́ть (pf.)	to unlock	отопру́, отопрёт	о́тпер, отперла́, о́тперло	о́тпертый
отрази́ть (pf.)	to reflect	отражу́, отрази́т	отрази́л	отражённый
отстава́ть	to stay behind	отстаю́, отстаёт	отстава́л	—
пасть (pf.)	to fall	паду́, падёт	пал	—
паха́ть	to plough	пашу́, па́шет	паха́л	па́ханный
перегна́ть (pf.)	to overtake; distil	перегоню́, перего́нит	перегна́л	перегна́нный
печь	to bake	пеку́, печёт, пеку́т	пёк, пекла́	печённый
писа́ть	to write	пишу́, пи́шет	писа́л	пи́санный
плести́	to weave	плету́, плетёт	плёл, плела́	плетённый
плыть	to swim	плыву́, плывёт	плыл	—
повы́сить (pf.)	to increase	повы́шу, повы́сит	повы́сил	повы́шенный
подня́ться (pf.)	to raise	поднимусь, подни́мется	подня́лся, подняла́сь	—
подтверди́ть (pf.)	to confirm	подтвержу́, подтверди́т	подтверди́л	подтверждённый
помести́ть (pf.)	to place	помещу́, поме́стит	помести́л	помещённый
порази́ть (pf.)	to infect	поражу́, порази́т	порази́л	поражённый

[11] likewise   принести́, внести́
[12] likewise   произноси́ть, приноси́ть, относи́ть, переноси́ть

104

превратить (pf.)	to convert	превращу, превратит	превратил	превращённый
пренебречь (pf.)	to overlook	пренебрегу, пренебрежёт	пренебрёг, пренебрегла	пренебрежённый
принять (pf.)	to accept	приму, примет	принял	принятый
приобрести (pf.)	to acquire	приобрету, приобретёт	приобрёл, приобрела	приобретённый
проникнуть (pf.)	to penetrate	проникну, проникнет	проник, проникла, проникнул	проникнутый
просить	to ask, request	прошу, просит	просил	прошенный
пустить (pf.)[13]	to let; start	пущу, пустит	пустил	пущенный
развить (pf.)	to develop	разовью, разовьёт	развил	развитый
расплавить (pf.)	to melt	расплавлю, расплавит	расплавил	расплавленный
распростереть (pf.)	to extend, stretch	—	распростёр, распростёрла	распростёртый
расти[14]	to grow	расту, растёт	рос, росла	—
резать	to cut	режу, режет	резал	резанный
родить	to give birth	рожу, родит	родился, родилась, родился, родилась, родилась (pf.)	рождённый
родиться	to be born	рожусь, родится	—	—
рыться	to dig, burrow	роюсь, роется	рылся	—
садить	to plant	сажу, садит	садил	саженный
сесть (pf.)	to sit down	сяду, сядет	сел	—
сечь	to chop	секу, сечёт, секут	сек, секла	сеченный
сидеть	to be seated	сижу, сидит	сидел	—
сказать (pf.)	to say	скажу, скажет	сказал	сказанный
сковать (pf.)	to forge	скую, скуёт, скуют	сковал	скованный
слать	to send	шлю, шлёт	слал	сланный

[13] likewise запустить, выпустить
[14] likewise вырасти, возрасти

105

Infinitive	Meaning	Pres./future form	Past	Past pass. part.
смáзать (pf.)	to smear, lubricate	смáжу, смáжет	смáзал	смáзанный
снабдúть (pf.)	to supply	снабжý, снабдúт	снабдúл	снабжённый
снúзить (pf.)	to lower, reduce	снúжу, снúзит	снúзил	снúженный
снять (pf.)	to remove; photograph	снимý, снúмет	снял	снятый
сократúть (pf.)	to shorten	сокращý, сократúт	сократúл	сокращённый
соорудúть (pf.)	to erect	сооружý, соорудúт	соорудúл	сооружённый
сосáть	to suck	сосý, сосёт	сосáл	сóсанный
сотрястú (pf.)	to shake	сотрясý, сотрясёт	сотряс, сотряслá	сотрясённый
сóхнуть	to dry	сóхну, сóхнет	сох, сóхла	—
стать (pf.)	to begin; become	стáну, стáнет	стал	—
стричь	to cut	стригý, стрижёт, стригýт	стриг, стрúгла	стрúженный
терéть	to rub	тру, трёт	тёр, тёрла	тёртый
течь	to flow	текý, течёт, текýт	тёк, теклá	—
толóчь	to pulverize	толкý, толчёт	толóк, толклá	толчённый
трáтить	to spend; expend	трáчу, трáтит	трáтил	трáченный
удáться (pf.)	to succeed	удáстся, удадýтся	удáлся, удалáсь	—
умерéть (pf.)	to die	умрý, умрёт	ýмер, умерлá, ýмерло	—
учúть	to teach; learn	учý, учит	учúл	учённый/ýченный
ходúть	to go	хожý, хóдит	ходúл	—
хотéть	to want	хочý, хóчешь, хóчет, хотúм, хотúте, хотят	хотéл	—
-честь	to read	-чтý, -чтёт	-чёл, -члá	-чтённый
чúстить	to clean	чúщу, чúстит	чúстил	чúщенный
шить	to sew	шью, шьёт	шил	шúтый

Part Two
Extracts

I. Holidays on Wheels (28, 29)

(N.B. *The figures in brackets refer to the relevant subject vocabularies*)

«Я очень люблю путешествовать, и меня интересуют маршруты для велосипедистов, мотоциклистов и автомобилистов. Где они смогут остановиться на ночлег, получить консультацию о местных достопримечательностях и в случае необходимости отремонтировать машину?»

В любом районе нашей страны есть превосходные места для отдыха туристов, которые проводят свой отпуск на колёсах. И совсем не обязательно ехать в Крым или на Кавказ. В средней России есть пейзажи, ничуть не уступающие по экзотике южным. В прошлом году, например, многие любители старины выезжали в города и посёлки бывшей Суздальской Руси.

Но всё же основная масса «механизированных путешественников» отправляется на юг или на запад. Современные автострады, опоясавшие Крым, Кавказ и Карпаты, дают возможность поближе познакомиться с южной природой. Хороши шоссе и в Прибалтике.

По пути к месту отдыха туристы смогут воспользоваться услугами многочисленных пансионатов и кемпингов. На магистрали Москва–Харьков–Симферополь их, например, пять. За определённую плату—в этом году она значительно снижена—в каждом из них предоставляются места для стоянки и мойки машин, установки походной палатки. Есть стационарные домики. Во всех кемпингах—буфеты, а в автопансионатах, кроме того, и столовые, а также почтовые отделения и пункты междугородной телефонной связи.

Большинство кемпингов и автопансионатов имеет станции технического обслуживания автомашин.

II. Elections (33)

В Воскресенье, 12 июня, советский народ в седьмой раз будет избирать депутатов высшего органа власти—тех, кто на ближайшие четыре года займёт 1,417 депутатских мест в Верховном Совете СССР. Лучших из лучших посылает наш народ в свой парламент.

Среди кандидатов в депутаты 698 рабочих и колхозников. Кандидатами выдвинуто более 300 инженеров и техников, около двухсот специалистов сельского хозяйства. Значительная часть тех, кто баллотируется в депутаты, —женщины. За них будут голосовать в 425 округах.

107

992 челове́ка вы́двинуты впервы́е. А о́коло двадцати́ кандида́тов бы́ли и́збраны депута́тами Верхо́вного Сове́та СССР ещё на са́мых пе́рвых вы́борах—12 декабря́ 1937 го́да. Среди́ них писа́тели А. Е. Корне́йчук, Мирза́ Ибраги́мов, ма́ршал И. С. Ко́нев, мини́стр социа́льного обеспе́чения Украи́нской ССР А. Ф. Фёдоров, президе́нт Грузи́нской акаде́мии нау́к Н. И. Мусхелишви́ли, председа́тель Верхо́вного суда́ СССР А. Ф. Го́ркин. Старе́йший среди́ кандида́тов в депута́ты—К. Е. Вороши́лов. 4 февраля́ ему́ испо́лнилось 85 лет, на два го́да моло́же его́ С. М. Будённый. А два кандида́та из Гру́зии, о́бе шве́и, о́бе Изо́льды—Сургула́дзе и Робаки́дзе вме́сте с кандида́том из Арме́нии колхо́зницей Джулье́той Саргся́н моло́же Климе́нта Ефре́мовича на 62 го́да. Они́ са́мые молоды́е посла́нницы в Верхо́вный Сове́т СССР. К про́шлым вы́борам в парла́мент страны́ они́ то́лько получи́ли пра́во го́лоса.

Предвы́борная кампа́ния зако́нчилась. Подгото́влены и прове́рены спи́ски избира́телей, обору́дованы помеще́ния для голосова́ния. Осо́бая забо́та проя́влена о тех, кто 12 ию́ля бу́дет находи́ться в доро́ге, а та́кже в отдалённых и труднодосту́пных райо́нах страны́. Голосова́ние организу́ется в 547 поезда́х да́льнего сле́дования, в аэропо́ртах, на 2,400 суда́х, на всех поля́рных ста́нциях.

III. A Gardener's Diary for August (6)

Отбира́ют на семена́ лу́чшие плоды́ помидо́ров и огурцо́в с наибо́лее здоро́вых и урожа́йных расте́ний. Начина́ют вы́борочную, а зате́м о́бщую убо́рку семенников капу́сты. В конце́ ме́сяца убира́ют семенники́ морко́ви, свёклы и ре́дьки. Идёт убо́рка огурцо́в, помидо́ров, а та́кже капу́сты, арбу́зов и ды́нь среднеспе́лых сорто́в.

Продолжа́ется ухо́д за по́здними культу́рами—капу́стой, столо́выми корнепло́дами. Высева́ют лук-бату́н. Повторя́ют перело́пачивание дерно́вой земли́.

Прово́дят очи́стку, ремо́нт, дезинфе́кцию и но́вое строи́тельство тепли́ц, ремо́нт и остекле́ние парнико́вых рам. Продолжа́ется закла́дка компо́стов.

Пе́ред пе́рвым за́морозком зака́нчивают сбор огурцо́в и помидо́ров, заса́ливают их, а бе́лые и побуре́вшие помидо́ры закла́дывают на дозрева́ние в специа́льных этиле́новых ка́мерах и́ли в пусту́ющих парника́х.

Выса́живают расса́ду огурцо́в в тепли́цы на осе́нне-зи́мнюю культу́ру. Во второ́й полови́не ме́сяца се́ют в парники́ реди́с, укро́п, сала́т и шпина́т. В нача́ле а́вгуста веду́т уничтоже́ние яи́ц ле́тней капу́стной му́хи на капу́сте по́здних сорто́в.

В сада́х убира́ют урожа́й ви́шни, я́блок и груш ра́нних сорто́в, а к концу́ ме́сяца—слив. Системати́чески собира́ют и удаля́ют из са́да па́далицу. Регуля́рно осма́тривают ло́вчие пояса́ и уничтожа́ют находя́щихся в них вреди́телей.

Рыхля́т по́чву на планта́циях земляни́ки, прово́дят дополни́тельное опры́скивание (про́тив бе́лой пятни́стости ли́стьев). Собира́ют урожа́й мали́ны, сморо́дины и крыжо́вника. Я́годы мали́ны, заражённые личи́нками мали́нного жука́ и крыжо́вника, поражённые мучни́стой росо́й, неме́дленно уничтожа́ют как исто́чник зараже́ния.

От здоро́вых чистосо́ртных кусто́в сморо́дины заготовля́ют черенки́ для вы́садки в пито́мник.

В пе́рвой полови́не ме́сяца в центра́льной и се́веро-за́падной зо́нах зака́нчивают окулиро́вку подво́ев в пито́мниках.

Виногра́дарство. Зака́нчивают после́днюю подвя́зку зелёных побе́гов, продолжа́ют ухо́д за насажде́ниями и подко́рмку фо́сфорными и кали́йными удобре́ниями (азо́тных не вно́сят). В пери́од замедле́ния ро́ста прово́дят чеканку—удаление верхушек сильнорослых кустов до первого нормального листа.

IV. Radio Telescopes and Communications (25, 27)

Сотни радиостанций во всех частях света переполняют эфир излучениями длинных, средних и коротких волн. Эти диапазоны почти полностью освоены, а потребности в новых каналах связи растут день ото дня, так как объём информации, которую необходимо передавать, непрерывно увеличивается. В то же время рядом с освоенными существует почти нетронутый диапазон так называемых ультракоротких волн (УКВ). Правда, на УКВ и сейчас работают некоторые радиостанции, именно на этих волнах ведутся и передачи телевизионных программ. Однако сегодня мы можем транслировать их без постройки сложных релейных устройств лишь на небольшие расстояния. Дело в том, что УКВ, подобно волнам света, распространяются в пределах прямой видимости. Они не отражаются от высоких слоёв атмосферы и не огибают кривизну Земли, как другие радиоволны. Это делало УКВ неприменимыми для дальних и сверхдальних передач. Нельзя сказать, чтобы такие передачи вообще не осуществлялись; иногда на УКВ удавались трансляции на многие тысячи километров. Но они часто прерывались, были плохо слышны и неустойчивы: в земной атмосфере нет естественного «зеркала», способного надёжно отражать УКВ, как радиоволны других частот.

Нельзя ли создать такое зеркало искусственно? С тех пор, как был запущен первый искусственный спутник Земли, эта идея приобрела весомое обоснование.

В начале 1964 года на околоземную орбиту в США выведен спутник «Эхо-2»—надувной шар диаметром 41 метр из полимерной плёнки, заключённой между двумя слоями алюминиевой фольги. Он и должен был послужить космическим «радиозеркалом», отражающим к Земле радиолучи. После запуска «Эхо-2» в работу вступили английские и советские учёные. Начался интернациональный эксперимент по проведению радиосвязи через космос.

Как только спутник «Эхо-2» показывался в пределах видимости обсерваторий в Зименках и Джодрелл-бэнке, советский радиотелескоп направлялся на спутник. В это же время в Англии начинал работать радиопередатчик, излучающий волны с помощью 76-метрового радиотелескопа. Сигнал доходил до «Эхо-2», отражался от спутника и улавливался чувствительными приборами советской обсерватории. Здесь он усиливался и регистрировался с помощью автоматических устройств.

Одновременно с общего согласия учёных эксперименты по сверхдальней связи проводились по-иному: роль радиозеркала в них играла Луна. Телеграммы, принятые через Луну, подтвердили возможность использования спутница Земли для космических передач. Можно надеяться, что в будущем удастся таким образом создать всемирную службу радиосвязи.

Сеансы космической радиосвязи были не только научным экспериментом но и одним из экспериментов интернационального освоения космоса. Продолжение их даст ценные научные результаты и приведёт к созданию надёжных систем космической связи.

V. Novgorod's Place in Russian History (32)

Ведь Новгород целое тысячелетие был портом четырёх морей. Распростёртый среди великой русской равнины, среди полноводных рек и озёр, Новгород был открыт для кораблей Чёрного моря и Балтийского, Белого и Каспийского.

«Господин Великий Новгород»—так звалась эта огромная русская республика, власть в которой принадлежала мощной феодальной аристократии и купечеству. Даже Венеция и Генуя не имели таких далёких торговых связей. Новгород стоял на знаменитом торговом пути «из варяг в греки»—из Скандинавии в Византию. Этот путь соединял обширный район Балтийского моря с древними культурными центрами Средиземноморья. Самый большой город средневековой Европы—Константинополь был в тесном общении с Новгородом. И это общение было не только торговым, но и культурным. В Константинополе работали новгородцы—переводчики и переписчики рукописей. В то же время в Новгород приезжали византийские художники, и из них самый великий—Феофан Грек, фрески которого до сих пор украшают прекрасный храм Спаса на Ильине улице (1374 г.).

Куда только не ездили новгородцы, и кого только не было в Новгороде! Новгородские летописи сообщают под 1130 г. о катастрофе новгородских кораблей у берегов Дании. О торговле с Новгородом неоднократно совещались между собой ганзейские города. Новгородская торговля достигала Фландрии и Франции, интенсивно велась с Любеком и скандинавскими городами. Новгород был связан с Арабским Востоком, с Персией и Закавказьем. Новгородских художников приглашали расписывать церкви Висби (теперь Швеция). На северо-востоке новгородцы постепенно заселили бассейны Онежского и Белого озёр. Они вышли к Белому морю и Ледовитому океану, перевалили через Урал и спускались по Волге.

Новгородская церковь Параскевы пятницы объединяла вокруг себя новгородских купцов, ведших заморскую торговлю. В самом Новгороде стояла «варяжская божница» (церковь), был Готский двор и Гаральдов вымол, где приставали иностранные корабли. Новгород собрал богатейшую коллекцию произведений европейского искусства. Антоний Римлянин привёз в Новгород в самом начале XII в. замечательные лиможские эмали. Произведения искусства ввозились в Новгород из Византии, Скандинавии, с Кавказа и из Средней Азии.

Новгородские храмы лаконичны по своим формам. Это—искусство простых объёмов и больших плоскостей. Ничего лишнего, всё сделано просто, деловито и быстро. В Новгороде были церкви (и каменные и деревянные), построенные за один день,—от основания до креста.

Умение строить быстро не мешало новгородцам соблюдать строжайшую градостроительную дисциплину. Она была так велика, что в течение девятисот лет ни одно здание в Новгороде не строилось выше и больше центрального палладиума города и государства—собора Софии, хотя вне пределов города были здания и выше и больше. И действительно, от Софии, как от центра Новгорода и Новгородского государства, лучеобразно расходились его «концы»—районы Новгорода, которым, в свою очередь, подчинялись его бескрайние владения. Стоя в Софии, новгородец ощущал себя в политическом центре обширнейшего государства. Стоя в Софии и подняв голову, он видел над собой в куполе облик Вседержителя, согласно легенде державшего в своей руке судьбу Новгорода. Стоя в Софии, новгородец видел перед собой могущество своего государства: Сигтунские врата, вывезенные как военный трофей из шведского города Сигтуна, константинопольские и корсунские иконы, гробницы новгородских князей. В храме находилась богатейшая новгородская казна и библиотека. В нём собиралось софийское вече, на котором происходили выборы главы новгородского совета господ—верховной власти города.

VI. A Doctor's Diary (39)

Советы врача
на севере

В северном полушарии планеты—зима. К врачам потянулись вереницы

110

людей с однообра́зными жа́лобами на на́сморк, ка́шель, жже́ние и боль в го́рле, о́бщее недомога́ние, повы́шенную температу́ру. . . .

Врачи́ кача́ют голова́ми: «О́стрый ката́р!» Они́ выгова́ривают больны́м за их легкомы́сленную привы́чку «протяну́ть ле́то»—ходи́ть в лёгкой оде́жде и без головно́го убо́ра во вре́мя хо́лодов. Но то́лько ли переохлажде́ние вино́вно в появле́нии ката́ра?

Ката́ром мо́жно заболе́ть в любо́е вре́мя го́да, и вызыва́ют его́ преиму́щественно ви́русы. Но охлажде́ние органи́зма зимо́й и о́сенью ослабля́ет его́ защи́тные си́лы, и слу́чаи заболева́ния учаща́ются. Ви́русы, вызыва́ющие ката́р, разнообра́зны, и врач далеко́ не сра́зу мо́жет их распозна́ть, а сле́довательно, определи́ть сте́пень зара́зности заболева́ния. Бо́лее того́, за при́знаками ката́ра мо́жет скрыва́ться и грипп. Что же де́лать больно́му?

Пре́жде всего́ не выходи́ть и́з дому. Лечь в посте́ль. Поме́ньше обща́ться с бли́зкими. Благотво́рно поде́йствуют на состоя́ние больно́го испы́танные наро́дные сре́дства: горчи́чная ва́нна для ног, горя́чее молоко́ с мёдом и́ли чай с сушёной мали́ной. Э́то принесёт вре́менное облегче́ние. Несмотря́ на э́то, на́до сра́зу же обрати́ться к врачу́.
и на ю́ге

А каки́е заболева́ния прино́сит с собо́й жа́ркая пого́да, наступи́вшая в ю́жном полуша́рии? Одна́ их са́мых опа́сных её спу́тниц—дизентери́я. Она́ счита́ется едва́ ли не са́мым распространённым кише́чным заболева́нием и осо́бенно страшна́ для малыше́й в ра́ннем во́зрасте—приме́рно до двух лет.

Дизентери́я у дете́й начина́ется и протека́ет по-ра́зному. Иногда́ её типи́чные при́знаки отсу́тствуют. Поэ́тому при мале́йшем сомне́нии в здоро́вье малыша́ мать должна́ обрати́ться к врачу́. Медици́не изве́стно мно́го средств лече́ния дизентери́и. В Сове́тском Сою́зе э́то пре́жде всего́ антибио́тики, кото́рые вме́сте с глюко́зой и други́ми лека́рствами вво́дятся внутриве́нно и даю́т хоро́ший и бы́стрый эффе́кт.

Заме́чено, что осо́бенно предрасполо́жены к дизентери́и и други́м кише́чным заболева́ниям де́ти, ра́но переведённые на иску́сственное вска́рмливание. Неуме́ренное пребыва́ние малыше́й на со́лнце, перегрева́ние неред́ко спосо́бствуют таки́м заболева́ниям. И, коне́чно, са́мое ва́жное усло́вие профила́ктики дизентери́и, кото́рую врачи́ не зря называ́ют боле́знью гря́зных рук, —чистота́ в до́ме, пра́вильное приготовле́ние и хране́ние проду́ктов, санита́рно-гигиени́ческий режи́м.

VII. Holidays: All Roads Lead to Лукомо́рье (28, 29, 30(k))

Сейча́с в э́то Лукомо́рье е́здят на электри́чке и в авто́бусах, в такси́ и со́бственных автомаши́нах, бреду́т с рюкзака́ми за спино́й.

Когда́ три́дцать лет наза́д создава́лся кана́л, соедини́вший Во́лгу с Москво́й-реко́й, его́ строи́тели ду́мали пре́жде всего́ реши́ть госуда́рственные пробле́мы судохо́дства и водоснабже́ния. И вот на́ша Москва́ ста́ла по су́ти де́ла по́ртом пяти́ море́й, в неё пришли́ корабли́ с Ба́лтики и Ка́спия, Бе́лого, Азо́вского и Чёрного море́й, с Во́лги и Днепра́. Москвичи́ ста́ли пить прозра́чную во́лжскую во́ду. Но э́того им показа́лось ма́ло. Им хоте́лось ещё име́ть у себя́ под бо́ком мо́ре с песча́ными пля́жами, купа́нием, я́хтами, скутера́ми, све́жим ве́тром и жа́рким со́лнцем, дробя́щимся на мно́жество оско́лков в водяно́й ря́би. Не пра́вда ли, дово́льно сме́лое жела́ние для жи́телей го́рода, располо́женного в це́нтре Среднеру́сской возвы́шенности.

А мо́ре ме́жду тем бы́ло ря́дом. Не то Моско́вское мо́ре, обозначе́ние кото́рого мы ви́дим на ка́рте во́зле го́рода Кали́нина, а своё, бли́зкое, разли́вшееся по широ́ким доли́нам подмоско́вных рек: Кля́зьмы, У́чи, И́кши, в це́пи водохрани́лищ.

Прерывисто гудит пароход перед воротами шлюза. Запахи лугов смешиваются с запахом воды. Длинная волна от винта с размаху бьёт в обрывистый проросший корнями ивы, берег. Горизонт заслонили тёмные ярусы леса.

Из горожан первыми обосновались на этих берегах рыболовы и спортсмены. Обитатели Дома рыбака и члены Центрального водно-моторного клуба некоторое время считали себя, разумеется, после моряков-речников, первооткрывателями и главными хозяевами здешних мест. Но вскоре рыцарям одинокого белого паруса и крючка с наживкой пришлось потесниться и отступить, мешая ряды. Новые пришельцы появились на быстроходных судах.

Пришельцы хохотали, пели залихватские песни, оглашали окрестности джазовой музыкой из карманных приёмников и бесцеремонно плюхались в воду рядом с любовно расставленными удочками, кружками и перемётами.

Однако любители водного и рыболовного спорта не собирались сдаваться. Они строили новые Дома рыбака и ходили на яхтах, правда, в более отдалённых частях Клязьминского водохранилища. А их «противники», в свою очередь, воздвигали на побережье палаточные городки, расчищали волейбольные площадки, устанавливали ларьки с газированной водой, открывали танцевальные веранды, прокладывали дороги, мосты, давали пристаням поэтические названия и прибывали с каждым летом всё больше.

Неизвестно, чем кончилась бы эта междоусобица, если бы Московский Совет несколько лет назад не объявил берега водохранилища Большой зоной отдыха москвичей. Каждому городскому району, его рабочим, служащим и студентам, отводился определённый благоустроенный участок для отдыха в субботу и воскресенье. Здесь начали строить гостиницы-пансионаты (один из них на три тысячи человек действует второй год, а другие откроются в будущем).

Нынешнее Лукоморье,—это московское Лукоморье. Это—здания из стекла и бетона и разноцветные грибки пляжей. Это—прозрачные капроновые паруса яхт и брезентовые острогрудные складные байдарки. Это—брас, кроль и батерфляй. Это—волейбол, бадминтон, это—чарльстон и липси. Это—крики чаек за кормой и прощальный взмах руки с палубы идущего по каналу теплохода. Это—восходы и закаты. . . .

Вот, что такое московское Лукоморье!

VIII. What Will the Summer Be Like? (2)

Какое будет лето? Наблюдалось ли раньше такое совпадение: «год спокойного солнца», с одной стороны, и с другой—почти ежедневные сообщения газет об ураганах в том или ином районе земного шара. Получается год «неспокойной земли?» А. Киселёв.

Действительно, весна в этом году выдалась затяжная, холодная, неустойчивая. Неожиданные снегопады прошли в конце мая в Башкирии и в горах Челябинской области: здесь намело сугробы—глубина снежного покрова достигала 18 сантиметров. Газеты сообщали о необыкновенных разливах рек. Исключительно высокий паводок, например, был на Дунае—самый большой за полвека.

Год спокойного солнца не равнозначен году спокойной атмосферы. А ведь именно её движение и определяет погоду. Существуют теории, согласно которым Солнце влияет на атмосферные процессы; задолго до наступления минимума солнечной активности—года спокойного Солнца—некоторые астрономы широковещательно объявили, что в нынешнем году погода будет иметь «нормальный ход». По их мнению, не должно быть холодных арктических вторжений или тёплых южных. Предполагалось, что должна преобладать широтная циркуляция атмосферы. Однако в этом году ничего подобного не наблюдалось. И мы можем твёрдо сказать, что внешняя активность Солнца, выраженная пятнообразованием, не имеет никакого влияния на циркуляцию атмосферы.

Бурные штормовые явления,—говорит Виктор Антонович,—происходили и будут происходить всегда. Ничего сверхъестественного в этом нет. Вот почему выделять нынешний год из остальных бессмысленно. Просто газеты не сообщают, что дескать, в таком-то районе установилась нормальная погода, а о ливнях и тайфунах рассказывают. И у читателя складывается неверное мнение, будто во всем мире в природе происходит сплошная неразбериха.

Долго объяснять причины, но вовсе не солнце «виновато» в том, что весна была неровная, неустойчивая. Такая погода ещё некоторое время сохранится. В ближайшие дни мы ожидаем похолодание—на севере европейской части страны будет дождь и мокрый снег, ночью температура около нуля, днём—5–8 градусов тепла. Понижение температуры ожидается и в Прибалтике, сильно похолодает в Красноярском крае.

Июнь ожидается более ровным. Отклонения от нормы будут очень незначительны. Более «сухо», чем обычно, будет в южной части Казахстана, во многих районах Средней Азии и Восточной Сибири.

На европейской части территории страны предполагается прохладное начало месяца, зато в третьей декаде температура даже на севере достигнет 25–30 градусов.

IX. Baku Revisited (13)

Только год мы не были в Баку. Казалось бы, всё знакомо, и даже администратор в гостинице ещё не успел тебя забыть. Но. . . . Там, где в прошлом году стояла стая кранов, сегодня алеют цветы на балконах, зеленеют деревья, сидят на скамеечках старики—обжитой район! Улица, где, казалось, известен каждый поворот, каждый камень, уже не та: сверкают незнакомые витрины, стоят новенькие, «с иголочки» дома, изменился облик даже фонарных столбов. А здесь? Комплекс детских учреждений, дальше—школа. А это новая троллейбусная линия. И приходится заново знакомиться с городом, узнавать его, пытаясь подготовить себя для следующего приезда одним и тем же вопросом: а здесь что будет?

Баку громаден. Столица Азербайджана—крупнейший индустриальный центр. Около часа понадобилось нам, чтобы облететь его на вертолёте. И, оттуда, сверху, бакинские новости производят особенно внушительное впечатление. 62 миллиона рублей, израсходованных за год на строительство жилых домов и культурно-бытовых учреждений, вставали перед нами огромными массивами, 16 миллионов рублей лежали полосами бульваров, стрелами магистралей.

—Городские новости,—говорит председатель исполкома Бакинского Совета Алиш Лемберанский,—как барометр, указывают, застойна ли жизнь города или бурна, интересна. Наши новости—это изменение лица города. Мы стремимся сделать так, чтобы бакинцы жили лучше, уютнее.

За год в городе построено девять тысяч квартир, открыто 68 магазинов и кафе, реконструировано 36 улиц, площадей, скверов, высажено сто тысяч цветов. Это производит впечатление!

Наблюдая городскую жизнь, знакомясь с её новинками, мы всюду: на улицах, в учреждениях, на предприятиях, в троллейбусах, в магазинах, даже вторгаясь в квартиры—брали у бакинцев краткие интервью: нравятся ли вам бакинские новости? При всём разнообразии ответов вывод все делали один: принцип застройки и благоустройства города правилен.

—Пре́жде всего́,—сказа́л нам гла́вный инжене́р Ба́кгипрогора* Фёдор Щари́нский,—мы, архите́кторы и проектиро́вщики, всесторо́нне проанализи́ровали усло́вия труда́, бы́та и о́тдыха баки́нцев. Э́ти усло́вия и ста́ли «тремя́ кита́ми», на кото́рых де́ржится на́ша систе́ма городско́го плани́рования, застро́йки и благоустро́йства. Вся де́ятельность городско́го Сове́та напра́влена на то, что́бы лю́дям легко́ рабо́талось, что́бы у них был ма́ксимум удо́бств, что́бы им хорошо́ и ве́село отдыха́лось в обе́денный переры́в, по́сле рабо́чего дня, в суббо́ту и воскресе́нье.

Мы убеди́лись в справедли́вости э́тих слов. И плани́ровка жилы́х масси́вов, и организа́ция тра́нспорта, и размеще́ние магази́нов, кафе́, комбина́тов бытовы́х услу́г, и ты́сячи мелоче́й, кото́рые одни́м свои́м существова́нием поднима́ют настрое́ние, и сама́ вне́шность Баку́—всё говори́ло о том, что гла́вная забо́та городски́х власте́й—сде́лать жизнь горожа́н, где́ бы она́ ни проходи́ла, в це́нтре и́ли на окра́инах, максима́льной удо́бной, созда́ть лю́дям хоро́шее настрое́ние.

X. New Houses (12)

Деся́тый эксперимента́льный кварта́л—э́то це́лый ма́ленький го́род, раски́нувшийся на 22 гекта́рах. Точне́е, не го́род, а перви́чная городска́я яче́йка-микрорайо́н. В са́мом де́ле, что и́менно должно́ быть внутри́ жило́го кварта́ла, поми́мо жилья́? Продово́льственный магази́н и бу́лочная, парикма́херская, шко́ла с гимнасти́ческим за́лом, спортплоща́дкой, мастерски́ми и пришко́льным уча́стком, де́тский сад и я́сли, сквер. Всё э́то в но́вом кварта́ле, разуме́ется, есть.

А как вы́глядят на́ши бу́дущие кварта́лы? В тру́дные послевое́нные го́ды мно́гие сове́тские лю́ди мечта́ли лишь о «кры́ше над голово́й», о «со́бственном угле́».

Обду́мывая плани́ровку кварти́р, архите́ктор тут же мы́сленно и́ли на схе́ме, набро́санной от руки́, «обставля́ет» её ме́белью. При э́том он испы́тывает двоя́кое чу́вство. С одно́й стороны́, без ме́бели не обойти́сь. С друго́й—оби́лие ме́бели, осо́бенно шкафо́в для пла́тья и для посу́ды,—э́то непроизводи́тельно за́нятая жила́я пло́щадь, необходи́мость затра́чивать мно́го уси́лий во вре́мя убо́рок, э́то, наконе́ц, пыль. . . . В бу́дущих на́ших кварти́рах обы́чной ме́бели бу́дет немно́го. Её заме́нит встро́енная ме́бель—облицо́ванные полиро́ванным я́сеневым шпо́ном и́ли пла́стиком о́чень вмести́тельные и удо́бные шкафы́, составля́ющие перегоро́дки ме́жду ко́мнатами, разнообра́зное обору́дование ку́хонь, кото́рые, кста́ти сказа́ть, с успе́хом мо́гут служи́ть столо́выми. Таки́м о́бразом, не пона́добится загромождáть кварти́ру традицио́нными гардеро́бами и буфе́тами, и она́ бу́дет просто́рной и элега́нтной.

В эксперимента́льных дома́х мно́го но́вых синтети́ческих материа́лов. Одна́ко комфо́рт и удо́бства на́шего бу́дущего жили́ща—э́то то́лько одна́ сторона́ де́ла. Друга́я, не ме́нее ва́жная,—испыта́ние констру́кции зда́ний и приёмов их монта́жа, кото́рые ока́зывают огро́мное влия́ние на эконо́мичность и ка́чество сооруже́ний.

В строи́тельстве о́пытных домо́в решено́, наприме́р, на́чисто исключи́ть так называ́емый сухо́й монта́ж, при кото́ром остаю́тся ще́ли и зазо́ры, доставля́ющие нема́ло огорче́ний жи́телям. Все сты́ки ме́жду пане́лями заде́лываются раство́ром и стано́вятся соверше́нно звуконепроница́емыми. Са́ми пане́ли доставля́ются с заво́да на строи́тельную площа́дку оконча́тельно отде́ланными, то есть,—в зави́симости от того́, для како́й ча́сти зда́ния они́ предназна́чены.

* Abbreviation for баки́нский госуда́рственный институ́т по проекти́рованию городо́в (Baku State Institute of Town Planning).

Часть зданий десятого квартала уже сдана в эксплуатацию и заселена. Это означает, что приступили к работе самые придирчивые и взыскательные судьи—жители новых домов. Именно их мнение поможет архитекторам отобрать всё лучшее, что родилось в мастерских и конструкторских бюро, отсеять мертворождённое и бесполезное и создать новый тип здания, здания светлого завтра.

XI. Use of Leisure (31)

Весна пришла в Подмосковье. Всем принесла она радость и только обитателям дома отдыха доставила огорчения. Здесь начался ремонт первого корпуса, и ничего не подозревавших обладателей путёвок поселили в здание, лишённое элементарных удобств.

Директор дома отдыха выразился по этому поводу с завидной лаконичностью: «Вы сюда приехали не радио слушать, а отдыхать». И люди «отдыхают»: завтракают, обедают, ужинают. В свободное от еды время спят, через день смотрят кино. Кроме того, уже по собственной инициативе, более сознательные играют в домино, а менее сознательные отдают дань Бахусу.

Весной не побегаешь на лыжах и не выкупаешься в реке. Тут бы и продумать для межсезонья особый режим отдыха. Вместо этого в доме отдыха единственную спорткомнату, где стоял теннисный стол, отвели под склад для мебели. Площадка для бадминтона—несбыточная мечта. В графике экскурсий—одна поездка, по Подмосковью. Грустно молчит по вечерам аккордеон. И скука-серая, утомительная—царит в доме отдыха.

Нет, не весна принесла эту скуку. Её «организовали» безынициативные хозяева. Они забыли, что весна—это не просто 90 календарных дней, а такой же оздоровительный сезон, как зимний или летний, только со своей спецификой, которую нельзя не учитывать. Вокруг Москвы десятки домов отдыха, подобных этому. А сколько их по стране, этих маленьких фабрик здоровья! И каждый дом отдыха, не подготовившийся к весне—это сотни пропавших отпусков. Допускать этого нельзя!

XII. Irkutsk and Lake Baikal (1)

Мы выехали из Иркутска по дороге, по которой ещё в 1890 году проезжал Чехов. Справа от Чехова была река Ангара. Справа от нас—очень широкое водохранилище, его здесь называют морем. Вдали видны высокие склоны гор, покрытые снегом и тёмными сосновыми лесами.

Дорога повернула влево, и с обеих сторон открылась панорама Байкала. Мы доехали до берега. Если бы озеро не было покрыто льдом, можно было подумать, что это Тихий океан, что дорога каким-то образом прошла мимо Владивостока, как нитка мимо ушка иголки. Но озеро замерло, оно было сковано и неподвижно; и, насколько мог видеть глаз, простирался пустынный ландшафт, похожий на серую викторианскую гравюру. Справа и слева озеро окаймляли крутые лесистые обрывы, утёсы самых разнообразных очертаний, мысы, иногда отодвинутые вдаль дымкой тумана. Если бы человеческий глаз мог проникнуть сквозь туман, то можно было бы увидеть, что этот пейзаж тянется на 400 миль.

Байкал настолько важная веха на сибирской земле, что русские говорят: такое-то место находится «в Забайкалье», или «по эту сторону Байкала». До постройки железной дороги «Москва–Владивосток» озеро было препятствием, которое приходилось преодолевать водным путём,—препятствием большим или малым, в зависимости от времени года. Теперь, путешествуя поездом, самолётом или автомобилем, Байкал является перевалочным пунктом, вызывающим желание двигаться дальше, вперёд, чтобы принять участие в оживлении этих пустынных мест. И, несмотря на нетронутую красоту Байкала, мне хочется увидеть города на его дальних берегах, едва приметных даже в ясный день, цепочки новых городов, а на освободившейся ото льда воде—вереницы прогулочных пароходов и катеров.

Железная дорога по юго-западному побережью идёт по крутому уступу. У Лиственки я посмотрел на старую дорогу, которая была когда-то частью главной линии до Култука. Казалось, чья-то огромная рука расколола здесь гору, чтобы дать место водам озера, грубо разметав скалы и землю, оставив береговую линию, провести по которой железную дорогу было труднее и дороже, чем даже по берегам Норвегии. На пятьдесят миль полотна приходится четыре мили тоннелей. А тот берег озера сырой и болотистый со множеством извилистых речек. А это значит, что на протяжении менее ста миль надо построить свыше 200 мостов.

XIII. Sochi Welcomes You (28, 29)

Среди 400 курортов СССР, где ежегодно отдыхают 5 миллионов человек, Сочи занимает первое место.

Это город-сад, растянувшийся на десятки километров вдоль побережья Чёрного моря, у подножия Кавказского хребта. Расположенный на равном расстоянии от экватора и северного полюса, защищённый от холодных ветров горами Кавказа, открытый солнцу и морю, курорт обладает целебным климатом. Прибавьте к этому двести солнечных дней в году, вечнозелёные субтропические леса и парки, знаменитые источники Мацесты, где лечатся заболевания сердечно-сосудистой и нервной системы, органов движения и многие другие,—тогда станет ясно, почему Сочи называют «столицей курортов».

Начиная с тридцатых годов здесь всё время строят санатории, дома отдыха, гостиницы, туристские базы, кемпинги, набережные, пляжи, рестораны, пансионаты, театры, концертные залы. Сейчас на курорте 130 санаториев и лечебных учреждений, где работают 2 000 врачей всех специальностей. На этот лазурный берег то и дело прибывают пассажирские поезда и воздушные лайнеры. Все оии переполнены. В Сочи едут и на теплоходах, и на автомашинах, и просто приходят пешком по туристским тропам Кавказа.

Сравните: в 1922 году сочинские здравницы приняли 4 000 человек, в 1963 году—1 485 000. В 1964-м? Вероятно, будет рекордная цифра.

Для обслуживания иностранных гостей сочинское отделение «Интуриста» имеет несколько гостиниц и кемпингов. Все они расположены при живописных местах, вблизи моря. Особенно популярна комфортабельная гостиница «Интурист». В ближайшие три года должен быть построен большой гостиничный комплекс «Интуриста», включающий несколько гостиниц, кемпингов и мотелей на 14 тысяч мест. Тогда за один сезон наш город сможет принять более 200 тысяч зарубежных гостей.

Двадцатиэтажную гостиницу на 2 тысячи мест решено соорудить на самом берегу моря. Прямо с пляжа, в купальном костюме, можно будет войти в гостиничный лифт и подняться в свой номер. С будущего года начнётся строительство нового, десятиэтажного корпуса гостиницы «Интурист» с рестораном, кафе и баром.

Намечено расширение и международного лагеря «Спутник», где отдыхает молодёжь из многих стран мира.

Такие масштабы строительства потребовали реконструкции города. Недавно его территория значительно расширена. В Большой Сочи включены 7 курортов. В ближайшие пять-шесть лет Большой Сочи, растянувшийся теперь по берегу моря на 145 километров, станет ещё более благоустроенным куро́ртом. Бу́дут постро́ены но́вые санато́рии, гости́ницы, пансиона́ты, па́рки, зи́мние пла́вательные бассе́йны, курза́лы, кинотеа́тры, магази́ны. По побе́ре́жью пройдёт монорельсовая электри́ческая доро́га.

XIV. On the Beach (11)

Мы, наконе́ц, на пля́же. Там есть ма́сса наро́да. И мо́жно встре́титься с врача́ми, отдыха́ющими и торго́вцами вся́кого ро́да това́ра, потому́ что в Крыму́ нахо́дится большинство́ популя́рных пля́жей, и, в э́том райо́не то́же мно́го здра́вниц, помещённых на полуо́строве из-за великоле́пного кли́мата.

Отпускники́ нахо́дят цветны́е те́нты, зо́нты и лежа́к облегчённой констру́кции. На шезло́нгах сидя́т роди́тели в то вре́мя как де́ти игра́ют в футбо́л. Мо́жно взя́ть за дешёвую пла́ту мячи́ и игру́шки для дете́й и мно́го, мно́го друго́е. Везде́ молоды́е лю́ди наслажда́ются аквала́нгами, ла́стами и т. д. . . . .

В Сове́тском Сою́зе есть и други́е райо́ны досто́йные посеще́ния, наприме́р, Байка́л, а э́то чу́до! К сожале́нию посети́телей туда́ ещё ма́ло. До сих пор нет рекла́мы, досто́йной э́тих изуми́тельных мест. Но пока́ по Байка́лу хо́дит одно-еди́нственное ста́ренькое пассажи́рское судно́ «Комсомо́лец», да и то не предназна́ченное для тури́стских маршру́тов.

XV. A New School (40 (b) and (c))

Ещё неда́вно шко́ла для дете́й строи́телей ГЭС помеща́лась в деревя́нном до́ме. Но посёлок Энерге́тиков рос, и полго́да наза́д шко́ла отпра́здновала своё новосе́лье.

Но́вая шко́ла вся прони́зана све́том, так что да́же в са́мый пасму́рный день ученика́м не прихо́дится напряга́ть зре́ние. Све́тлая ме́бель: па́рты в мла́дших кла́ссах и столы́ со сту́льями в ста́рых; све́тлая покра́ска стен, в сочета́нии с прозра́чностью стекля́нных перегоро́док и мя́гкими тона́ми пла́стика на полу́, —ра́дуют глаз све́жестью и чистото́й. Да́же я́ркие контра́сты кра́сного с си́ним в а́ктовом за́ле, кото́рый мо́жет служи́ть та́кже и столо́вой, и для просмо́тра кинофи́льмов, не ка́жутся назо́йливыми, наоборо́т, они́ создаю́т весёлое настрое́ние.

Здесь нет ле́стниц и вся́ких у́зких перехо́дов. Есть просто́рные коридо́ры, вестибю́ль, кла́ссы—не́сколько ши́ре обы́чных, отли́чный спорти́вный зал с высо́ким потолко́м, кабине́ты фи́зики, хи́мии и домово́дства, столя́рная и слеса́рная мастерски́е, ко́мнаты для лаборато́рных заня́тий. Есть пара́дный двор с флагшто́ком и голубы́ми е́лями по края́м, есть рекреа́ции—небольши́е вну́тренние дво́рики, куда́ во вре́мя переме́н выбега́ют из кла́ссов де́ти.

Сло́вом, зда́ние хоро́шее, удо́бное и в то же вре́мя краси́вое. Но́вая шко́ла нра́вится и реба́там—неда́ром же они́ так ревни́во следя́т за чистото́й и поря́дком в помеще́нии. Она́ не мо́жет не нра́виться и роди́телям, кото́рым, есте́ственно, совсе́м не безразли́чно, в како́й обстано́вке их де́ти прово́дят значи́тельную часть дня.

XVI. Small Cars: the Morris Mini (28 (b))

Сенса́ция гря́нула пять лет наза́д. «Мо́ррис-Ми́ни», никому́ не изве́стная тогда́ англи́йская малолитра́жка, начала́ выи́грать одно́ ра́лли за други́м. Но́вая моде́ль приобрела́ мирову́ю сла́ву.

Автомоби́ль э́тот необы́чен свое́й исключи́тельно рациона́льной компоно́вкой. Эконо́мия ме́ста-вот зада́ча, кото́рую поста́вил перед собо́й гла́вный констру́ктор маши́ны Алекса́ндр Иссиго́нис. Мото́р «Ми́ни», коро́бка переда́ч и гла́вная переда́ча были сжа́ты в компа́ктный у́зел, а с карда́нным ва́лом по́просту расста́лись. Всё э́то вти́снуто ме́жду брызговика́ми пере́дних колёс. В э́том слу́чае приво́д на пере́дние колёса стал неизбе́жным. А э́то в свою́

óчередь означáло хорóшую устóйчивость на скóльзких дорóгах, безупрéчную управл
́емость на поворóтах. Мáло тогó, на бáзе такóй машúны мóжно прóсто сдéлать вместúтельный фургóн úли «универсáл» с нúзким пóлом и большóй зáдней двéрью.

Рáди увеличéния полéзного внýтреннего объёма машúны Иссигóнис пошёл на применéние мáленьких, диáметром в чéтверть мéтра, колёс и компáктной независимой подвéски с резúновыми кóнусами вмéсто пружúн. В концé концóв получúлась óчень вместúтельная четырёхмéстная малолитрáжка, где механúзмам бы́ло тéсно, а пассажúрам просторно. Её длинá всегó 3,05 мéтра. «Короты́шка Мúни» незаменúма для перенаселённых автомобúлями городскúх ýлиц и в сáмом дéле «изнутрú бóльше, чем снарýжи.»

У «Мóррис-Мúни» 34-сúльный мотóр рабóчим объёмом 850 cm³. Он позвол
́ет этой лёгкой (всегó 584 кг) машúне развивáть до 118 км/час и расхóдовать всегó 5 литров горючего на 100 км путú.

Éсли при появлéнии «Мúни» вы́звала у знатокóв скéпсис, то всё это бы́стро развéялось пóсле её пéрвых побéд в соревновáниях. Дéло в том, что автоспóрт для ведýщих европéйских завóдов давнó стал провéркой нóвых модéлей серúйных машúн, мерúлом их достóинств. Без успéхов в крупнéйших гóнках и рáлли тепéрь трýдно рассчúтывать на успéх у покупáтелей. Сóбственно поэтому и вознúкла модификáция «Мóррис-Мúни-Кýпер», предназнáченная для соревновáний. Этих машúн вы́пущено ужé бóлее 70 ты́сяч, и на них одéржано три сóтни побéд в такúх слóжных соревновáниях как рáлли «Монте-Карло», «Рáлли 1.000 озёр», 12-часовы́е гóнки в Спа. Онú снабжены́ форсúрованным (до 100 л.с.) серúйным мотóром. Хотя́ эти машúны вéсят нéсколько бóльше своегó «прародúтеля» (650 кг), их максимáльная скóрость достигáет двухсóт киломéтров в час.

«Короты́шка-Мúни» бы́стро завоевáла мировýю слáву. Год назáд с конвéйера завóда сошлá миллиóнная машúна этого тúпа.

XVII. Celebrating the New Year (29 (a) and (b))

С нóвым счáстьем, друзья́! По-вúдимому, это одúн из сáмых дрéвних и распространённых на землé прáздников. А ко вся́кому прáзднику прúнято дéлать подáрки. Вот почемý в канýн нóвого гóда у прилáвков толпя́тся покупáтели, и продавщúцы в необыкновéнных, расшúтых блёстками, плáтьях предлагáют вам на вы́бор грýды ёлочных сверкáющих украшéний. В эти дни в магазúнах продаётся особенно мнóго портсигáров, шёлковых платкóв, гáлстуков, дéтских игрýшек, сувенúров и прóчих недорогúх вещéй, —ведь, как говорúтся: не дóрог подáрок, а дорогá любóвь.

Глáвная задáча—достáвить в дом зелёную ёлку, чудéсно пáхнущую хвóей. Её внесýт в квартúру, отряхнýт от снéга и украсят. А внизý постáвят Дéда-Морóза—смешнóго старичкá в шýбе, в большóй мехóвой шáпке, с котóмкой за плечáми, бýдто это он и принёс подáрки.

В местáх же, где хвóйные дерéвья не растýт, лю́ди стáвят в ýгол кóмнаты небольшýю искýсственную ёлку. Что ж, конéчно, у них нет тогó настоя́щего смолúстого зáпаха, но вáжно другóе—чтóбы в кáждом дóме переливáлась огня́ми пушúстая зелёная красáвица, чтóбы на ней висéли разноцвéтные хлопýшки и хрустáльные шары́, чтóбы ребятúшки водúли вокрýг хоровóд, смея́лись, хлóпали в ладóши и пéли, чтóбы вáтный Дед-Морóз взирáл на них с одобрéнием из-под мохнáтых бровéй и подтáлкивал в óбщий круг свою́ стеснúтельную внýчку Снегýрочку.

Пóзже, когдá дéти отпрáвятся спать, за столóм ря́дом с ёлкой соберýтся взрóслые. Провóдят Стáрый год-год уходя́щий, и вéсело провозглася́т тóсты за Нóвый год.

С нóвым гóдом, дорогúе друзья́! С нóвым счáстьем!

XVIII. Leningrad: Central Park and Botanical Gardens (4, 6)

Центра́льный парк культу́ры и о́тдыха со́здан в 1932 г. Пло́щадь его́— о́коло 100 гекта́ров. В па́рке свы́ше 18 тыс. дере́вьев в во́зрасте от 3 до 260 лет: ли́пы и вя́зы, ли́ственницы и ке́дры, клёны, то́поли и серебри́стые и́вы. Над планиро́вкой па́рка и сооруже́нием па́рковых постро́ек ещё в нача́ле XIX в. рабо́тал знамени́тый арх. К. И. Ро́сси. До сих пор сохрани́лись со́зданные им Ела́гин дворе́ц, «Ку́хонный» и «Коню́шенный» корпуса́, грани́тная при́стань, не́сколько павильо́нов. Бы́вший придво́рный парк—ны́не люби́мое и популя́рное ме́сто о́тдыха ленингра́дцев. Ежедне́вно деся́тки ты́сяч люде́й прихо́дят сюда́ отдохну́ть, помата́ться на ло́дке и́ли послу́шать симфони́ческий конце́рт, поигра́ть в волейбо́л и́ли почита́ть кни́гу.

Ботани́ческий сад—оди́н из гла́вных в Сове́тском Сою́зе це́нтров аккли-матиза́ции расте́ний, испыта́ния и внедре́ния но́вых це́нных культу́р. Сад был осно́ван в 1714 г. по ука́зу Петра́ I как «апте́карский огоро́д» для разведе́ния лека́рственных расте́ний и уже́ в 1730-х гг. преврати́лся в по́длинно нау́чный центр того́ вре́мени. Ботани́ческий музе́й осно́ван в 1823 г. и располага́ет многочи́сленными экспона́тами, среди́ кото́рых ре́дкие образцы́ расти́тельного ми́ра, со́бранные знамени́тыми ру́сскими учёными. Музе́й ны́не облада́ет одни́м из крупне́йших в Евро́пе герба́риев—5 млн. ви́дов расте́ний. Кро́ме того́, здесь со́брано 100 тыс. экспона́тов, предста́вленных в па́рке и оранжере́ях.

Осно́ванный в 1865 г. зоопа́рк намно́го расши́рился и стал кру́пным нау́чно-просвети́тельным учрежде́нием в го́ды Сове́тской вла́сти. В зоопа́рке живёт свы́ше 200 ви́дов звере́й и птиц, в том числе́ слоны́, бегемо́ты, львы, леопа́рды, жира́фы, не́сколько поро́д обезья́н, бе́лые, бу́рые и гимала́йские медве́ди. Здесь соде́ржатся таки́е ре́дкие живо́тные, как гига́нтский муравье́д, бронено́сец, носоро́г. В ле́тнем террариуме—крокоди́лы, ко́бры, тигро́вые пито́ны. Неда́вно колле́кция попо́лнилась а́истом, марабу́, винто-ро́гим козло́м, гига́нтской салама́ндрой, го́рным джейра́ном. В 1959 г. впервы́е в исто́рии зоопа́рков страны́ здесь роди́лся жира́ф.

XIX. The Kremlin (18, 32)

(a)

Гла́вными воро́тами в Кремль бы́ли Спа́сские, с Кра́сной пло́щади. Через них мы с ва́ми и войдём в Кремль. Над ба́шней был надстро́ен кирпи́чный с белока́менными украше́ниями верх, в кото́ром Х. Галове́й устро́ил часы́. Механи́зм их, многокра́тно обновлённый, сохраня́ется до сих пор, отбива́я в колокола́ часы́, получасы́ и че́тверти. Ка́ждый час в воро́т Спа́сской ба́шни церемониа́льным ша́гом выхо́дит почётный карау́л к Мавзоле́ю В. И. Ле́нина.

В анса́мбле Кремля́ главе́нствует Больша́я Собо́рная пло́щадь. На ней стои́т масси́вный, краси́вый в пропо́рциях Успе́нский собо́р. Он постро́ен в 1475–1479 года́х под руково́дством приглашённого из Боло́ньи архите́ктора Аристо́теля Фиорава́нти. Э́то был гла́вный собо́р госуда́рства. Здесь венча́ли царе́й, а зате́м коронова́ли импера́торов на ца́рство, объявля́ли важне́йшие госуда́рственные а́кты, хорони́ли митрополи́тов и патриа́рхов, возглавля́вших ру́сскую це́рковь, наконе́ц, храни́ли все религио́зные рели́квии.

Другу́ю сто́рону пло́щади замыка́ют Благове́щенский и Арха́нгельский собо́ры. Пе́рвый постро́ен в 1484–1498 года́х пско́вскими мастера́ми и расши́рен в XVI ве́ке, при царе́ Ива́не Гро́зном. Благове́щенский собо́р был дворцо́вым. Разновысо́кие объёмы, золоты́е кро́вли и гла́вы, галере́и, высо́кие ле́стницы и крыльца́ придаю́т ему́ я́ркую живопи́сность и вме́сте с тем инти́мность. Достопримеча́тельность собо́ра—ико́ны, напи́санные выдаю́щимися худо́жниками Андре́ем Рублёвым, Феофа́ном Гре́ком и Про́хором с Городца́.

119

Арха́нгельский собо́р постро́ен в 1505–1509 года́х зо́дчим Алеви́зом Но́вым. Собо́р внутри́ мрачнова́тый, сплошь покры́т фре́сковыми ро́списями, вы́полненными лу́чшими ру́сскими живопи́сцами середи́ны XVII ве́ка. Собо́р служи́л усыпа́льницей моско́вских царе́й вплоть до Петра́ I. Неда́вно во вре́мя ремо́нта собо́ра выдаю́щиеся учёные-этногра́фы, исто́рики произвели́ эксгума́цию не́которых моги́л, в том числе́ Ива́на Гро́зного. По оста́нкам воссо́здан скульпту́рный портре́т царя́.

В нача́ле XVI ве́ка вы́строена колоко́льня собо́ра. В конце́ того́ же ве́ка она́ была́ наращена́ в высоту́, заня́в главе́нствующее положе́ние в анса́мбле. Её ме́тко называ́ют дирижёром архитекту́рного орке́стра Собо́рной пло́щади.

(b)

Противополо́жную сто́рону ограни́чивает Грановѝтая пала́та, вы́строенная как часть ца́рского дворца́ в 1491 году́ и предназнача́вшаяся для пара́дных приёмов. На пло́щадь выходи́ли и пала́ты главы́ ру́сской це́ркви—патриа́рха, постро́енные в середи́не XVII ве́ка. Тепе́рь здесь о́чень интере́сный Музе́й прикладно́го иску́сства и бы́та XVII ве́ка.

И уже́ совсе́м бе́гло назову́ ещё не́которые истори́ческие рели́квии. Э́то Царь-пу́шка, отли́тая в конце́ XVI ве́ка ру́сским ма́стером Андре́ем Чо́ховым, наибо́лее кру́пное ору́дие своего́ вре́мени. До сих пор остаётся непревзойдённым по ве́су и грома́дный Царь-ко́локол, отли́тый ма́стером Ива́ном Мото́риным с сы́ном в 1733 году́. Во вре́мя одного́ из грандио́зных пожа́ров Москвы́—в 1737 году́—ко́локол ло́пнул, у него́ отколо́лся большо́й кусо́к, и он был оста́влен на земле́ во́зле колоко́льни в тако́м ви́де, как па́мятник своего́ вре́мени.

На террито́рии Кремля́ располо́жен старе́йший ру́сский музе́й—Оруже́йная пала́та—, в кото́ром со́браны колле́кции пара́дного и боево́го ору́жия XII–XIX веко́в, колле́кции худо́жественного серебра́ и ювели́рных изде́лий, тка́ни, пара́дное ко́нское убра́нство, рега́лии ру́сских царе́й. Го́рдость музе́я —собра́ние западноевропе́йского серебра́ XV–XVII веко́в.

Как я уже́ сказа́л, в Кремле́ рабо́тают прави́тельственные учрежде́ния. Они́ размещены́ в зда́нии, постро́енном в конце́ XVIII ве́ка архите́ктором М. Ф. Казако́вым в сти́ле ру́сского классици́зма. Типи́чное для э́того сти́ля купо́льное перекры́тие гла́вного Свердло́вского за́ла видне́ется из-за кремлёвской стены́ и с 1918 го́да уве́нчано госуда́рственным фла́гом. В э́том зда́нии жил В. И. Ле́нин. Его́ рабо́чий кабине́т и кварти́ра превращены́ в музе́й.

XX. Corrective Training for Young Offenders (42)

Сюда́, за колю́чую про́волоку, по до́брой во́ле не попада́ют. Здесь отбыва́ют наказа́ние правонаруши́тели от 14 до 18 лет. Их осуди́л зако́н. За воровство́, за зло́стное хулига́нство, за грабёж. . . . Мно́гих толкну́л на ско́льзкий путь при́зрак «лёгкой жи́зни» и́ли пресловутая «рома́нтика» у́личной во́льницы. По бо́льшей ча́сти э́то же́ртвы семе́йных траге́дий, безотцо́вщины.

Руководи́тель воспита́тельной рабо́ты в коло́нии, сказа́л нам: «Ка́ждый правонаруши́тель—чья́-то педагоги́ческая оши́бка. Роди́телей, шко́лы, произво́дственного коллекти́ва.» У нас то́лько так называ́емые «тру́дные слу́чаи». Подро́стки, кото́рым тре́буется «капита́льный ремо́нт».

Алекса́ндр С., рассказа́ли нам, пришёл в коло́нию «разгильдя́ем пе́рвой ма́рки». В це́хе произво́дственных мастерски́х он на́чал с того́, что швырну́л в у́гол молото́к: «Не бу́ду рабо́тать—и всё!» До́лго мо́жно расска́зывать, как би́лись с ним воспита́тели и мастера́, как бесе́довали с ним и нака́зывали, как, наконе́ц, соизво́лил он сде́лать пе́рвую свою́ дета́ль, а пото́м оказа́лось, что у па́рня про́сто золоты́е ру́ки. Алекса́ндр получи́л разря́д сле́саря, из коло́нии уе́хал на ша́хту, хорошо́ труди́тся.

120

История довольно типичная. Не каждый новичок прибывает в колонию с сознанием вины и решимостью покончить с старым. Эту решимость надо привить. Порой приходится начинать со штрафного изолятора—это строгая мера принуждения для тех, кто противится порядкам колонии.

Заведующий колонии и его коллеги много рассказали нам о том, какими ключами отмыкаются души «трудных парней», как открываются им новые перспективы жизни. Нельзя допустить, говорили нам в колонии, чтобы наказание, каким бы строгим оно ни было, калечило душу подростка, озлобляло против людей. «Трудных» парней лечат, именно лечат, уважая в них будущих членов общества, прививая им всю систему его идеалов, все привычки здоровой жизни.

Производственные мастерские колонии—по существу, маленький механический завод. Здесь действуют обычные заводские законы. Рабочий день, как и всюду у подростков в СССР, длится 5–6 часов. В колонии юноши получают индустриальные специальности. Каждый, кто покидает колонию, отбыв срок или досрочно (по ходатайству коллектива педагогов колонии суд нередко разрешает досрочное освобождение), обязательно имеет на руках удостоверение о рабочей квалификации. Это билет в трудовую жизнь, в рабочий коллектив.

XXI. The Moscow Ring Road (28 (a))

На протяжении многих веков Москва расширялась концентрическими кругами. Со временем на месте городских стен образовались кольцевые магистрали. Бывший Белый город окружён теперь бульварным кольцом. Там, где когда-то был оборонительный Земляной вал—теперь находится кольцо Садовых улиц. В начале этого века была построена Окружная железная дорога, а после второй мировой войны открылось движение на кольцевой линии метрополитена. Теперь закончилось строительство ещё одной транспортной магистрали—автострады вокруг Москвы.

Новое шоссе—граница современной Москвы. Его длина—109 километров. Самое короткое расстояние от кольца до центра города—15 километров— самое большое—22.

Проводятся большие работы по озеленению. В 1962 г. уже посадили 40 000 деревьев и сто тысяч кустов. Вдоль дороги есть много строительных площадок. Строятся здания гостиниц, помещения транспортных служб, магазины запасных частей, несколько лёгких павильонов для пассажиров.

Новое шоссе разгрузит движение в центре города. Транзитным автомобилям не надо теперь заезжать в центр. Они без задержки попадают на нужное шоссе.

XXII. A Healthy Mind and a Healthy Body (39 (b)(i), 30 (j))

Хотите быть сильными? Культуризм входит в моду. Мне кажется, в этом увлечении нет ничего предосудительного. Нельзя только думать, что культуризм—панацея от всех недугов и болезней. В нашем понимании это один из видов оздоровительной гимнастики.

В СССР тоже создана своя школа гармонического развития всех мышечных групп человеческого тела—атлетическая гимнастика. Основной её принцип заключается в том, что, систематически применяя небольшой комплекс упражнений с гантелями и гирями, можно развивать силу основных мышечных групп. На весь год достаточно иметь четыре комплекса, включающие по 8–9 упражнений, для развития мышц рук, плечевого пояса, туловища и ног.

Заниматься атлетической гимнастикой можно и по утрам во время зарядки, по 20–25 мину́т ка́ждый день. Нельзя́ допуска́ть, что́бы мы́шцы дости́гли гипертрофи́рованных разме́ров. Е́сли при ро́сте 170 см окру́жность би́цепса составля́ет 39–40 см, бедра́—58–60, та́лии—79–85 см, то э́того вполне́ доста́точно. Вес те́ла мо́жет быть в преде́лах 75–80 кг. Окру́жность грудно́й кле́тки зави́сит от конституцио́нных осо́бенностей и мо́жет колеба́ться от 90–110 см.

Нельзя́ сра́зу ре́зко увели́чивать нагру́зку. Постепе́нное увеличе́ние нагру́зки—оди́н из гла́вных при́нципов трениро́вки. Ча́стное применя́ние больши́х нагру́зок приво́дит к серьёзным расстро́йствам центра́льной не́рвной систе́мы.

Здесь мы говори́ли то́лько о си́ле, кото́рую мо́жно развива́ть в дома́шних усло́виях. Одна́ко не сле́дует ограни́чиваться одно́й атлети́ческой гимна́стикой. Для разви́тия таки́х ка́честв, как ло́вкость, быстрота́, выно́сливость, необходи́мо дополни́тельно занима́ться други́ми ви́дами спо́рта: ле́том— пла́вать, бе́гать кро́ссы, занима́ться тури́змом, соверша́ть прогу́лки, зимо́й— ходи́ть на лы́жах. Всё э́то помо́жет приобрести́ хоро́шее здоро́вье.

XXIII. Preparations for the Football Season (30 (b) and (c))

330 ты́сяч зри́телей, собра́вшихся посмотре́ть пе́рвые во́семь ма́тчей чемпиона́та страны́, уви́дели футбо́л, кото́рый нельзя́ назва́ть весе́нним. Кома́нды при́няли старт, находя́сь в тако́й фо́рме, каку́ю в про́шлые го́ды они́ обы́чно обрета́ли лишь к середи́не сезо́на. Игра́ в хоро́шем те́мпе, мно́жество о́стрых ситуа́ций и изря́дное коли́чество го́лов—вот пе́рвые результа́ты переме́н, происше́дших в на́шем футбо́ле.

Пре́жде всего́ их сле́дует приписа́ть тому́, что кома́нды на́чали гото́виться к сезо́ну ра́ньше и интенси́внее. Дли́тельный зи́мний переры́в, сопровожда́вшийся паде́нием спорти́вной фо́рмы, был всегда́ большо́й поме́хой. Ны́нче мно́гие на́ши кома́нды трениро́вались в Болга́рии и Югосла́вии, выступа́ли в Ира́не, а «Торпе́до», наприме́р, предприня́ло турне́ по Австра́лии.

В бу́дущем году́ ти́тул чемпио́на страны́ бу́дут оспа́ривать не 17 кома́нд, как ны́нче, а 15: три кома́нды поки́нут вы́сшую ли́гу, а одна́ войдёт в неё. Э́то предвеща́ет о́строе сопе́рничество не то́лько в борьбе́ за призовы́е места́, но и за пра́во оста́ться в ли́ге. Не ме́нее напряжённой бу́дет борьба́ и во второ́й ли́ге, состоя́щей из 32 кома́нд, разделённых на две гру́ппы. Э́ти 49 кома́нд составля́ют класс «А». В кла́ссе «В» насчи́тывается сейча́с о́коло полу́тораста кома́нд, оспа́ривающих пра́во перехо́да в вы́сшую гру́ппу. Э́ти две со́тни кома́нд мастеро́в и явля́ются уча́стниками нача́вшего чемпиона́та.

Осо́бенность ны́нешнего футбо́льного сезо́на ещё в том, что сове́тская сбо́рная кома́нда, кото́рой предстои́т провести́ отбо́рочные и́гры чемпиона́та ми́ра с кома́ндами Да́нии, Гре́ции и Уэ́льса, гото́вилась к сезо́ну самостоя́тельно. Она́ провела́ трениро́вочную се́ссию в Югосла́вии и Ита́лии, где встре́тилась в това́рищеских ма́тчах с ря́дом клу́бных кома́нд. Впро́чем, э́то бы́ло не то́лько трениро́вка, но и отбо́р кандида́тов в сбо́рную, кото́рую её тре́нер предполага́ет весьма́ суще́ственно преобразова́ть.

По мне́нию изве́стного югосла́вского тре́нера сове́тские футболи́сты превосхо́дно атлети́чески подгото́влены, облада́ют хоро́шей техни́ческой шко́лой, но и бле́щут игрово́й фанта́зией и импровиза́цией. В како́й-то ме́ре э́то действи́тельно так, и на́ши тре́неры давно́ уже́ стремя́тся разви́ть индивидуа́льное тво́рчество игроко́в, но, пра́вда, в о́бщем пла́не коллекти́вной игры́ и в о́бщих интере́сах.

Но́вый сезо́н обеща́ет быть о́чень интере́сным—и по спорти́вному содержа́нию и тво́рческим но́вшествам.

XXIV. Warming Up for Sporting Events (30 (a), (k), (l))

«Разминки», которые проводят наши спортсмены, уже порадовали рядом блестящих результатов.

Пловцы, например, преподнесли советским любителям спорта подарок, тем более приятный, что он был неожиданным. Сюрприз, разумеется, состоял не в том, что традиционная встреча английских и советских пловцов, состоявшаяся в Блэкпуле, закончилась на сей раз победой советской команды, хотя перевес оказался вопреки прогнозам весьма солидным—109—94. Дело в результатах. Четыре мировых рекорда и десять рекордов страны, установленных нашими пловцами в «счастливом» блэкпульском бассейне, позволяют надеяться, что и на Олимпийских играх им удастся поспорить с представителями мировой элиты.

Сначала львовский спортсмен Георгий Прокопенко в плавании брассом на 220 ярдов побил на полторы секунды мировой рекорд японца М. Сигеммацу. Затем в комбинированной эстафете 4 × 110 ярдов Прокопенко и его товарищи Виктор Мазанов, Валентин Кузьмин и Виктор Семченков добились нового мирового рекорда—4 минуты 08 секунды, что на 1,3 секунды лучше прежнего рекорда, установленного американцами.

С блеском выступила в Блэкпуле шестнадцатилетняя школьница Галина Прозуменщикова. Она не только выиграла заплыв на 220 ярдов брассом у рекордсменки мира Стэллы Митчелл, но и превысила её рекорд на 2,5 секунды. Попутно Галина побила ещё три рекорда—мировой, европейский и всесоюзный на дистанции 200 метров.

Обнадёживают не только пловцы. Легкоатлеты, например, уже в самом начале сезона показали очень высокие результаты, которые судьи внесли в таблицу рекордов. В. Липснис в толкании ядра перешагнул заветную 19—метровую черту (19м 20 см). Г. Близнецов, начавший осваивать фиберглясовый шест, взял высоту 4м 81 см, Т. Пресс побила в толкании ядра мировой рекорд для закрытых помещений—17м 70 см, а двое молодых украинских спортсменов, которым не исполнилось ещё по девятнадцати лет, —прыгнули в высоту на 2м 11 см.

Предолимпийской пробой сил можно считать и состоявшийся в Тбилиси международный турнир борцов вольного стиля. В нём участвовали пятьдесят борцов из шести стран. Советские спортсмены выиграли шесть первых мест, два достались иранским борцам.

XXV. Recipes for Traditional Russian Dishes (17)

Шеф-повар московского ресторана «Центральный» даёт рецепты приготовления традиционных русских блюд.

В русской кухне к числу «блюд номер один», безусловно, относятся блины.

Для их приготовления прежде всего необходимо кислое тесто (жидкое), которое, очевидно, умеют делать все хозяйки. Перед самой выпечкой блинов его следует разбавить горячим молоком (на 500 граммов теста—полстакана молока), добавить взбитый белок от 2–3 яиц и перемешать. Печь блины нужно на небольших сковородках с толстым дном, лучше всего чугунных. Сковородку предварительно хорошо нагрейте и смажьте маслом, иначе блины пригорят. Первый блин, как утверждает известная русская пословица, может получиться «комом», потому что он пробный. По первому блину следует установить, сколько теста нужно лить на сковородку.

Можно испечь блины с приправами, скажем, с яйцами или зелёным луком. Разогретая сковородка смазывается маслом, посыпается зелёным луком или рублеными яйцами, а потом уже на неё наливают тесто. К блинам подают

123

растóпленное сливóчное мáсло, сметáну, варéнье, сельдь, кúльки, сардúны, лососúну, бальíк, икрý. . . . Выбирáйте, что бóльше нрáвится!

Ещё однó блю́до рýсской кýхни—москóвский рассóльник с пóчками. Пóчки нáдо промы́ть, залúть холóдной водóй и варúть 10 минýт. Затéм их вынимáют, вторóй раз промывáют, снóва заливáют холóдной водóй и вáрят до готóвности. Необходúмые для запрáвки бéлые корéнья и лук обжáривают в жúре—«пассúруют». Когдá бульóн закипúт, нáдо положúть в негó нарéзанные солёные огурцы́ и варúть всё э́то 15—20 минýт. Незадóлго до окончáния вáрки добáвить прокипячённый и процéженный огурéчный рассóл. Пéред подáчей к столý рассóльник заправля́ют смéсью из слúвок и яйцá. На семью́ из четырёх человéк нýжно: пóчек—300 г, петрýшки—100 г, лýка рéпчатого—60 г, огурцóв—100 г, сливóчного мáсла—50 г.

Рýсский обéд не бýдет пóлным без мяснóго блю́да на вторóе. Однó из такúх блюд—тушёная говя́дина по-рýсски.

Говя́дину нáдо очúстить от сухожúлий и плёнок, разрéзать на кусóчки, запанúровать в мукé и обжáрить с обéих сторóн. Дно кастрю́ли, в котóрой бýдет тушúться мя́со, вы́ложить шпúком, на негó положúть лóмтики обжáренного мя́са, а свéрху—рéпчатый лук, морóвь, добáвить лаврóвый лист, чёрный пéрец, нарéзанный мéлкими кусóчками ржанóй хлеб. На óвощи положúть ещё одúн слой шпúка, а на негó—снóва óвощи и спéции. Всё э́то залúть бульóном так, чтóбы он покры́л вéрхний слой мя́са.

Кастрю́ля стáвится на час-полторá в духóвку. За 15—20 минýт до концá приготовлéния блю́да в кастрю́лю заливáют сметáну. Говя́дину обы́чно подаю́т вмéсте с óвощным гарнúром или отварны́м картóфелем.

Чтóбы приготóвить тушёную говя́дину для семьú из четырёх человéк, трéбуется 600 г мя́са, 200 г лýка, 1 столóвая лóжка мукú, 150 г моркóви, 40 г ржанóго хлéба, 70 г шпúка, стóлько же сметáны и свинóго сáла.

Попрóбуйте рýсские блю́да!

XXVI. Shakespeare's Plays (24, 21)

Драматургúческая дéятельность Шекспúра началáсь óколо 1590 гóдъ сперва́ он подновля́л стáрые пьéсы, а затéм создавáл нóвые для репертуáра своéй трýппы. Он выступáл в общедостýпном теáтре, предназнáченном для ширóкой пýблики, включáя беднéйшие слоú нарóда, и гастролúровал в провúнции, а тáкже выступáл при дворé Елизавéты и Я́кова I. Помúмо драматúческих произведéний, Шекспúр сóздал сонéты, поэ́мы. Воспевáя любóвь, он выдвигáет идеáл высóкой нрáвственной чистоты́ («Венéра и Адонúс»), защищáя прáво жéнщины на свобóду вы́бора в любвú, он осуждáет вся́кую тиранúю («Лукрéция»).

Драматургúя Шекспúра—однó из вы́сших худóжественных достижéний мировóй литератýры. В цéнтре внимáния Шекспúра—сýдьбы человéка и человéчества.

В комéдиях Шекспúра изображенó столкновéние естéственных стремлéний людéй к счáстью и тех помéх, котóрые явля́ются слéдствиями отжúвшего уклáда жúзни úли порождéнием своекоры́стия, вырастáвшего на пóчве склáдывавшихся буржуáзных отношéний. Высóкая человéчность у Шекспúра утверждáется путём прославлéния благорóднейших побуждéний: любвú и дрýжбы, во úмя котóрых и бóрются герóи—однú прóтив патриархáльного деспотúзма родúтелей («Сон в лéтнюю ночь»), другúе прóтив эгоúзма и злóбы окружáющих («Мнóго шýма из ничегó»), прóтив измéны дрýжбе и любвú («Два верóнца»), прóтив ханжествá и напускнóго аскетúзма («Бесплóдные усúлия любвú», «Двенáдцатая ночь»).

Существéнной чертóй комéдий Шекспúра явля́ется тáкое построéние сюжéта, в котóром к смешнóму примéшивается печáльное, почтú трагúческое.

Комеди́йные о́бразы Шекспи́ра изя́щны и пласти́чны, иногда́ гроте́скы;н они́ полны́ поэти́ческой пре́лести и я́ркости.

Мировоззре́ние Шекспи́ра не мо́жет быть по́нято вне осо́бенностей наро́дной жи́зни той эпо́хи. Своё худо́жественное выраже́ние, истори́ческий о́пыт наро́да получи́л в ци́кле пьес-хро́ник («Ге́нрих VI», «Ри́чард III», «Ри́чард II», «Коро́ль Джон», «Ге́нрих IV», «Ге́нрих V»). В хро́никах изображены́ драмати́ческие пери́оды в судьбе́ ры́царства, могу́щество кото́рого подта́чивалось постоя́нными междоусо́бицами и стремле́нием наро́дных масс к национа́льному еди́нству, зако́нности и поря́дку.

Содержа́ние траге́дий Шекспи́ра охва́тывает кардина́льные жи́зненные пробле́мы: вопро́сы о́бщества и госуда́рства, филосо́фии и мора́ли, иму́щественные и семе́йные пробле́мы («Га́млет», «Оте́лло», «Коро́ль Лир»). В траге́диях Шекспи́ра геро́и—лю́ди, стоя́щие на са́мой верши́не обще́ственной ле́стницы: короли́, при́нцы, выдаю́щиеся госуда́рственные де́ятели; реша́я свои́ ча́стные, ли́чные зада́чи, они́ ока́зывают влия́ние на положе́ние всего́ о́бщества и госуда́рства.

XXVII. The Hermitage in Leningrad (19)

(a)

По прика́зу Росси́йской императри́цы Екатери́ны в 1764 году́ в петербу́ргский Зи́мний дворе́ц была́ доста́влена колле́кция карти́н, ку́пленная в Берли́не. Карти́ны че́рез не́сколько лет бы́ли размещены́ в инти́мных поко́ях, кото́рые по приме́ру Верса́ля, дворца́ францу́зских короле́й, назва́ли Эрмита́ж—«ме́сто уедине́ния», «прию́т отше́льника».

Велика́ роль Эрмита́жа в исто́рии ру́сской и сове́тской культу́ры. Здесь учи́лись и соверше́нствовали своё мастерство́ выдаю́щиеся ру́сские худо́жники мно́гих поколе́ний.

За го́ды Сове́тской вла́сти Эрмита́ж значи́тельно попо́лнил свои́ колле́кции. Постепе́нно его́ экспона́ты за́няли ряд пара́дных за́лов, кото́рые са́ми по себе́—произведе́ния иску́сства. Размещённые в них экспона́ты знако́мят нас с разви́тием культу́ры, начина́я с са́мых пе́рвых её шаго́в. Исключи́тельный интере́с представля́ют па́мятники ски́фской культу́ры. Отде́л па́мятников первобы́тной культу́ры ежего́дно пополня́ется колле́кциями, обнару́женными при археологи́ческих раско́пках на террито́рии Сове́тского Сою́за.

Отде́л исто́рии анти́чной культу́ры Эрмита́жа—оди́н из са́мых ста́рых. Здесь храни́тся знамени́тая ста́туя так называ́емой Вене́ры Таври́ческой, кото́рая была́ приобретена́ при Петре́ и со́тни други́х произведе́ний дре́вних ску́льпторов. В э́том же отде́ле—расписны́е ва́зы и дре́вности из анти́чных городо́в на се́верном побере́жье Чёрного мо́ря, иссле́дования кото́рого на́ши экспеди́ции продолжа́ют.

Наибо́лее молодо́й отде́л Эрмита́жа посвящён исто́рии ру́сской культу́ры. Его́ экспона́ты знако́мят посети́теля с па́мятниками славя́нской культу́ры, с предме́тами, на́йденными при раско́пках древне́йших городо́в—Но́вгорода, Пско́ва. О́чень интере́сен разде́л Моско́вской Руси́ и Петро́вского вре́мени.

В не́скольких за́лах размещены́ экспона́ты, расска́зывающие о герои́ческом про́шлом ру́сского наро́да. Среди́ них осо́бенно популя́рна галере́я Оте́чественной войны́ 1812 го́да, в кото́рой размещены́ 332 портре́та генера́лов, геро́ев и уча́стников войны́. Лу́чшие из них вы́полнены англи́йским худо́жником Доу.

(b)

Осо́бую сла́ву Госуда́рственного Эрмита́жа составля́ет отде́л исто́рии западноевропе́йского иску́сства, храня́щий выдаю́щиеся произведе́ния жи́вописи ра́зных эпо́х—от Возрожде́ния и до на́ших дней.

Иску́сство Ита́лии представля́ют карти́ны и скульпту́ры XIII–XVIII веко́в. Како́е волне́ние испы́тываешь ка́ждый раз, когда́ подхо́дишь к карти́нам Леона́рдо да Ви́нчи, Рафаэ́ля, Микела́нджело, Тициа́на. . . . Всегда́ ви́дишь посети́телей о́коло споко́йно-очарова́тельной «Мадо́нны Литты», творе́ния Леона́рдо да Ви́нчи, и небольшо́й карти́ны «Мадо́нны Конеста́биле», напи́санной молоды́м Рафаэ́лем. Суро́вым аскети́змом ве́ет от карти́н Эль Гре́ко, представи́теля испа́нской шко́лы жи́вописи. Ре́зким контра́стом к ним звуча́т изы́сканные поло́тна Мури́льо.

Бога́ты собра́ния карти́н Фла́ндрии XVII ве́ка. Два за́ла занима́ют произведе́ния Ру́бенса и Ван-Дейка. Мно́го прекра́сных карти́н в за́лах голла́ндского иску́сства XVII–XVIII веко́в. Подо́лгу заде́рживаются посети́тели у поло́тен Ре́мбрандта, поражённые их вну́тренней си́лой. Мно́гие за́лы э́того отде́ла посвящены́ жи́вописи Герма́нии, А́нглии, Бе́льгии и други́х стран.

Францу́зская жи́вопись XV–XX веко́в предста́влена портре́тами Клуе́, карти́нами Пуссе́на, Лорре́на, великоле́пными произведе́ниями Ватто́, Ланкре́. Заверша́ют францу́зский отде́л произведе́ния Ренуа́ра, Сеза́на, Гоге́на, Пикассо́.*

Первокла́ссные па́мятники иску́сства из колле́кции Эрмита́жа нере́дко экспони́руются во мно́гих города́х Сове́тского Сою́за и на междунаро́дных вы́ставках. За после́дние два го́да музе́й отправля́л свои́ сокро́вища на вы́ставки во Фра́нцию, Ита́лию, Герма́нскую Демократи́ческую Респу́блику, А́нглию, Шве́цию, Кана́ду и Федерати́вную Респу́блику Герма́нии.

Собра́ние жи́вописи Эрмита́жа постоя́нно пополня́ется карти́нами совреме́нных худо́жников.

XXVIII. The Human Race: Will Our Children Be Gullivers? (41)

Бу́дут ли на́ши вну́ки гулливе́рами? Что же случи́лось с на́шими детьми́ за не́сколько десятиле́тий? Они́ быстре́е ста́ли расти́? Да, намно́го быстре́е. Но не то́лько подро́стки вы́тянулись вверх. Заме́тно увели́чились разме́ры те́льца и у новорождённых. Иссле́дования, проведённые учёными во мно́гих стра́нах ми́ра пока́зывают, что ускоре́ние ро́ста и разви́тия дете́й и одновре́менное увеличе́ние разме́ров те́ла взро́слого населе́ния за после́дние 80–100 лет выража́ются почти́ одни́ми и те́ми же ци́фрами.

Чем же вы́зван столь удиви́тельный проце́сс, охвати́вший, по существу́, чуть ли не весь мир? По э́тому по́воду вы́сказано нема́ло гипоте́з. Одни́ учёные счита́ют, что здесь винова́то со́лнце. Сейча́с, говоря́т они́, лю́ди ча́ще подверга́ются возде́йствию со́лнечных луче́й, кото́рые явля́ются приро́дным стимуля́тором ро́ста. Други́е выдвига́ют на пе́рвый план фа́ктор урбаниза́ции, то есть возде́йствие ко́мплекса усло́вий, скла́дывающихся в больши́х города́х. Но есть нема́ло да́нных, пока́зывающих, что в тех се́льских ме́стностях, где усло́вия жи́зни схо́дны с городски́ми, де́ти по те́мпам акцелера́ции не отстаю́т от городски́х.

Мне ду́мается, что суще́ственным фа́ктором, определя́ющим проце́сс акцелера́ции, явля́ется столь ча́стое в на́шем столе́тии смеше́ние разли́чных групп населе́ния. Две мировы́е во́йны, други́е полити́ческие и экономи́ческие измене́ния привели́ к тому́, что огро́мное коли́чество люде́й подняло́сь с привы́чных, наси́женных мест и дви́нулось по всевозмо́жным направле́ниям и доро́гам на́шей плане́ты. Ро́ст культу́ры, стремле́ние позна́ть мир, разви́тие тра́нспорта, досту́пность отдалённых райо́нов, разруше́ние религио́зных и национа́льных барье́ров—все э́ти фа́кторы, как никогда́ пре́жде, спосо́бствуют обще́нию ме́жду представи́телями ра́зных групп населе́ния. Бра́ки в на́ше вре́мя ста́ли сплошь и ря́дом заключа́ться ме́жду людьми́, вы́росшими в весьма́ разли́чных усло́виях.

* Alternatively Пика́ссо.

Ряд исследователей полагает, что всё дело в обильной, полноценной пище, в улучшении питания за последние годы. Этой точке зрения можно противопоставить данные по некоторым государствам Европы, а также по США и Японии. Они свидетельствуют о том, что в последние 20–30 лет питание в этих странах остаётся практически на одном и том же уровне, а процесс акцелерации тем не менее идёт своим чередом.

В частности, был поставлен такой вопрос: не ведёт ли раннее повзросление организма к преждевременному старению? Наоборот, у советских и немецких специалистов имеются некоторые данные о том, что женщины в настоящее время не только раньше вступают в период полового созревания, но и дольше—на 3–5 лет—сохраняют способность к деторождению. Отмечено также, что некоторые старческие изменения функции зрения, например, дальнозоркость, сейчас развиваются на 5–8 лет позже, чем столетие назад.

Есть ли у научно доказанного явления акцелерации какой-либо практический аспект? Да, и очень существенный. Приходится ломать прежние стандарты одежды, обуви, орудий труда, мебели, пересматривать нормы физических и психических нагрузок, которые выпадали и выпадают на долю подростков.

Сколько долго может идти процесс акцелерации и есть ли ему предел? Некоторые данные антропологии и медицины позволяют предположить, что процесс акцелерации на протяжении истории человечества носил волнообразный характер, то есть периоды ускорения роста и развития сменялись периодами их задержки. Нынче имеются сведения о том, что в ряде экономически развитых государств этот процесс явно замедляется и, по-видимому, в ближайшие 15–20 лет совсем прекратится. Будет ли это временной остановкой с последующим затем новым увеличением роста человека или наступит фаза некоторого уменьшения роста и задержки развития? Об этом совершенно точно смогут рассказать, видимо, лишь наши потомки.

XXIX. A Laboratory on the Moon (25)

Создание лунной лаборатории требует от учёных ответа на множество вопросов. Какова природа лунного мира? Где должен быть «мозг» будущей лунной лаборатории—на Земле или на Луне? Как наиболее целесообразно передавать с Луны информацию о физических явлениях, происходящих на поверхности естественного спутника и в примыкающем к нему пространстве?

Схема работы лунной лаборатории предстаёт сейчас примерно в таком виде: прежде всего на наш спутник доставляются всевозможные приборы. Они призваны передать на Землю точные сведения о структуре поверхности Луны, о характере радиации. Иными словами, роботы должны дать сигнал: «Да, человеку можно ступить на Луну!»

Немало трудностей придётся преодолеть, чтобы доставить на Луну автоматическую аппаратуру и обеспечить её сохранность в лунных условиях, где действие радиации повышено, а сила притяжения мала и поверхность бомбардируется метеоритами.

Среди первых приборов, которые должны быть доставлены на Луну, по общему мнению, обязательно будет телескоп, снабжённый автоматическим устройством для передачи изображений на Землю. Телескоп на Луне окажется в идеальных условиях, так как там отсутствует атмосфера—главная помеха в работе земной астрономии.

Учёные пришли к выводу, что лунная лаборатория может быть использована для наблюдения «облачных шапок над континентами Земли», что очень важно для развития метеорологии, точных прогнозов погоды. Первым разведчикам лунного мира необходимо будет выяснить, нет ли на

Луне́ оста́тков жи́зни. Поэ́тому в лаборато́рии должны́ быть прибо́ры для изуче́ния бакте́рий.

Когда́ же челове́к полети́т на Луну́? Америка́нские учёные называ́ют 1967–70 го́ды. Коне́чно, э́ти да́ты сле́дует рассма́тривать то́лько как о́чень приблизи́тельные. Измене́ние сро́ков в ту и́ли другу́ю сто́рону зави́сит от двух гла́вных причи́н. Пе́рвая—доскона́льное зна́ние физи́ческих усло́вий на тра́ссе Земля́-Луна́. Втора́я—реше́ние сопреде́льных конструкти́вных и ме́дико-биологи́ческих зада́ч, кото́рые обеспе́чат безопа́сность полёта.

До́за перви́чных косми́ческих луче́й, кото́рую космона́вт полу́чит, находя́сь за преде́лами магни́тного по́ля Земли́, мо́жет—в зави́симости от состоя́ния акти́вности Со́лнца—колеба́ться от 125–257 миллиба́ров. Э́то в 7–16 раз превыша́ет допусти́мую до́зу облуче́ния люде́й. Поэ́тому разрабо́тка систе́мы защи́тных сре́дств и соверше́нствование ме́тодов прогнози́рования со́лнечной акти́вности—первоочерёдные зада́чи. На́до име́ть аппарату́ру для прогнози́рования не то́лько на Земле́, но и непосре́дственно в косми́ческом корабле́.

XXX. A Ship Aground (9, 10)

Грузово́е су́дно Симферо́поль бы́ло в райо́не Владивосто́ка. Что же каса́ется его́ размере́ний, то его́ водоизмеще́ние составля́ет 10 250 тонн, его́ длина́ 131 м. и ширина́ 17 м. Оса́дка у него́ достига́ла почти́ шести́ ме́тров.

Оно́ шло со ско́ростью о́коло 12 узло́в, а в результа́те хала́тного несе́ния ва́хтенной слу́жбы вы́скочило на песча́ный бе́рег. Два часа́ оно́ сиде́ло на песке́. Пото́м подошёл к нему́ морско́й букси́р, кото́рый вы́слал нача́льник по́рта Владивосто́ка. Но сня́тие су́дна с ме́ли представля́ло бо́льше тру́дности. Поэ́тому ещё два букси́рных парохо́да напра́вились туда́. Они́ пода́ли Симферо́полю букси́рные тро́сы. Все три букси́рных конца́ бы́ли закреплены́ за букси́рные кне́хты на корме́ Симферо́поля.

По́сле до́лгих часо́в су́дно отодви́нулось наза́д на 50–60 ме́тров. В результа́те Симферо́поль почти́ по́лностью оторва́лся от гру́нта. Заво́дка ещё друго́го букси́рного тро́са была́ зако́нчена незадо́лго до по́лной воды́ и при рабо́те маши́ны авари́йного су́дна по́лным хо́дом наза́д Симферо́поль благополу́чно сошёл на чи́стую во́ду.

XXXI. The Making of an Encyclopedia (24)

Когда́-то оди́н и́ли не́сколько учёных уединя́лись и в дли́тельном, кропотли́вом труде́ составля́ли энциклопе́дии и словари́. Так ча́сто создава́лись прекра́сные кни́ги. Говоря́т, что свой слова́рь Павле́нков написа́л, сидя́ до́ма, собственнору́чно. Возмо́жно, что э́то бы́ло и́менно так, но ведь слова́рь Павле́нкова—э́то не нау́чное изда́ние, э́то то́лько собра́ние весьма́ поле́зных, но о́чень кра́тких спра́вок об отде́льных фа́ктах, собы́тиях, людя́х. Ещё вели́кий Дидро́ в свое́й знамени́той Энциклопе́дии, в статье́ «Реда́ктор», писа́л: «Есть произведе́ния, для редакти́рования кото́рых тре́буется бо́льше зна́ний, чем мо́жно предполага́ть у одного́ челове́ка. К числу́ таки́х произведе́ний в осо́бенности отно́сится Энциклопе́дия».

Сего́дня на́ши энциклопе́дии—плод коллекти́вного труда́ со́тен институ́тов и университе́тских ка́федр, огро́много числа́ учёных и литера́торов, обще́ственных де́ятелей. На́ша реда́кторская жизнь тепе́рь немы́слима без обще́ственных обсужде́ний стате́й, нере́дко сопровожда́ющихся о́стрыми диску́ссиями. Интере́с к энциклопе́диям насто́лько вели́к, что уже́ на са́мых ра́нних эта́пах составле́ния сло́вников—пе́речней бу́дущих стате́й—мы получа́ем ты́сячи замеча́ний и предложе́ний и, есте́ственно, стреми́мся реализова́ть всё це́нное и необходи́мое.

Вот как, наприме́р, рожда́лось второ́е изда́ние Большо́й Сове́тской Энциклопе́дии. Статьи́ для неё писа́ли 15 820 челове́к; из них 9 500—э́то лю́ди, постоя́нно свя́занные с изда́тельством БСЭ. В их числе́ о́коло 700 действи́тельных чле́нов и чле́нов—корреспонде́нтов Акаде́мии нау́к СССР, акаде́мий нау́к сою́зных респу́блик и отраслевы́х акаде́мий; 6 478 заслу́женных де́ятелей нау́к, иску́сств, профессоро́в, докторо́в и кандида́тов нау́к; 417 руководя́щих парти́йных, сове́тских, хозя́йственных, профсою́зных, комсомо́льских рабо́тников.

Свиде́тельство всео́бщего интере́са к Большо́й Сове́тской Энциклопе́дии —вы́пуск в разли́чных стра́нах отде́льных стате́й БСЭ. О́коло 30 ты́сяч компле́ктов БСЭ име́ется в библиоте́ках 35 зарубе́жных стран.

Как ва́жное культу́рное собы́тие в жи́зни на́шей страны́ расце́нивается появле́ние очередны́х томо́в Литерату́рной и Театра́льной энциклопе́дий, Музыка́льного словаря́, энциклопе́дии «Иску́сство стран и наро́дов ми́ра». С интере́сом ждут подпи́счики вы́хода Киносоваря́. Начата́ рабо́та по подгото́вке четырёхто́мной энциклопе́дии по политэконо́мии, шестито́мной Сельскохозя́йственной энциклопе́дии, пятито́мной Ветерина́рной энциклопе́дии. Вы́пущены кра́ткие словари́: Трудово́е пра́во, Энциклопеди́ческий слова́рь правовы́х зна́ний.

XXXII. Learning Foreign Languages (40)

Разви́тие нау́ки, те́хники, культу́ры расширя́ет обще́ние ме́жду людьми́ разли́чных стран. А э́то тре́бует зна́ния иностра́нных языко́в.

Ме́тоды изуче́ния иностра́нных языко́в разнообра́зны. Но все они́ напра́влены к тому́, что́бы изуче́ние шло как мо́жно эффекти́внее и быстре́е. Поэ́тому по́иски продолжа́ются. Заслу́живают внима́ния, в ча́стности, экспериме́нты по созда́нию ме́тодов, осно́ванных на принци́пе интенси́вного изуче́ния иностра́нных языко́в не то́лько с по́мощью уче́бников, но и ко́мплексного примене́ния техни́ческих средств.

Оди́н из таки́х приёмов осно́ван на звукозри́тельном синте́зе, а наибо́лее эффекти́вный вариа́нт э́того ме́тода, по на́шему мне́нию, осно́ванному на це́лом ря́де экспериме́нтов,—киноме́тод. На нём хоте́лось бы останови́ться подро́бнее.

Це́лью изуче́ния всегда́ бы́ло не то́лько пасси́вное, но и акти́вное усвое́ние чужо́го языка́. Поэ́тому в преподава́нии иностра́нных языко́в необыча́йно важна́ роль живо́го сло́ва учи́теля—его́ речь на определённом иностра́нном языке́. Она́ слу́жит образцо́м, кото́рому подража́ют ученики́. Э́то, в свою́ о́чередь помога́ет уча́щимся освободи́ться от перево́да «в голове́» и «на бума́ге» и быстре́е усво́ить дух иностра́нного языка́.

Большу́ю роль при э́том игра́ет изображе́ние. Оно́ не то́лько помога́ет объясне́нию значе́ния слов и предложе́ний, но и слу́жит для иллюстра́ции печа́тных те́кстов и живо́й ре́чи. Поэ́тому-то уче́бники иностра́нных языко́в ча́ще всего́ быва́ют с карти́нками. Иллюстра́ции слу́жат осно́вой для бесе́ды и при прямо́м ме́тоде. Преподава́тель, пока́зывая ученика́м карти́ну, говори́т о изображённых на ней предме́тах.

Что́бы воспроизвести́ пе́ред ученика́ми есте́ственную речь люде́й, для кото́рых да́нный язы́к родно́й, на магнитофо́н запи́сывается речь квалифици́рованных ди́кторов, чётко произнося́щих зара́нее подгото́вленный текст. Э́та за́пись мо́жет воспроизводи́ться в ну́жный моме́нт. Магнитофо́н позволя́ет прерыва́ть речь, при жела́нии и́ли необходи́мости повторя́ть определённую часть запи́санного те́кста. На магнитофо́нную ле́нту мо́жет быть запи́сан разгово́рный язы́к (диало́г), отры́вок из дра́мы, литерату́рный текст (про́за и́ли стихи́) и т. п.

Применéние кинофи́льмов явля́ется дальнéйшим развúтием зри́тельно-слухово́го мéтода, и в э́том слу́чае они́ стано́вятся основны́м срéдством в изучéнии иностра́нного языка́.

Уча́щийся начина́ет самостоя́тельно понима́ть значéние ка́ждого предложéния без перево́да и без посторо́нней по́мощи. Активизи́руя о́рганы зрéния, слу́ха и рéчи, он совершéнно естéственно воспринима́ет фра́зы чужо́го языка́, в кото́рых содéржатся но́вые, незнако́мые зву́ки.

Кинофи́льм стро́ится и снима́ется так, чтобы с по́мощью движéний, выражéния лиц и всего́ дéйствия объясни́ть значéние ка́ждого предложéния. Когда́ персона́ж на экра́не говори́т фра́зу, в кото́рой содéржатся зву́ки, тру́дные для произношéния, его́ лицо́ даётся кру́пным пла́ном, чтобы хорошо́ бы́ли видны́ движéния рта и выражéние лица́. Сюжéт фи́льма до́лжен быть интерéсным и логи́чным, стро́иться в основно́м на диало́ге.

Фильм на заня́тии мо́жет быть остано́влен в определённый момéнт—éсли э́то на́до для того́, чтобы студéнты могли́ имити́ровать диало́г. Мо́жно та́кже повтори́ть любо́е мéсто фи́льма—аппарату́ра позволя́ет э́то. Целесообра́зно быва́ет показа́ть фильм без зву́ка, слу́шать то́лько звук, без экра́на, фикси́ровать произво́льно вы́бранные ка́дры.

XXXIII. The Latest Fashions (15)

На вы́ставке в Москвé мо́жно осма́тривать разли́чные экспона́ты одéжды и о́буви. Здесь лю́ди просмотрéли о́коло ты́сячи разли́чных образцо́в одéжды на 1956–66 го́ды. Но́вые модéли про́сты, удо́бны, изя́щны. Мо́дными бу́дут цвета́ жёлтые, ора́нжевые и кра́сные, как плоды́ о́сени; сéро-бéжевые, как кора́ дерéвьев; зелёные—отте́нки травы́ и листвы́; а та́кже разнообра́зные отте́нки си́него и кра́сного. И как всегда́ бéлый и чёрный цвет.

Комбинезо́ны для малыше́й не то́лько краси́вы, но и практи́чны. Они́ покры́ты непромока́емой капро́новой плёнкой. Экспони́руются то́же спорти́вные комплéкты—я́ркие лёгкие костю́мы, о́чень удо́бные. Мно́гие фи́рмы применя́ют но́вые материа́лы: я́ркую капро́новую водооттáлкивающую ткань. На моско́вских предприя́тиях изготовля́ют блу́зы и жакéты из объёмной пря́жи: тако́й трикота́ж лу́чше шерстяно́го, потому́ что да́же по́сле многокра́тных сти́рок он не сади́тся.

Зи́мняя мо́да 1965 го́да ласка́ет глаз необы́чно бога́той пали́трой цвето́в: ро́зовых, золоти́стых, голубы́х, интенси́вных кра́сных с чёрным, си́них, зелёных. Фо́рмы пальто́ разнообра́зны, предпочтéние отдаётся ма́леньким полуприлега́ющим пальто́, застёжка ча́ще двубо́ртная. Шля́пы со́зданы как бу́дто для того́, чтобы жéнщине бы́ло ую́тно и тепло́ в них. Это мехо́вы́е берéты и ша́почки с уша́ми, капюшо́ны вя́заные и ши́тые. Чулки́—шерстяны́е ажу́рные и́ли пестровя́заные, обы́чно в тон пальто́. Обувь—закры́тые, на ма́леньком каблучкé ту́фли ли́бо сапо́жки разли́чной высоты́. На карти́нах изображены́ а) костю́м из пло́тной шерстяно́й тка́ни, отдéлка—мех ры́жей лисы́, б) зи́мний анса́мбль (пла́тье и пальто́) решённый в одно́й цветово́й га́мме, в) зи́мнее пальто́ с капюшо́ном, оторо́ченное мéхом чёрной лисы́, г) демисезо́нное пальто́ но́вого силуэ́та, воротни́к из но́рки.

XXXIV. The Last Year of the Seven-Year Plan (34, 36, 37)

Ускорéние тéмпа ро́ста на́шей промы́шленности почти́ на два пу́нкта по сравнéнию с пéрвым полуго́дием про́шлого го́да сопровожда́ется интерéсными ча́стностями. Как пока́зывают материа́лы ЦСУ, веду́щие о́трасли промы́шленности, создаю́щие осно́ву для разви́тия всéй эконо́мики в цéлом, дости́гли осо́бенно больши́х успéхов. Произво́дство электроэнéргии и теплоэнéргии увели́чилось на 11 процéнтов, проду́кция хими́ческой промы́шленности вы́росла на 14 процéнтов. За пéрвое полуго́дие 1965 го́да бы́ло произведено́ 246 миллиа́рдов килова́тт-часо́в, то есть бо́льше, чем за весь 1958 год. Нéфти в пе́рвом полуго́дии 1965 го́да произведено́ 118 миллио́нов тонн, а за весь 1958 год—113 миллио́нов тонн; минера́льных удобре́ний соотве́тственно— 3,5 миллио́на тонн в пе́рвом полуго́дии 1965 го́да и 3,0 миллио́на тонн за весь 1958 год.

Характери́стика разви́тия промы́шленного произво́дства бу́дет непо́лной, е́сли не останови́ться на потреби́тельских това́рах. Проду́кция лёгкой и пищево́й промы́шленности возросла́ на 10 проце́нтов—в бо́льшей ме́ре, чем вся промы́шленная проду́кция.

В разви́тии произво́дства потреби́тельских това́ров наблюда́ется одна́ вырази́тельная тенде́нция: большо́й рост вы́пуска тех това́ров, кото́рые в за́падной экономи́ческой литерату́ре при́нято называ́ть това́рами дли́тельного по́льзования. В 1958 году́ производи́лось ме́ньше миллио́на телеви́зоров, в 1964 году́ уже́ о́коло трёх миллио́нов; холоди́льников соотве́тственно—360 ты́сяч и 1 134 ты́сячи.

Э́тот рост свиде́тельствует о мно́гом: о возро́сшем техни́ческом у́ровне сове́тской промы́шленности; о ро́сте наро́дного благосостоя́ния, поско́льку спрос на това́ры культу́рно-бытово́го назначе́ния всё расширя́ется. В исте́кшем полуго́дии прода́жа стира́льных маши́н, холоди́льников, телеви́зоров возросла́ на 22–32 проце́нта, а радиоприёмников—да́же на 40 проце́нтов.

В пла́не ны́нешнего го́да, как вообще́ в пла́нах разви́тия сове́тской эконо́мии, предусма́тривается повыше́ние наро́дного благосостоя́ния. В пе́рвом полуго́дии была́ увели́чена зарабо́тная пла́та 10 миллио́нам рабо́тников жили́щно-коммуна́льного хозя́йства, торго́вли, обще́ственного пита́ния и други́х о́траслей. На протяже́нии после́дних лет вы́росла опла́та труда́ во всех о́траслях наро́дного хозя́йства—сперва́ в промы́шленности, на тра́нспорте, в строи́тельстве. В 1964 году́ повыше́ние зарабо́тной пла́ты состоя́лось для рабо́тников просвеще́ния и здравоохране́ния. С 1 января́ ны́нешнего го́да заверше́но введе́ние но́вого, повы́шенного ми́нимума зарабо́тной пла́ты рабо́чих и слу́жащих во всех о́траслях хозя́йства.

Реа́льные дохо́ды сове́тских люде́й расту́т, е́сли мо́жно так вы́разиться, широ́ким фро́нтом. Сре́дняя де́нежная зарабо́тная пла́та рабо́чих и слу́жащих тепе́рь почти́ на 6 проце́нтов вы́ше, чем была́ в пе́рвой полови́не 1964 го́да, вы́платы колхо́зникам возросли́ бо́лее чем на 10 проце́нтов. Наряду́ с э́тим бы́ло проведено́ сниже́ние цен на ряд потреби́тельских това́ров, отчего́ населе́ние за год выи́грывает 1 миллиа́рд 124 миллио́на рубле́й. Значи́тельно, на 17 проце́нтов, сни́зились це́ны колхо́зного ры́нка. Наконе́ц, увели́чился объём пе́нсий, стипе́ндий и други́х госуда́рственных вы́плат населе́нию, расши́рилась сеть школ, больни́ц, де́тских учрежде́ний.

XXXV. Higher Education: the Training of Engineers (40)

845 ты́сяч сове́тских студе́нтов на́чали в э́том году́ пяти́-шестиле́тний марафо́н вы́сшего образова́ния. При́зом для ка́ждого бу́дет дипло́м об оконча́нии институ́та. Кто э́ти лю́ди? Вопро́с тре́бует 845 ты́сяч отве́тов. Сократи́м их до ми́нимума, взяв для приме́ра оди́н институ́т.

Допу́стим, белору́сский. Сейча́с в респу́блике 27 вы́сших уче́бных заведе́ний,—говори́т нам Михаи́л Дороше́вич, мини́стр вы́сшего образова́ния Белору́сской ССР.—Среди́ них университе́т, де́вять педагоги́ческих институ́тов, три медици́нских, четы́ре сельскохозя́йственных, консервато́рия, театра́льно-худо́жественный институ́т. . . . В них обуча́ется бо́лее ста ты́сяч челове́к.

Про́сим познако́мить нас с ци́фрами, характеризу́ющими континге́нт бу́дущих инжене́ров. Их гото́вят шесть вы́сших уче́бных заведе́ний.

—Обрати́те внима́ние на проце́нт шко́льников,—комменти́рует сво́дку мини́стр,—он значи́тельно бо́льше прошлого́днего. Здесь вы́явилось то

131

нóвое, что отличáет нынешний приём: повышенные трéбования к поступáвшим на кóнкурсных экзáменах.

—Кóнкурс, по существý этого понятия, предполагáет выдержавших егó и не выдержавших, не так ли? Разумéется. Числó тех и другúх определяется с однóй стороны, плáном приёма и, с другóй,—колúчеством абитуриéнтов. В этом годý на кáждое мéсто в высших учéбных заведéниях респýблики было пóдано в срéднем три заявлéния. Прáво учúться завоевáли достóйнейшие.

—Кто подхóдит под это определéние?

—Лю́ди, отлúчно овладéвшие оснóвами наýк. Это—глáвное трéбование, предъявляемое к желáющим получúть высшее образовáние. Прáвила приёма едúны для любóго высшего учéбного заведéния. Поступúть на дневнóе отделéние институ́та мóжет кáждый граждани́н в вóзрасте до 35 лет, имéющий срéднее образовáние и успéшно сдáвший приёмные экзáмены.

Отсýтствие экономúческих заслóнов характéрно не тóлько для подготóвки к вышему образовáнию. У нас бесплáтно и обучéние в институ́тах. Студéнту, в чáстности, не прихóдится трáтиться ни на прослýшивание факультатúвных дисциплúн, ни на сдáчу экзáменов, ни на амортизáцию лаборатóрного оборýдования и т.п. Все расхóды берёт на себя́ госудáрство. Бóлее тогó, 73 процéнта учáщихся высших учéбных заведéний получáет стипéндию.

Институ́т мóлод. Пéрвый выпуск был произведён лишь нынче. Институ́т отпочковáлся от политехнúческого институ́та, где ещё два гóда назáд состоя́л в рáнге факультéта. Сейчáс он сам имéет два факультéта со специáльностями: радиотéхника, конструúрование и произвóдство аппаратýры, полупроводникú и диалéктрики, автомáтика и телемехáника, математúческие и счётно-решáющие прибóры и устрóйства. Очевúдно, интерéс, котóрый вызывáет сейчáс радиоэлектрóника у молодёжи, обуслóвил здесь повышенный кóнкурс: на однó мéсто было пóдано четыре заявлéния.

Перспектúвы у институ́та отлúчные. Стрóится вторóй учéбный кóрпус, в бýдущем к немý примкнýт ещё три, плюс два—под общежúтие. К 1970 годý в институ́те бýдет учúться тысяч семь студéнтов—почтú втрóе бóльше, чем сейчáс.

XXXVI. From Our Air Correspondent (28 (c))

а) Недáвно в сибúрском нéбе, на высотé девятú тысяч мéтров, произошёл незауря́дный слýчай: в салóне пассажúрского лáйнера «Ту-114» раздáлся крик новорождённого. А вслед за ним пóдал гóлос и ещё одúн новоя́вленный граждани́н.

Близнецóв, родúвшихся у пассажúрки С. Алтухóвой, увéренно прúняли стюардéссы Галúна Овчúнникова и Людмúла Егóрова. Откýда у них медицúнские знáния?

Любóму, кто хоть раз пассажúром Аэрофлóта, извéстна спосóбность «хозя́ек самолёта» создавáть на бортý атмосфéру любéзности и комфóрта. Однáко далекó не кáждый, вероя́тно, знáет, что это искýсство стюардéссы достигáют в специáльных шкóлах с весьмá разносторóнней прогрáммой, готóвящей ко всем возмóжным перипетúям бýдущей рабóты.

Такúе шкóлы есть во мнóгих территориáльных управлéниях Аэрофлóта. Дéвушек принимáют тудá пóсле окончáния срéдней шкóлы, а специáльные заня́тия включáют кýрсы по геогрáфии воздýшных путéй страны и пéрвой медицúнской пóмощи, по устрóйству самолёта и кулинáрии, по инострáнным языкáм и испóльзованию бортовóй спасáтельной тéхники. . . .

б) «Ту-134»—так называется нóвый пассажúрский самолёт, сóзданный в констрýкторском бюрó, руководúмом А. Тýполевым. Это машúна срéдних дáльностей полёта, однáко экономúчность двúгателей нóвого самолёта такова́, что он с успе́хом мо́жет быть применён и на тра́ссах протяжённостью до 3000 киломе́тров. Благодаря́ тому́, что дви́гатели вы́несены в хвост самолёта, в его́ сало́нах значи́тельно ти́ше, чем в други́х моде́лях «Ту». Электро́нное обору́дование и автома́тика помога́ют лётчикам в полёте и на поса́дке. «Ту-134» гото́вится к вы́ходу на тра́ссы.

в) Но́вый вертолёт, со́зданный в констру́кторском бюро́ Ми́ля, найдёт себе́ примене́ние в се́льском хозя́йстве, он спосо́бен обрабо́тать за час 45 гекта́ров. В се́льском хозя́йстве испо́льзуются вертолёты разли́чных систе́м. «КА-15», наприме́р, успе́шно рабо́тал на опыле́нии виногра́дников и садо́в. Неда́вно в Ки́еве был устро́ен своеобра́зный смотр сельскохозя́йственной авиа́ции, и вертолёты привлекли́ живе́йшее внима́ние.

Вертолёты Ми́ля вездесу́щи, диапазо́н их сво́йств широ́к. «Ми-1», наприме́р, спосо́бен сесть на площа́дке пять на пять ме́тров. Это са́мая ма́ленькая и са́мая ста́ршая маши́на семе́йства—её взлётный вес 2 350 килогра́ммов. Другу́ю маши́ну, «Ми-4», называ́ют возду́шным вездехо́дом. Она́ спосо́бна переноси́ть до 1 600 килогра́ммов поле́зного гру́за, у неё мо́щный дви́гатель (1 700 лошади́ных сил), незауря́дные лётные ка́чества.

XXXVII. Two New Department Stores Open (37, 14)

В про́шлом году́ сове́тские лю́ди сде́лали разли́чных поку́пок на 6,1 миллиа́рда рубле́й бо́льше, чем в предыду́щем. Ме́бели, наприме́р, магази́ны госуда́рственной и коопера́тивной торго́вли на 15 проце́нтов бо́льше, чем в 1961 году́, мотоци́клов и моторо́ллеров—на 10, холоди́льников—на 18, стира́льных маши́н на 37 проце́нтов.

Ка́ждый год в стране́ открыва́ется о́коло 20 000 но́вых торго́вых предприя́тий. Среди́ них и небольши́е магази́ны и таки́е гига́нты, как универма́г «Москва́», постро́енный неда́вно в Юго-За́падном райо́не сове́тской столи́цы. «Москва́»—оди́ннадцатый кру́пный универса́льный магази́н го́рода. Его́ торго́вые за́лы занима́ют о́коло 6,5 ты́сячи квадра́тных ме́тров. По́лностью механизи́рована транспортиро́вка гру́зов. Для э́того устро́ено 16 ли́фтов и грузоподъёмников. В универма́ге предусмо́трено всё для удо́бства покупа́телей: свобо́дный до́ступ к това́рам, эскала́торы, кондициони́рованный во́здух, телевизио́нное спра́вочное бюро́, поши́вочная мастерска́я, кафете́рий. Но́вый магази́н ежедне́вно посеща́ют деся́тки ты́сяч москвиче́й.

В Ташке́нте то́же но́вый универса́льный магази́н. Всё совсе́м обы́чно. И всё-таки напра́шивается небольшо́й коммента́рий. Сло́во экономи́сту: «На ду́шу населе́ния в про́шлом году́ по сравне́нию с 1940 го́дом произведено́, наприме́р, бо́льше хлопчатобума́жных тка́ней на 70 проце́нтов, шерстяны́х— в 2,6 ра́за, льняны́х—на 71,4 проце́нта, шёлковых—в 12 раз, ко́жаной о́буви —в 2 ра́за. Во мно́го раз вы́рос вы́пуск холоди́льников, телеви́зоров, ра́дио, мотоци́клов. Лю́ди живу́т лу́чше. Лю́ди бо́льше покупа́ют. А вот мест, где мо́жно удо́бно, бы́стро приобрета́ть ве́щи, ещё недоста́точно.»

И сно́ва сло́во экономи́сту: «В ро́зничной госуда́рственной и коопера́тивной торго́вле за тот же пери́од товарооборо́т вы́рос почти́ в 4 ра́за, а торго́вых предприя́тий появи́лось лишь на 60 проце́нтов бо́льше».

И всё-таки мы счита́ем, что помести́ть небольшу́ю информа́цию о но́вом универма́ге в Ташке́нте сто́ило. Почему́? Да потому́, что подо́бные гига́нты сооружа́ются во мно́гих города́х. Впро́чем, не то́лько гига́нты. Как грибы́ в осе́ннем лесу́, появля́ются специализи́рованные магази́ны, кафе́, ателье́, благоустра́иваются колхо́зные ры́нки. Са́ми же ташке́нтцы ра́дуются тому́, что их го́род встал вро́вень с города́ми ве́ка. Дире́ктор универма́га проси́л сообщи́ть: «Е́сли бу́дете в Ташке́нте, заходи́те, мы вас хорошо́ обслу́жим— так же, как обслу́живаем ежедне́вно 60 000 посети́телей. Вы смо́жете здесь вы́брать и узбе́кскую ткань, и посу́ду, и ювели́рные изде́лия, и. . . сло́вом, приезжа́йте.»

Alphabetical Vocabulary covering Extracts

(Abbreviations used: *adj.*, adjective; *coll.*, colloquial; *cul.*, culinary; *gen.*, genitive; *geog.*, geographical; *hort.*, horticultural; *instr.*, instrumental; *imp.*, imperfective; *loc.*, locative; *med.*, medical; *naut.*, nautical; *phot.*, photography; *polit.*, political; *rel.*, religion; *univ.*, university)

a, and, but
абитуриéнт, (qualified) university
    applicant
аварийный, emergency, rescue (*adj.*)
авáрия, wreck
áвгуст, August
авиáция, aviation
Австрáлия, Australia
автóбус, omnibus
автомáтика, automatic equipment,
    automation
автоматический, automatic
автомашина, vehicle, car
автомобилист, car driver
автомобиль, car
автопансионáт, motel
автоспóрт, car racing
автострáда, motor highway
администрáтор, administrator
Áзия, Asia
    Срéдняя Áзия, Central Asia
азóтный, nitrogenous
áист, stork
акадéмия, academy
    Акадéмия наýк, Academy of
        Sciences
аквалáнг, aqualung
акклиматизáция, acclimatization
аккордеóн, accordion
акт, act
активизировать, to activate
активность, activity

активный, active
акселерáция, acceleration
акцелерáция, acceleration
алéть, to show red
алюминиевый, aluminium (*adj.*)
американец, American
американский, American (*adj.*)
амортизáция, depreciation
английский, English, British
Áнглия, England
ансáмбль, ensemble; group (build-
    ings); two-piece (dress)
антибиóтик, antibiotic
античный, antique, ancient
антропологúя, anthropology
аппаратýра, apparatus, equipment
аптéкарский, apothecary's
арáбский, Arabian
арбýз, water melon
аристокрáтия, aristocracy
арктический, Arctic
Армéния, Armenia
арх. (архитéктор), architect (*abbr.*)
архáнгельский, of the archangel
археологический, archeological
архитéктор, architect
архитектýрный, architectural
аскетизм, asceticism
аспéкт, aspect
астронóм, astronomer
астронóмия, astronomy

134

ателье́, tailoring establishment; fashion house
атлети́ческий, athletic
атмосфе́ра, atmosphere
атмосфе́рный, atmospheric
аэропо́рт, airport
Аэрофло́т, Aeroflot (Russian airline)

бадминто́н, badminton
ба́за, basis, base; centre
байда́рка, canoe
Байка́л, Lake Baikal
баки́нец, inhabitant of Baku
баки́нский, of Baku
бакте́рия, bacteria
балко́н, balcony
баллоти́роваться, to stand for, be a candidate
Ба́лтика, Baltic
балы́к, fillet of sturgeon
бар, bar
баро́метр, barometer
барье́р, barrier
бассе́йн, basin; swimming pool
батерфля́й, butterfly (swimming)
Ба́хус, Bacchus
Башки́рия, Bashkir
ба́шня, tower
бе́гать, to run
— на лы́жах, to ski
— кросс, to run (cross-country)
бегемо́т, hippopotamus
бе́гло, cursorily, briefly
бе́дный, poor
бедро́, thigh
без, without
безопа́сность, safety
безотцо́вщина, "fatherlessness"
безразли́чно, with indifference, immaterial
безупре́чный, faultless
безусло́вно, undoubtedly
безынициати́вный, without initiative
бело́к, white (of egg)
белока́менный, white stone (adj.)
белору́сский, White Russian
бе́лый, white
Бе́льгия, Belgium
бензогородо́к, oil-town
бе́рег, bank; shore
берегово́й, shore (adj.)
бере́т, beret
Берли́н, Berlin
бесе́да, conversation
бесе́довать, to converse

бескра́йний, boundless
беспла́тно, free, gratis
беспло́дный, fruitless; futile
бесполе́зный, useless
бессмы́сленно, unthinkable
бесцеремо́нно, without ceremony
бето́н, concrete
библиоте́ка, library
биле́т, ticket
бить, to strike
би́ться с (+ instr.), to struggle with
благове́щение, Annunciation (rel.)
благодаря́, thanks to
благополу́чно, safely
благосостоя́ние, welfare; prosperity
благотво́рно, beneficially
благоустра́ивать, to build (well)
благоустро́енный, well-built; well arranged
благоустро́йство, amenity organization
блеск, brilliance; brilliant success
блесте́ть, to shine; excel
блёстки, sparkles, spangles, sequins
блестя́щий, brilliant
ближа́йший, next; coming
бли́зкий, near; pl. near ones, relations
близне́ц, twin
блин, pancake
блу́за, blouse
блю́до, dish; course
бога́тый, rich
боево́й, war (adj.)
божни́ца, goddess
Болга́рия, Bulgaria
бо́лее, more
  тем бо́лее, all the more
  бо́лее того́, moreover
Боло́нья, Bologna
боло́тистый, marshy
боль, pain
больни́ца, hospital
больно́й, sick person
бо́льше, more, greater
  всё бо́льше, more and more
бо́льший, larger, greater
большинство́, majority
большо́й, big, large
бомбардирова́ть, to bombard
боре́ц, fighter; wrestler
боро́ться, to fight
борт, board
  на борту́, on board
бортово́й, on board
борьба́, struggle
ботани́ческий, botanical

брак, marriage
брас, breast-stroke (swimming)
брать, to take; undertake
— расхо́ды, to pay the expenses
брезе́нтовый, tarpaulin (*adj.*)
брести́, to stroll, wander
бровь, eyebrow
броненосец, armadillo
брызговик, mudguard
БСЭ (Больша́я Сове́тская Энциклопе́дия), Great Soviet Encyclopedia
бу́дто, as if; apparently
бу́дущий, future; next
в бу́дущем, in the future
букси́р, tug
букси́рный, towing (*adj.*)
бу́лочная, bakery
бульва́р, boulevard
бульва́рный, boulevard (*adj.*)
бульо́н, broth
бума́га, paper
буржуа́зный, bourgeois
бу́рный, rapid; vigorous
бу́рый, brown
буфе́т, sideboard; cafeteria, refreshment room
быва́ть, to be; happen
бы́вший, former
быстрота́, speed, quickness of reaction
быстрохо́дный, fast
бы́стрый, quick, rapid
быт, life; living; culture
бытово́й, living
быть, to be
мо́жет быть, perhaps, maybe
бюро́, office
констру́кторское бюро́, design office

в, in, into; at; on
в. (век), century
ва́жный, important
вал, rampart, wall; shaft
ва́нна, bath
варе́нье, jam
вариа́нт, variant
вари́ть, to boil, cook
ва́рка, boiling, cooking
варя́г, Varangian
варя́жский, Varangian (*adj.*)
ва́тный, wadded, of cotton wool
ва́хтенный, watch (*naut.*)
вблизи́, near
введе́ние, introduction

вверх, upwards
вводи́ться, to be introduced
ввози́ть, to import
вдали́, in the distance
вдаль, into the distance
вдоль, along
веду́щий, leading
ведь, indeed
везде́, everywhere
вездесу́щий, ubiquitous
вездехо́д, all-purpose vehicle (*aircraft*)
век, century
вели́кий, great
великоле́пный, magnificent
велосипеди́ст, cyclist
Вене́ра, Venus
Вене́ция, Venice
венча́ть, to crown
вера́нда, verandah; dancing area
верени́ца, line, row, string (of)
веро́нец, Veronese
вероя́тный, probable
Версаль, Versailles
вертолёт, helicopter
верх, top, height, upper part
ве́рхний, uppermost, top
верхо́вный, supreme
верху́шка, tip, leader (*hort.*)
верши́на, top, summit
вес, weight
весёлый, gay, pleasant, merry, happy
весе́нний, spring (*adj.*), spring-like
ве́сить, to weigh
весна́, spring
весо́мый, firm
вести́, to lead; carry on, carry out
вестибю́ль, entrance hall
вести́сь, to be carried out, carry on (trade)
ве́стник, herald
весь, вся, всё, all, whole
весьма́, very
ве́тер, wind
ветерина́рный, veterinary
ве́ха, landmark
ве́че, vetche, assembly
ве́чер, evening
вече́рний, evening (*adj.*)
вечнозелёный, eternally green, evergreen
ве́чный, eternal
вещь, thing
ве́ять, to blow
взби́тый, whipped

взира́ть (на), to look (at)
взлётный, flying; take off
взмах, wave
взро́слый, grown-up
взыска́тельный, severe, exacting
взять, to take
— высоту́, to reach a height of
вид, aspect, form; type
ви́деть, to see
ви́димо, apparently
ви́димость, visibility
видне́ться, to be seen
ви́дный, visible
византи́йский, Byzantine
Византи́я, Byzantium
викториа́нский, Victorian
вина́, guilt
винова́тый, guilty
вино́вный, guilty
виногра́дарство, viticulture
виногра́дник, vineyard
винт, screw (ship), propeller
винторо́гий, screw-horned
ви́рус, virus
висе́ть, to hang
витри́на, shop window
ви́шня, cherry, cherry tree
включа́ть, to include
включи́ть, to include
владе́ние, property, pl. possessions
Владивосто́к, Vladivostok
власть, authority, power (polit.)
вле́во, to the left
влия́ние, influence
влия́ть, to influence
вме́сте, together
— с тем, at the same time
вме́сте с (+ instr.), together with
вмести́тельный, roomy, spacious
вме́сто, instead of
вне, outside; without
внедре́ние, introduction
внести́, to carry in; to enter in, record
вне́шний, external
вне́шность, exterior, appearance
внизу́, below
внима́ние, attention
вноси́ть, to introduce; apply (hort.)
внук, grandson
вну́тренний, internal, inner
внутри́, inside
внутриве́нно, intravenously
вну́чка, grandchild, granddaughter
внуши́тельный, impressive, striking
во́все не, by no means

вода́, water
по́лная вода́, high water
газиро́ванная вода́, aerated (soda) water
водно-, water (adj.), aquatic
во́дный, water (adj.)
— спорт, aquatic sport
водоизмеще́ние, displacement (naut.)
водоотта́лкивающий, water-repellent
водоснабже́ние, water supply
водохрани́лище, reservoir
водяно́й, watery
вое́нный, war (adj.)
возвы́шенность, hills, high ground
возглавля́ть, to lead, be at the head of
воздвига́ть, to erect
возде́йствие, action, effect
возду́шный, aerial, air (line)
— ла́йнер, airliner
во́зле, near
возмо́жность, possibility
возмо́жный, possible
возни́кнуть, to arise
во́зраст, age
в во́зрасте, at the age of
возрасти́, to increase, grow
Возрожде́ние, Renaissance
война́, war
войти́, to enter, go into
вокру́г, around
Во́лга, Volga
волейбо́л, volleyball
волейбо́льный, volleyball (adj.)
во́лжский, Volga (adj.)
волна́, wave
волне́ние, emotion
волнообра́зный, wave-like
во́льница, robber
во́льный, free
во́ля, will
по до́брой во́ли, of one's own free will
вообще́, in general
вопреки́, contrary to, in spite of
вопро́с, question
воровство́, theft
воро́та, gates
воротни́к, collar
во́семь, seven
воскресе́нье, Sunday
воскре́сный, Sunday (adj.)
воспева́ть, to sing of, extol
воспита́тель, educator
воспита́тельный, educative
воспо́льзоваться, to make use of

137

воспринима́ть, to apprehend, grasp
воспроизвести́, to reproduce
воспроизводи́ть, to reproduce
воссозда́ть, to reconstruct, recreate
восто́к, east
восто́чный, eastern
восхо́д, sunrise
вот, here, this is
— почему́ (как), this is why
впервы́е, at first, for the first time
вперёд, forward
впечатле́ние, impression
вплоть до (+ *gen.*), right up to
вполне́, completely; quite
впро́чем, however
врата́ (воро́та), gates
врач, doctor
вреди́тель, pest
временно́й, temporal
вре́менный, temporary
вре́мя, time
  в то вре́мя, at that time
  в то вре́мя как, while
  в то же вре́мя, at the same time
  в настоя́щее вре́мя, at the present time
  в на́ше вре́мя, nowadays
  со вре́менем, in due course
  во вре́мя (+ *gen.*), at the time (of)
вро́вень с (+ *instr.*), level with
  встать вро́вень с, to keep pace with
всё, all; all the time
  и всё, and that is all!
  всё же, nevertheless
  всё-таки, nevertheless
всевозмо́жный, every possible; all kinds of
всегда́, always
всего́, in all
Вседержи́тель, Almighty
всеми́рный, universal, world-wide
всео́бщий, general
всесою́зный, all-Union
всесторо́нне, thoroughly, in detail
вска́рмливание, feeding; rearing
вско́ре, quickly
вслед за (+ *instr.*), after, following
встава́ть, to rise
встре́тить(ся), to meet
встре́ча, meeting
встро́енный, built-in
вступа́ть, to enter into
вступи́ть, to enter into, join in
всю́ду, everywhere
вся́кий, any; every kind of; all

втисну́ть, to squeeze in
вторга́ться, to break in, intrude
вторже́ние, invasion
второ́й, second
  на второ́е, for the second course
втро́е, three times
входи́ть, to enter
— в мо́ду, to come into fashion
выбега́ть, to run out
выбира́ть, to choose
вы́бор, choice, selection; election
вы́борочный, selective
вы́брать, to choose, select
вы́везти, to carry off; export
— на (+ *acc.*), to launch into
вы́вод, conclusion
  де́лать вы́вод, to come to a conclusion
вы́глядеть, to look, appear
выгова́ривать, to rebuke, reprimand
вы́даться, to turn out to be
выдаю́щийся, outstanding, eminent
выдвига́ть, to bring forward, suggest
— на пе́рвый план, to bring to the fore, emphasize
вы́двинуть, to nominate, propose as candidate
выделя́ть, to separate, single out
вы́держать, to pass (exam)
выезжа́ть, to travel
вы́ехать, to travel from, leave
вызва́ть, to cause; produce
вызыва́ть, to cause, give rise to, evoke
вы́играть, to win, gain
вы́игрывать, to win, gain
вы́йти, to come out
выкупа́ться, to bathe
вы́ложить, to spread over, cover
вы́мол, wharf
вы́нести, to carry out; install
вынима́ть, to take out
выно́сливость, endurance
выпада́ть, to fall
— на до́лю, to fall to one's lot
вы́печка, baking; frying
вы́плата, wage; payment
вы́полнить, to carry out, accomplish
вы́пуск, output; batch (graduates)
вы́пустить, to produce
выража́ть, to express
выраже́ние, expression
вырази́тельный, expressive; significant
вы́разить, to express, pronounce
выраста́ть, to grow

вы́расти, to grow up, increase
вы́садить, to transplant
вы́садка, planting out
выса́живать, to transplant
высева́ть, to sow
вы́сказать, to express, say
вы́скочить, to run aground (*naut.*)
вы́слать, to send out, dispatch
высо́кий, high; upper
высота́, height
вы́ставка, exhibition
вы́строить, to build
выступа́ть, to perform, appear; write for
вы́ступить, to appear; publish
вы́сший, highest, supreme
вы́тянуться, to extend, grow
вы́ход, emergence, entry into; publication
выходи́ть, to go out, emerge
— на (+ *acc.*), to look on to
выходно́й, going out
— день, day off
вы́ше, higher
вы́явиться, to be revealed
вы́яснить, to clarify
вяз, elm
вя́заный, knitted

г (грамм), gram
г. (год), year
газе́та, newspaper
галере́я, gallery
га́лстук, tie
га́мма, range
ганзе́йский, Hanseatic
ганте́ли (*pl.*), dumb-bells
гардеро́б, wardrobe
гармони́ческий, harmonic
гарни́р, garnishing, dressing
гастроли́ровать, to go on tour; perform
где, where
где бы ни, no matter where
ГДР (Герма́нская Демократи́ческая Респу́блика), German Democratic Republic
гекта́р, hectare (2·471 acres)
генера́л, general
Ге́нуя, Genoa
геогра́фия, geography
герба́рий, herbarium
Герма́ния, Germany
геро́й, hero
геройзм, heroism

герои́ческий, heroic
гига́нт, giant
гига́нтский, giant (*adj.*)
гигиени́ческий, hygienic
гимала́йский, Himalayan
гимна́стика, physical culture
гимнасти́ческий, gymnastic
гипертрофи́рованный, hypertrophic
гипо́теза, hypothesis
ги́ря, weight
глава́, head; cupola
главе́нствовать, to dominate
главе́нствующий, dominating, commanding
гла́вный, main, principal
глаз, eye
гло́бус, globe
глубина́, depth
глюко́за, glucose
говори́ть, to talk, say
— о (+ *loc.*), to bear witness to
говя́дина, beef
год, year
с но́вым го́дом, Happy New Year
гол, goal (sport)
голла́ндский, Dutch
голова́, head
головно́й, head (*adj.*)
— убо́р, head-dress
го́лос, voice; vote
пра́во го́лоса, the right to vote
голосова́ние, voting
голосова́ть, to vote
голубо́й, dark blue
го́нка, race
гора́, hill, mountain
го́рдость, pride
горизо́нт, horizon
го́рло, throat
го́рный, mountain
го́род, town, city
— -сад, garden city
городо́к, small town
городско́й, town (*adj.*), urban
горожа́нин, town dweller
горчи́чный, mustard (*adj.*)
горю́чее, fuel
горя́чий, boiling, hot
господи́н, Mr.; "lord"; notable
гости́нец, present
гости́ница, hotel
гости́ничный, hotel (*adj.*)
гость, guest
госуда́рственный, state (*adj.*)
— акт, act of state

государство, state
готовить, to prepare; train
готовность, readiness; cooked state (food)
готский, Gothic
грабёж, robbery
гравюра, engraving, print
градостроительный, town-building (adj.)
градус, degree
гражданин, citizen
грандиозный, great
гранитный, granite (adj.)
граница, boundary
грановитый, facet, edge (adj.)
 грановитая палата, Hall of Facets
график, schedule, timetable
грек, Greek
Греция, Greece
гриб(ок), mushroom
— пляжа, beach shelter
грипп, influenza
гробница, tomb
громадный, huge
гротескный, grotesque
грубый, rude; rough
груда, heap, pile
грудной, chest (adj.), pectoral
 грудная клетка, thorax
груз, freight, goods
Грузия, Georgia
грузовой, freight (adj.)
грузоподъёмник, goods lift
грунт, bottom, foundation; sea-bed
группа, group
грустный, sad
груша, pear
 рязный, dirty
грянуть, to break out, burst forth
гудеть, to sound, hoot
гулливер, Gulliver

да, yes
да и то, and even then
давать, to give
давно, long ago
 уже давно, for some time
даже, even
далёкий, distant
 далеко не, by no means
дальнейший, further, subsequent
дальний, distant, long distance (adj.)
дальнозоркость, long sight, presbyopia
дальность, distance; range (aircraft)
дальше, further

Дания, Denmark
данные (pl.), data
данный, given
дань, tribute
дата, date
дать, to give
— место (+ dat.), to make way for
два, две, two
двадцатиэтажный, 20-storey
двадцать, twenty
двенадцатый, twelfth
дверь, door
двести, two hundred
двигатель, motor
двигаться, to move
движение, movement; traffic
двинуться, to set out, move
двое, two
двор, court, courtyard; playground
дворец, palace
дворик, yard
дворцовый, palace (adj.)
двоякий, double
двубортный, double-breasted
девушка, girl
девятнадцать, nineteen
девять, nine
девятьсот, nine hundred
Дед-Мороз, Father Christmas
дежурство, duty
дезинфекция, disinfection
действие, action
действительно, in actual fact, indeed
действительный, real; active
действовать, to act, work; to be in use, in force
декабрь, December
декада, 10-day period
делать, to do
дело, matter, affair; thing
 дело в том, что, the fact is that, the important thing is . . .
 дело в (+ loc.), it is a question of
 то и дело, continuously
 в самом деле, indeed
деловитый, efficient
демисезонный, spring/autumn (adj.)
денежный, monetary
день, day
 рабочий день, working day
 день ото дня, day by day
 днём, by day
депутат, M.P., representative, deputy
депутатский, of a deputy, M.P., representative (adj.)

дéрево, tree
деревя́нный, wooden
держа́ть, to hold
держа́ться, to be supported, be based on
дерно́вый, turf (adj.)
дéскать, say, let us say
деспоти́зм, despotism
десятилéтие, decade
десятиэта́жный, 10-storey
деся́ток, ten
деся́тый, tenth
дéсять, ten
дета́ль, part
дéти (pl.), children
деторождéние, childbearing
дéтский, children's
— сад, kindergarten
дешёвый, cheap
дéятель, public figure, personality; worker
дéятельность, activity
джа́зовый, jazz (adj.)
джейра́н, gazelle
диалéктрик, dialectric
диало́г, dialogue
диа́метр, diameter
диапазо́н, range; band (wireless)
дизентери́я, dysentery
ди́ктор, speaker, announcer
дипло́м, diploma; degree
дирéктор, director
дирижёр, conductor
дискуссия, discussion
диста́нция, distance
дисциплина, discipline; academic course
длина́, length
дли́нный, long
дли́тельный, protracted, prolonged
дли́ться, to last
для, for
дневно́й, day-time
Днепр, Dnieper
дно, base, bottom
до, up to, until, before
доба́вить, to add
доби́ться (+ gen.), to achieve
дово́льно, sufficiently
доéхать, to arrive at, reach
дождь, rain
до́за, dose, dosage
дозрева́ние, ripening
доказа́ть, to prove
до́ктор, doctor

до́лгий, long
до́лго, for a long time
до́лжен, должна́, должно́, ought, should
доли́на, valley
до́льше, longer
дом, house
дома́шний, domestic, home (adj.)
до́мик, chalet
домино́, domino(es)
домово́дство, domestic science
дополни́тельно, in addition
дополни́тельный, additional, further
допуска́ть, to permit, allow
допусти́мый, permissible
допусти́ть, to permit; admit; assume, consider
доро́га, way, route, road
находи́ться в доро́ге, to be travelling
желéзная доро́га, railway
дорого́й, dear
доро́же, dearer
доскона́льный, thorough
досро́чный, premature, early
доста́вить, to supply; convey; cause
доставля́ть, to supply; convey; cause
доста́точный, sufficient, adequate
доста́ться (+ dat.), to win, accrue to
достига́ть, to achieve, reach
дости́гнуть, to achieve
достижéние, achievement
дости́чь, to achieve, reach
досто́инство, merit, value
досто́йный, worthy, deserving
достопримеча́тельность, ''sights'', main attraction
до́ступ, access
досту́пность, accessibility
дохо́д, income
доходи́ть (до), to arrive (at)
дра́ма, drama
драмати́ческий, dramatic
драматурги́я, dramatic works
древнеру́сский, Old Russian
дрéвний, ancient
дрéвность, antiquity, pl. antiquities (archeol.)
дроби́ть, to split up, splinter
друг, friend
друго́й, other
дру́жба, friendship
ду́мать, to think
Дуна́й, Danube
дух, spirit
духо́вка, oven

душа́, soul, heart
  на ду́шу, per head
ды́мка, haze
ды́ня, (musk) melon

Евро́па, Europe
европе́йский, European
его́, his, him, its
еда́, food; meal
едва́, hardly
— ли не, almost
еди́нственный, solitary, only
еди́нство, unity
еди́ный, same, identical
её, her, hers, its
ежего́дно, yearly, every year
ежедне́вно, daily
ежедне́вный, everyday
е́здить, to travel
Екатери́на, Catherine
Елизаве́та, Elisabeth
ёлка, fir tree, Christmas tree
ёлочный, fir tree (adj.)
  ёлочные украше́ния, New Year decorations
ель, fir tree
е́сли, if
есте́ственный, natural
есть, to be; there is, are
  то есть (т.е.), i.e., that is
е́хать, to travel
ещё, still, yet; already; even
  ещё не, not yet
  ещё оди́н, yet another, one more

жаке́т, jacket
жа́лоба, complaint
жа́ркий, hot
ждать, to wait, await
же, then; indeed, very
жела́ние, wish
жела́ть, to wish
жела́ющий, one who wishes
желе́зный, iron; rail (adj.)
  желе́зная доро́га, railway
жёлтый, yellow
же́нщина, woman
же́ртва, victim
жже́ние, burning, inflammation (med.)
живо́й, living
живопи́сец, painter
живопи́сность, picturesqueness
живопи́сный, picturesque
жи́вопись, painting
живо́тное, animal

жи́зненный, living
жизнь, life
жили́ще, dwelling
жили́щный, living
жило́й, living; housing
— кварта́л, housing estate
— масси́в, living area
жильё, dwelling, habitation
жир, fat
жира́ф, giraffe
жи́тель, inhabitant
жить, to live
жук, beetle

за, after; during; behind; beyond; over; for
Забайка́л, Trans-Baikal
заболева́ние, illness, disease
заболе́ть (+ instr.), to fall sick with
забо́та, care, preoccupation
забы́ть, to forget
заведе́ние, institution
заве́дующий, director, head
заверша́ть, to complete
заверши́ть, to complete
заве́тный, cherished, sacred
зави́дный, enviable
зави́сеть (от), to depend (on)
зави́симость, dependence
  в зави́симости от (+ gen.), depending on
заво́д, factory, firm
заво́дка, winding up
заво́дский, factory (adj.)
завоева́ть, to win, gain
за́втра, tomorrow
за́втракать, to breakfast
заготовля́ть, to prepare
загроможда́ть, to clutter up
зада́ча, task, problem
заде́лывать, to seal
заде́рживать, to detain, delay; stay a long time
заде́ржка, delay; retardation
за́дний, rear
задо́лго (до), long before
заезжа́ть (в), to travel (into)
зазо́р, gap
Закавка́зье, Transcaucasia
зака́нчивать, to complete
зака́т, sunset
закипе́ть, to begin to boil
закла́дка, laying; making
закла́дывать (на), to set aside (for)
заключа́ть, to conclude; enter into

— в (+ *loc.*), to comprise, consist of
заключи́ть, to comprise, enclose
зако́н, law, the law
зако́нность, lawfulness, living within
   the law
зако́нчить, to complete
закрепи́ть, to fasten
закры́тый, closed; covered; indoor
   (games)
зал, hall, room; department (store)
   спорти́вный зал, gymnasium
   а́ктовый зал, assembly hall
залива́ть, to pour over
зали́ть, to pour
залихва́тский, rollicking, boisterous
замедле́ние, retardation, slowing down
замедля́ться, to slow down
замени́ть, to replace
замере́ть, to die down; sink; become
   still
заме́тить, to observe, notice
заме́тно, perceptibly, appreciably
замеча́ние, observation, remark
замеча́тельный, remarkable
за́морозки, frosts
замо́рский, overseas
замыка́ть, to close; enclose, bound; be
   together
занима́ть, to occupy
занима́ться, to engage in, be occupied
   with
за́ново, anew, afresh
заня́тие, work, study; lesson
за́нятый, occupied
заня́ть, to occupy
за́пад, West
западноевропе́йский, West European
за́падный, western
запани́ровать, to cover with bread-
   crumbs
запасно́й, spare
   запасны́е ча́сти, spares
за́пах, smell, scent
записа́ть, to record
запи́сывать, to record (tape)
за́пись, recording
заплы́в, swimming race
запра́вка, seasoning
заправля́ть, to season
за́пуск, launching
запусти́ть, to launch
за́работный, working
   за́работная пла́та, wages
заражéние, infection
зарази́ть, to infect

зара́зность, infection, contagion
зара́нее, previously
зарубе́жный, foreign
заря́дка, physical exercises
заса́ливать, to salt
засели́ть, to occupy, settle in
засло́н, obstacle, barrier
заслони́ть, to cover, hide
заслу́женный, honoured, merited
— де́ятель, honoured . . .
заслу́живать, to deserve
застёжка, fastening; buckle
засто́йный, stagnant
застро́йка, construction
зате́м, then, afterwards
зато́, in return
затра́чивать, to spend
затяжно́й, protracted
заходи́ть, to visit, "drop in on"
защити́ть, to defend, protect
защи́тный, protective
защища́ть, to defend
заявле́ние, application
зва́ться, to be called, named
зверь, wild animal
звук, sound
звукозри́тельный, audio-visual
звуконепроница́емый, sound-proof
звуча́ть, to sound
зда́ние, building
здесь, here, at this point
зде́шний, local, of this place
здоро́вый, healthy
здоро́вье, health
здра́вница, health resort
здравоохране́ние, medical service
зелене́ть, to grow green
зелёный, green
— лук, spring onion
земля́, earth
земляни́ка, strawberries
земляно́й, earth (*adj.*)
земно́й, earth's, terrestrial
зе́ркало, mirror
зима́, winter
зи́мний, winter's
зло́ба, spite, malice
зло́стный, malicious
знако́мить, to acquaint
знако́миться (c), to get acquainted
   (with)
знако́мый, familiar
знамени́тый, eminent, famous
зна́ние, knowledge, learning
знато́к, connoisseur, expert

знать, to know
значе́ние, meaning, significance
значи́тельно, significantly, appreciably
значи́тельный, significant
зна́чить, to mean, signify
зо́дчий, architect
золоти́стый, golden
золото́й, golden
   золоты́е ру́ки, clever fingers
зо́на, zone, area
— о́тдыха, leisure area
зонт, sunshade, awning
зоопа́рк, zoological garden
зре́ние, vision, sight
зри́тель, spectator
зри́тельно-слухово́й, audio-visual
зря, —
   не зря, with good reason

и, and; also; too
   и . . . и, both . . . and
и́ва, willow
иго́лка, needle
иго́лочка, needle
   с иго́лочки, spick and span; brand new
игра́, play; game
игра́ть, to play
игрово́й, playing
игро́к, player
игру́шка, toy
идеа́л, ideal
идеа́льный, ideal (adj.)
иде́я, idea
идти́, to go, proceed; take place
— свои́м чередо́м, to take a normal course
из, of, from, out of; made of
из-за, from behind; because of
из-под, from under
избира́тель, voter
избира́ть, to elect
изве́стный, well known
изви́листый, winding
изготовля́ть, to make
изда́ние, edition
изда́тельство, publishing house
изде́лие, product, work
излуча́ть, to beam
излуче́ние, radiation
изме́на, treachery
измене́ние, change
измени́ться, to change, alter
изнутри́, from the inside, within
изображе́ние, picture, image

изобрази́ть, to portray, show
изоля́тор, isolation, solitary confinement
израсхо́довать, to spend, expend
изря́дный, fairly (pretty) good
   изря́дное коли́чество, a fair number
изуми́тельный, wonderful
изуче́ние, study
изы́сканный, refined; delicate
изя́щный, elegant, refined
ико́на, icon
икра́, caviar
и́ли, or
иллюстра́ция, illustration
и́менно, indeed, really, precisely
име́ть, to have
— на рука́х, to have at hand
— под бо́ком, to have at one's side, at hand
име́ться, to exist, be, be found
имити́ровать, to imitate
импера́тор, emperor
императри́ца, empress
импровиза́ция, improvisation
иму́щественный, property (adj.)
иму́щество, property
и́мя, name
ина́че, otherwise
индивидуа́льный, individual
индустриа́льный, industrial
инжене́р, engineer
инициати́ва, initiative
иногда́, sometimes
ино́й, other
   ины́ми слова́ми, in other words
   по-ино́му, in a different way
иностра́нный, foreign
институ́т, institute
интенси́вный, intensive; brilliant (colour)
интервью́, interview
интере́с, interest
интере́сный, interesting
интересова́ть, to interest
интернациона́льный, international
инти́мность, intimacy
инти́мный, intimate
Интури́ст, Intourist travel agency
информа́ция, information
Ира́н, Persia, Iran
ира́нский, Iranian
исключи́тельно, extremely, exceptionally
исключи́тельный, special
исключи́ть, to exclude

искусственный, artificial
искусство, art; technique, skill
испанский, Spanish
испечь, to bake, fry
исполком, executive committee
исполниться, to be fulfilled; reach the age of, be
использование, use
использовать, to use
испытание, testing
испытать, to try, test
испытывать, to experience, feel
исследование, research
исследователь, research worker
истёкший, past, previous
историк, historian
исторический, historical
история, history; case-history
источник, source
Италия, Italy
их, their; them
июнь, June

к (ко), to, towards
кабинет, laboratory; study
каблучок, heel
Кавказ, Caucasus
кавказкий, Caucasian
кадр, frame (*phot.*)
каждый, each, every
казаться, to seem, appear
казна, treasury, exchequer
как, as, how, when
   как . . . так, both . . . and
   как будто, as if
   как только, as soon as
каков, какова, каково, what
какой, what
   какой бы . . . ни, however
   какой-либо, any
   какой-то, some; somehow
календарный, calendar (*adj.*)
калечить, to cripple, lame
калийный, potash (*adj.*)
каменный, stone (*adj.*)
камень, stone
камера, room, place
кампания, campaign
Канада, Canada
канал, canal, channel
кандидат, candidate
   — наук, postgraduate student (science)
канун, eve
   в кануне (+ *gen.*), on the eve of
капитальный, thorough, complete

капроновый, nylon (*adj.*)
капуста, cabbage
капустный, cabbage (*adj.*)
капюшон, hood
карданный, cardan (*adj.*)
   — вал, transmission shaft
кардинальный, vital
карманный, pocket (*adj.*)
Карпаты, Carpathians
карта, map
картина, picture
картинка, picture
картофель, potato(es)
касаться, to concern
   что касается (+ *gen.*), as far as . . . is concerned
Каспия, Caspian Sea area
кастрюля, saucepan
катар, catarrh
катастрофа, catastrophe
катер, launch, motor boat
кафе, café
кафедра, department (*univ.*); chair (*univ.*)
кафетерий, cafeteria
качать, to swing, rock
   — головой, to shake one's head
качество, quality, property
кашель, cough
квадратный, square (*adj.*)
квалификация, qualification
квалифицированный, qualified
квартал, district, housing estate
квартира, apartment, flat
кедр, cedar
кемпинг, camping site
Киев, Kiev
киловатт-час, kilowatt-hour
километр, kilometre
килька, sprat
кино, cinema
   смотреть кино, to watch a film
кинометод, visual method
кинословарь, cinema reference work
кинотеатр, cinema
кинофильм, cinefilm
кирпичный, brick (*adj.*)
кислый, sour
кит, whale; main problem
кишечный, intestinal
класс, classroom; class, group
классицизм, classicism
клён, maple
климат, climate
клуб, club

клу́бный, club (*adj.*)
ключ, key
Клязьми́нский, Klyzma (*geog.*)
кнехт, bollard
кни́га, book
кня́зь, prince
ко́бра, cobra
когда́, when
— -то, once upon a time, formerly
ко́жаный, leather (*adj.*)
козёл, he-goat
колеба́ться, to fluctuate, vary
колесо́, wheel
    на колёсах, on wheels, motorized
коли́чество, quantity, a number of
колле́га, colleague
коллекти́в, group, team
коллекти́вный, collective
колле́кция, collection
ко́локол, bell
колоко́льня, bell-tower, belfry
коло́ния, colony, camp
колхо́зник, collective farmer
колхо́зница, collective farmer
    (female)
колхо́зный, collective farm (*adj.*)
кольцево́й, ring-shaped, circular
кольцо́, ring; ring road
колю́чий, thorny
    колю́чая про́волока, barbed wire
ком, lump
кома́нда, team
комбина́т, group
— бытовы́х услу́г, everyday services
комбинезо́н, overalls; child's play
    suit
комбини́рованный, combined
комеди́йный, comic
коме́дия, comedy
коммента́рий, commentary
комменти́ровать, to comment, add
коммуна́льный, community (*adj.*)
ко́мната, room
компа́ктный, compact
ко́мплекс, group, combination
ко́мплексный, combined
комплéкт, complete set; suit
компоно́вка, arrangement, assembly
компо́ст, compost, garden refuse
комсомо́льский, Komcomol
комфо́рт, comfort, ease
комфорта́бельный, comfortable
конве́йер, conveyor belt
кондициони́рованный, (air) conditioned

коне́ц, end; line, rope (*naut.*)
    в конце́ концо́в, finally
коне́чно, of course
ко́нкурс, competition
ко́нкурсный, competitive
консервато́рия, conservatoire
ко́нский, equestrian
Константино́поль, Constantinople
константино́польский, Constantinople
    (*adj.*)
конституцио́нный, constitutional
констру́ирование, construction
констру́ктивный, constructive
констру́ктор, constructor
констру́кторский, constructional
    констру́кторское бюро́, design
    office
констру́кция, construction
консульта́ция, consultation, advice
контингéнт, contingent; number,
    quota
контра́ст, contrast
ко́нус, cone
концентри́ческий, concentric
концéрт, concert
концéртный, concert (*adj.*)
— зал, concert hall
ко́нчиться, to finish
коню́шенный, of stables
кооперати́вный, co-operative
кора́, bark (tree)
кора́бль, ship
ко́рень, root
коре́нья, roots (culinary)
коридо́р, corridor
корма́, stern (ship)
корнепло́д, root-crop
коро́бка, box
— переда́ч, gearbox
коро́ль, king
короновáть, to crown
коро́ткий, short
коро́тышка, ''short'' car
ко́рпус, building, block of buildings
корсу́нский, of Korsun (*geog.*)
косми́ческий, cosmic
— кора́бль, space ship
космона́вт, cosmonaut
ко́смос, cosmos
костю́м, costume, dress; suit
кото́мка, knapsack, sack
кото́рый, who, which
край, edge, border; territory
кран, crane
краса́вица, beauty

красивый, beautiful
красный, red
красота, beauty
краткий, short
кремлёвский, Kremlin (adj.)
крест, cross
кривизна, curvature
крик, cry
кровля, roof, roofing; dome
крокодил, crocodile
кроль, crawl (swimming)
кроме, except; besides
— того, furthermore, besides
кропотливый, laborious
круг, circle
круглосуточно, round the clock, 24-hours
кружка, tankard, jug; tin
крупный, important; large; powerful
  крупным планом, as a close-up
крутой, steep
крыльцо, porch, entrance
Крым, Crimea
крыша, roof
крыжовник, gooseberry(-ies)
крючок, fishing hook
кстати, to the point
— сказать, by the way
кто, who
куда, where
куда ни, wherever
кулинария, cookery
культура, culture; species; type; crop (hort.)
культуризм, physical culture
культурно-бытовой, cultural-welfare
  культурно-бытовые учреждения, public amenities
культурный, cultural
купальный, bathing (adj.)
— костюм, bathing costume
купание, bathing
купец, merchant
купечество, merchants, merchant class
купить, to buy
купол, cupola, dome
купольный, domed
курзал, pleasure ground
курорт, health resort, spa
курс, course
кусок, piece
кусочек, small piece
куст, shrub, bush
кухня, kitchen, cuisine
кухонный, kitchen (adj.)

лаборатория, laboratory
лабораторный, laboratory (adj.)
лавровый/лаврóвый, laurel (adj.)
лагерь, camp
ладонь, palm (hand)
лазурный, blue
лайнер, liner
лаконичность, laconicism
лаконичный, laconic; simple (arch.)
ландшафт, landscape
ларёк, stall
ласкать, to caress; attract the eye
ласт, fin; flippers
лев, lion
легенда, legend
лёгкий, light; easy
легкоатлет, track runner
легкомысленный, thoughtless
лёд, ice
ледовитый, ice (adj.)
Ледовитый, Arctic Ocean
лежак, beach chair, sun lounger
лежать, to lie
лекарственный, medicinal
лекарство, medicine
ленинградец, inhabitant of Leningrad
лента, tape
леопард, leopard
лес, wood
лесистый, woody
лестница, stairs, staircase
  общественная лестница, social ladder, scale
летний, summer (adj.)
лётный, flying
лето, summer; (pl.) years
летопись, chronicle
лётчик, flier, pilot
лечебный, medical
лечение, cure
лечить, to cure
лечиться, to receive treatment, be cured
лечь, to lie
ливень, downpour, cloudburst
лига, league (football)
лиможский, Limoges (adj.)
линия, line
липа, lime tree
липси, modern Russian dance
лиса, fox
лист, leaf
листва, foliage
лиственница, larch
литератор, writer

литерату́ра, literature
литерату́рный, literary
лить, to pour
лифт, lift
лицо́, face; person
личи́нка, larva
ли́чный, individual
лиши́ть, to deprive
ли́шний, superfluous
лишь, only
ло́вкость, dexterity
логи́чный, logical
ло́жка, spoon
    столо́вая ло́жка, tablespoon
лома́ть, to break; abandon
ло́мтик, slice
ло́пнуть, to break, crack
лососи́на, salmon
лошади́ный, horse (adj.)
луг, meadow
лук, onion
лук-бату́н, onion
луна́, moon
лу́нный, lunar
луч, ray
лучеобра́зно, ray-like
лу́чше, better
— всего́, best of all
лу́чший, better, best
льво́вский, Lvov (adj.)
льняно́й, linen (adj.)
любе́зность, pleasantness, courtesy
люби́мый, favourite
люби́тель, lover, admirer; enthusiast, amateur
люби́ть, to love, like
любо́вно, with care, affection
любо́вь, love
любо́й, any (you like)
лю́ди, people

мавзоле́й, mausoleum
магази́н, shop
магистра́ль, highway
магни́тный, magnetic
магнитофо́н, tape recorder
магнитофо́нный, tape-recorder (adj.)
май, May
максима́льный, maximum
ма́ксимум, maximum
мале́йший, slightest, smallest
ма́ленький, small
мали́на, raspberry(-ies)
мали́нный, raspberry (adj.)
ма́ло, little, a few

— того́, moreover
малолитра́жка, small-powered car
ма́лый, small
малы́ш, small child
марабу́ (indecl.), marabou
марафо́н, marathon
ма́рка, mark, sign; sort
    пе́рвой ма́рки, of the first order
ма́ршал, marshal
маршру́т, route, itinerary
ма́сло, butter
ма́сса, mass
масси́в, block, group
масси́вный, massive, impressive
ма́стер, craftsman; supervisor; gun-smith; star (football); expert
мастерска́я, workshop
мастерство́, skill, craftsmanship
масшта́б, scale
математи́ческий, mathematical
материа́л, information, statistics
матч, match
мать, mother
маши́на, car, vehicle
ме́бель, furniture
мёд, honey
медве́дь, bear
ме́дико-биологи́ческий, medico-bio-logical
медици́на, medicine
медици́нский, medical
междоусо́бица, civil war
ме́жду, between
— тем, meanwhile
междугоро́дный, inter-city
междунаро́дный, international
межсезо́нье, mid-season
ме́лкий, thin; small
ме́лочь, small points
мель, sandbank
ме́нее, less
ме́ньше, less
ме́ра, extent, measure
мери́ло, criterion, measure
мертворождённый, still-born, abor-tive
ме́стность, locality
ме́стный, local
ме́сто, place, locality, residence, haunt
ме́сяц, month
метеори́т, meteorite
метеороло́гия, meteorology
ме́тко, rightly, with good reason
ме́тод, method
метр, metre

метро́вый, metre (adj.)
метрополите́н, underground railway
мех, fur
механизи́ровать, to mechanize
механи́зм, mechanism
механи́ческий, mechanical
меховой́, fur (adj.)
мечта́, dream
мечта́ть, to dream
меша́ть, to hinder, prevent
микрорайо́н, microregion
миллиа́рд, thousand million
миллиба́р, millibar
миллио́н, million
миллио́нный, million (adj.)
ми́ля, mile
ми́мо, past
минера́льный, mineral (adj.)
ми́нимум, minimum
мини́стр, minister
мину́та, minute
мир, world
мировоззре́ние, philosophy of life
мирово́й, world (adj.), international
митрополи́т, Metropolitan
мла́дший, junior
млн. (миллио́н), million
мне́ние, opinion
   по мне́нию (+ gen.), in the opinion
   of
мно́гие, many
мно́го, much
многокра́тно, many times
многокра́тный, many, repeated
многочи́сленный, many, numerous
мно́жество, a number of, large number
   of
моги́ла, grave
могу́щество, power, might
мо́да, fashion
моде́ль, model, type
модифика́ция, modification
мо́дный, fashionable
мо́жно, it is possible, one may
мозг, brain
мо́йка, washing
мо́крый, wet, moist
молодёжь, youth, young people
молодо́й, young
моло́же, younger
молоко́, milk
молото́к, hammer
молча́ть, to be silent
моме́нт, moment
моноре́льсовый, monorail (adj.)

монта́ж, assembly
мора́ль, morals
мо́ре, sea
   Азо́вское мо́ре, Sea of Azov
   Бе́лое мо́ре, White Sea
   Каспи́йское море, Caspian Sea
морко́вь, carrot
морско́й, sea-going
моря́к-речни́к, river worker
Москва́, Moscow
москви́ч, Muscovite
моско́вский, Muscovite (adj.)
мост, bridge
моте́ль, motel
мото́р, motor
мото́рный, motor (adj.)
моторо́ллер, scooter
мотоци́кл, motor-cycle
мотоцикли́ст, motor-cyclist
мохна́тый, shaggy, bushy
мочь, to be able
мо́щный, powerful
мрачнова́тый, gloomy, dark
музе́й, museum
му́зыка, music
музыка́льный, musical
мука́, flour
мураве́д, ant-eater, ant-bear
му́ха, fly
мучни́стый, mealy
мыс, promontory
мы́сленно, mentally
мы́шечный, muscular
мы́шца, muscle
мя́гкий, soft
мясно́й, meat (adj.)
мя́со, meat
мяч, ball

на, on, on to; for; at; over (distance);
   by (extent of difference)
на́бережная, sea-front
наблюда́ть, to observe
наблюде́ние, observation
наброса́ть, to outline, sketch
нагре́ть, to warm, heat
нагру́зка, load
над, above, over
надёжный, reliable
наде́яться, to hope
на́до, it is necessary
надстро́ить, to build on, add to
надувно́й, inflatable
нажи́вка, bait
наза́д, ago; backwards

назва́ние, name, designation
назва́ть, to call, name
назначе́ние, designation, description
назо́йливый, incongruous, out of place
называ́ть, to call, name
так называ́емый, so-called
наибо́лее, most
найти́, to find
наказа́ние, punishment
нака́зывать, to punish
наконе́ц, at last, finally
налива́ть, to pour
намести́, to sweep together, pile up
наме́тить, to plan; propose
намно́го, somewhat; greatly, considerably
наоборо́т, on the contrary
написа́ть, to write; paint
напра́вить, to direct
напра́виться, to be directed
направле́ние, direction
направля́ть, to direct
напра́шиваться, to invite comment
наприме́р, for example
напряга́ть, to strain
напряжённый, tense
напускно́й, unnatural
нарасти́ть, to increase, build up
наре́занный, chopped
наре́зать, to cut
наро́д, people, population
наро́дный, people's
наряду́ с, at the same time; side by side (with)
насажде́ние, plot, plantation
населе́ние, population
наси́женный, long occupied, "ancestral"
наско́лько, as far as
наслажда́ться (+ *instr.*), to take pleasure in, enjoy oneself with
на́сморк, cold
насто́лько, such a, so
настоя́щий, real
настрое́ние, mood, spirits
наступи́ть, to come, arrive
наступле́ние, coming, arrival
насчи́тывать, to count, number
нау́ка, science
нау́чно, scientifically
нау́чный, scientific
находи́ть, to find
находи́ться, to be found, located
национа́льный, national

нача́ло, beginning
нача́льник, head, leader
нача́ть(ся), to begin
начина́ть, to begin
начина́ющий, "budding", future
на́чисто, completely
наш, our, ours
не, not
— то́лько . . . но и, not only . . . but also
не́бо, sky
небольшо́й, small
неве́рный, untrue, incorrect
неда́вно, recently
неда́ром, not without reason
недомога́ние, indisposition
недорого́й, cheap
недоста́точный, insufficient
неду́г, ailment
незави́симый, independent
незадо́лго, shortly before, not long before
незамени́мый, indispensable
незауря́дный, outstanding, unusual
незнако́мый, unknown
незначи́тельный, insignificant
неизбе́жный, unavoidable
неизве́стно, it is not known
не́который, a certain, (*pl.*) some, a few
нельзя́, it is impossible, one cannot; one must not
— не, one cannot but
— сказа́ть, что (бы), it cannot be said that
нема́ло, not a little, not a few, many
неме́дленно, immediately
неме́цкий, German
немно́го, a little
немы́слимый, unthinkable
необходи́мость, necessity
необходи́мый, necessary, essential
необыкнове́нный, unusual
необыча́йно, unusually
необы́чный, unusual
неоднокра́тно, repeatedly
неожи́данный, unexpected
неподви́жно, immobile
непо́лный, incomplete
непосре́дственно, directly
непревзойдённый, unsurpassed
непреры́вно, continuously
неприменимый, inapplicable, impossible
непроизводи́тельный, unproductive

непромокаемый, waterproof
неразбериха, confusion
нервный, nervous
нередко, often
неровный, rough
несбыточный, unrealizable
несение, conduct; performance
несколько, some, a few, somewhat
несмотря на (+ acc.), in spite of
неспокойный, restless
нет, no, there is not
нетронутый, unspoiled, untouched
неумеренный, excessive, immoderate
неустойчивый, unstable, changeable
нефть, oil
ни . . . ни, neither . . . nor
низкий, low
никакой, no kind of
никогда, never
никто, nobody, no one
нитка, thread
ничего, nothing
ничуть не, not at all
но, but
новгородец, inhabitant of Novgorod
новгородский, Novgorod (adj.)
новенький, brand-new
новинка, novelty, new feature
новичок, newcomer
новорождённый, new-born
новоселье, house-warming
новость, news
новоявленный, newly appeared,
    arrived
новшество, novelty, innovation
новый, new
нога, foot; leg
номер, room
Норвегия, Norway
норка, mink
норма, norm, standard
нормальный, normal
носить, to carry, bear; wear
носорог, rhinoceros
ночлег, lodging
ночной, night (adj.)
ночь, night
    ночью, at night
нравиться, to please, to like
нравственный, moral
нужный, necessary
нуль, zero
ныне, now
нынешний, present-day (adj.)
нынче, nowadays, at this time

о, об, обо, about, concerning
оба, обе, both
обдумывать, to think about, consider
обед, dinner
обедать, to have dinner
обеденный, dinner (adj.)
обезьяна, monkey
обеспечение, security
обеспечить, to ensure
обещать, to promise
обжаривать, to fry
обжарить, to fry
обжитой, inviting, ''at home''
обилие, abundance, excess
обильный, plentiful
обитатель, inhabitant
обладатель, possessor
обладать, to possess
область, region
облачный, cloud-like
облегчённый, light (adj.)
облететь, to fly around
облечение, alleviation
облик, image; look, appearance
облицовывать, to face, cover with
облучение, irradiation
обнадёживать, to raise hopes
обнаружить, to discover
обновить, to renew, repair
обновлять, to repair, restore
обозначение, designation
обозреватель, reviewer, commentator
обойтись, to get along with (coll.)
не — без, to be unable to do without
оборонительный, defensive
оборудование, equipment
оборудовать, to equip
обоснование, basis
обосноваться, to settle down, camp
обработать, to cover (ground)
образ, form, manner; concept; type
    каким-то образом, in some manner
    таким образом, in this way
образец, specimen, sample; model,
    standard
образование, education
образовать, to form
обратить, to turn
— внимание на (+ acc.), to direct
    attention (to)
обратиться, to turn
— к врачу, to take medical advice
обретать, to find
обрыв, precipice
обрывистый, steep

обсерватория, observatory
обслуживание, service; servicing (tech.); facilities
обслуживать, to serve
обслужить, to serve
обставлять, to furnish; arrange
обстановка, situation; surroundings
обсуждение, discussion
обувь, footwear
обусловить, to cause, bring about
обучаться, to study, learn
обучение, instruction
обширный, vast
общаться (с), to be in contact with, associate with
общедоступный, public; popular
общежитие, hostel, residential accommodation
общение, intercourse, contact
общественный, social, public
— деятель, public figure
общественное питание, public catering
общество, society
общий, general, common
объединять, to unite
объём, volume, capacity, mass, amount
объёмный, bulky
объявить, to announce, declare
объявлять, to announce, declare
объяснение, clarification
объяснить, to explain
объяснять, to explain
обычный, normal, usual
обязательно, compulsorily, of necessity; without fail, without doubt
обязательный, obligatory
овладеть, to master
овощи (pl.), vegetables
овощной, vegetable (adj.)
огибать, to go round
оглашать, to fill with sound
огни (pl.), lights, decorations
огород, kitchen garden
огорчение, annoyance, distress
ограничивать, to enclose, limit
огромный, huge, enormous
огурец, cucumber
огуречный, cucumber (adj.)
одежда, clothing
одержать, to gain, win
— победу, to gain a victory
один, одна, одно, one
один и тот же, one and the same
одни . . . другие, some . . . others

ни один . . ., not one
одиннадцатый, eleventh
одинокий, solitary, single, lone
однако, however
одновременный, simultaneous
однообразный, monotonous
одобрение, approval
оживление, reviving, bringing to life
ожидать, to expect
оздоровительный, recuperative
озеленение, planting of trees and shrubs
озеро, lake
озлоблять, to embitter
означать, to signify, mean
оказаться, to be, prove to be
оказалось, что, it was found that
оказывать, to show
— влияние на (+ acc.), to exert influence on
окаймлять, to border, envelop
около, about; near
околоземной, around the earth
окончание, completion
окончательно, finally
окраина, outskirts
окрестность, neighbourhood, vicinity
округ, region, district
окружающие (pl.), associates
окружить, to surround
окружной, district (adj.)
окружность, circumference
окружный, neighbouring
окулировка, grafting
Олимпийский, Olympic
он, he
она, she
они, they
оно, it
опасный, dangerous
оплата, pay
опоясать, to encircle, surround
определение, definition
определённый, definite, certain, fixed
определять, to determine
опрыскивание, spraying
опускаться, to descend; go downstream
опыление, spraying
опыт, experiment; experience
опытный, experimental
оранжевый, orange
оранжерея, hothouse, conservatory
орбита, orbit
орган, organ (polit., anat., etc.)
орган, organ (mus.)

организа́ция, organization
органи́зм, organism
организова́ть, to organize
орке́стр, orchestra
ору́дие, instrument, tool
— труда́, working tool
оруже́йный, of arms, weapons
Оруже́йная пала́та, Armoury
ору́жие, weapon
оса́дка, draught (naut.)
осва́ивать, to master
освободи́ть, to free
освобожде́ние, freedom, release
освое́ние, mastery
осво́ить, to master; occupy
осе́нне-зи́мний, autumn-winter
осе́нний, autumn (adj.)
о́сень, autumn
оско́лок, splinter, fragment
ослабля́ть, to weaken
осма́тривать, to inspect, survey
осно́ва, basis, fundamentals
основа́ние, foundation
основа́ть, to found, base
основно́й, basic, principal
в основно́м, basically
осо́бенно, especially, very
осо́бенность, peculiarity, special feature, characteristic
в осо́бенности, especially, in particular
осо́бый, special
оспа́ривать, to dispute, contend for
остава́ться, to remain
оста́вить, to leave, abandon
остально́й, remaining, rest
оста́нки (pl.), remains, relics
останови́ть, to stop
останови́ться, to stay, remain
— на ночле́г, to stay overnight
останови́ться на (+ acc.), to emphasize, dwell on
остано́вка, halt
оста́ток, remains
оста́ться, to remain
остекле́ние, glazing
острогрудно́й, pointed, sharp
о́стрый, acute, sharp; tense, intense
осужда́ть, to condemn
осуществля́ть, to realize, achieve
от, from
отбива́ть, to beat, strike; chime
отбира́ть, to select
отбо́р, selection

отбо́рочный, elimination, knock-out
(sport)
отбыва́ть, to serve
— наказа́ние, to serve one's sentence
отбы́ть, to serve
— срок, to serve time
отварно́й, boiled
отвести́, to take away
— под склад, to use as a store
отве́т, answer
отводи́ться, to be allotted
отдалённый, distant, remote
отда́ть, to give
отде́л, section
отде́лать, to finish
отделе́ние, department, section
отде́лка, trimming
отде́льный, separate, individual
отдохну́ть, to rest
о́тдых, rest, recreation
дом о́тдыха, holiday home
отдыха́ть, to rest, relax; take a holiday
оте́чественный, native
оте́чественная война́, Great Patri-
otic War
отжи́вший, obsolete, out of date
отклоне́ние, deviation
отколо́ться, to break off
открыва́ть, to open
откры́ть, to open
отку́да, whence, where
отли́ть, to cast
отлича́ть, to distinguish
отли́чный, excellent
отме́тить, to note
отмыка́ть, to unlock
относи́ться, to be related to, regarded
as
отноше́ние, relation
отобра́ть, to select
отодви́нуть, to move aside
отодви́нуться наза́д, to draw back
оторва́ться, to take away, remove
оторочи́ть, to edge, trim
отпочкова́ться, to split off
отпра́виться, to send off
отправля́ть, to send
отправля́ться, to travel
отпра́здновать, to celebrate
о́тпуск, holiday, vacation
отпускни́к, holiday-maker
отража́ть, to reflect
отраслево́й, branch (adj.)
о́трасль, branch
отремонти́ровать, to repair

153

отры́вок, excerpt, extract
отряхну́ть, to shake off
отсе́ять, to discard; eliminate
отстава́ть, to fall behind
отста́ть (от), to fall behind, lag
отступи́ть, to step back, retreat
отсу́тствие, absence
отсу́тствовать, to be absent
отте́нок, shade, nuance
отту́да, from there
отчего́, whereby
отше́льник, hermit
охвати́ть, to cover, embrace
охва́тывать, to cover, embrace
охлажде́ние, cooling
очарова́тельный, charming, delightful
очеви́дно, evidently
о́чень, very
очередно́й, regular
о́чередь, turn
    в свою́ о́чередь, in its (their) turn
о́черк, sketch
очерта́ние, outline, shape
очи́стить, to clean
очи́стка, cleansing
оши́бка, error
ощуща́ть, to feel, sense

павильо́н, pavilion, shelter, waiting
    room
па́водок, high water level
па́далица, fallen fruit, windfall
паде́ние, loss of form (sport)
пала́та, palace, residence
пала́тка, tent
пала́точный, tent (adj.)
пали́тра, palette
палла́диум, palladium
па́луба, deck
пальто́, coat
па́мятник, monument
панаце́я, panacea
пане́ль, panel
панора́ма, panorama
пансиона́т, boarding house
пара́дный, display, parade (adj.)
— двор, parade ground
па́рень, fellow, chap
парикма́херская, hairdressing saloon
парк, park
па́рковый, park (adj.)
парла́мент, parliament
парни́к, frame; hotbed, seedbed
парнико́вый, hot-bed, sowing (adj.)

парохо́д, steamer
    букси́рный парохо́д, tug
па́рта, desk
парти́йный, party (adj.)
па́рус, sail
па́смурный, dull, gloomy
пассажи́р, passenger
пассажи́рка, passenger, traveller
    (female)
пассажи́рский, passenger (adj.)
пасси́вный, passive
пасси́ровать, to become passive
патриа́рх, patriarch
патриарха́льный, patriarchal
па́хнуть, to smell
педаго́г, teacher
педагоги́ческий, educational
— институ́т, Teachers' Training Col-
    lege
пейза́ж, landscape, countryside
пе́нсия, pension
перви́чный, primary
первобы́тный, primitive
первокла́ссный, first-class, excellent
первооткрыва́тель, prime discoverer
первоочередно́й, primary; immediate
пе́рвый, first
    пе́рвая по́мощь, first aid
перевали́ть, to cross
перева́лочный, transfer, trans-ship-
    ping
переве́с, superiority, margin of success
перевести́, to transfer
перево́д, translation
перево́дчик, translator, interpreter
перегоро́дка, partition
перегрева́ние, overheating
пе́ред, before, in front of
передава́ть, to transmit
переда́ть, to transmit
переда́ча, transmission, broadcast
пере́дний, front (adj.)
перекры́тие, roof
перелива́ться, to flow, flow over
перелопа́чивание, redigging
переме́на, change; break (school)
переме́т, seine, long net
перемеша́ть, to mix together
перенаселённый, overcrowded
переноси́ть, to transport
переохлажде́ние, chill, being too cold
перепи́счик, copier
перепо́лнить, to be overfull, over-
    crowded
переполня́ть, to be overfull

перерыв, interval
пересматривать, to reconsider
переход, transfer, move; passage
перец, pepper
перечень, list, summary
перешагнуть, to step over; surpass
период, period
перипетия, peripetia, emergency
Персия, Persia
персонаж, person
перспектива, vista; prospect, future
песня, song
песок, sand
пестровязаный, patterned, knitted
    with gay colours
песчаный, sandy
петербургский, Petersburg (adj.)
Пётр, Peter
петровский, Petrine
петрушка, parsley
Петрушка, Punch and Judy show
петь, to sing
печальный, sad
печатный, printed
печь, to bake, fry; baking
пешком, on foot
писатель, writer
писать, to write
питание, feeding
питомник, nursery (bot.)
питон, python
пить, to drink
пища, food
пищевой, food (adj.)
плавание, swimming
плавательный, swimming (adj.)
плавать, to swim
план, plan
планета, planet
планирование, planning
планировка, planning
плантация, plantation, garden plot
пластик, plastic covering
пластичный, plastic (adj.)
плата, payment, wages
платок, handkerchief
платье, dress
плёнка, covering, film
плечевой, shoulder (adj.)
плечо, shoulder
пловец, swimmer
плод, fruit
плоскость, plane
плотный, dense, close
плохо, badly, poorly; barely

площадка, area
    строительная площадка, area under
      construction, building site
площадь, square, place
плюс, plus
плюхаться, to flop down, jump into
пляж, beach
по, on; according to; through; along;
    with regard to; each
по-видимому, evidently
по-разному, in different ways
побег, shoot, offshoot
победа, victory, success
побережье, sea coast, shore
побить, to beat
поближе, somewhat nearer
побуждение, motive
побуреть, to grow brown, to ripen
повернуть, to turn, swing
поверхность, surface
повзросление, development, growing
повод, subject, topic; cause
поворот, bend, turning
повторять, to repeat
повысить, to increase
повышение, rise, increase
погода, weather
под, under; for
подарок, present, gift
    делать подарок, to give a present
подать, to serve; add
подать, to give
— голос, to give tongue, voice
— заявление, to hand in an applica-
    tion
подача, serving
подвергаться, to be subjected to
подвеска, suspension
подвой, stock (bot.)
подвязка, tying back
подготовить, to prepare, train
подготовка, preparation
подействовать, to act
подкормка, feeding
подлинно, really, truly
подмосковный, in the Moscow area
поднимать, to raise
подновлять, to renew, renovate
подножие, foot, foothills
поднять, to raise
подняться, to ascend, go up
подняться (с), to move (from)
подобный, like, similar
подозревать, to suspect
подойти, to approach

подóлгу, for a long time
подпи́счик, subscriber
подража́ть, to imitate
подрóбно, in detail
подрóсток, juvenile, young person
подта́лкивать, to push
подта́чивать, to undermine
подтверди́ть, to confirm
поду́мать, to think
подходи́ть, to approach
подходи́ть (под), to come under, be affected by
подчиня́ться, to obey, be subordinate to
пóезд, train
— да́льнего слéдования, long-distance train
поéздка, trip
пожа́р, fire
позволя́ть, to allow, permit
пóздний, late
пóзже, later
познакóмить, to acquaint with
познакóмиться, to get to know
позна́ть, to get to know
поигра́ть, to play
пóиски (pl.), search
пойти́ (на), to hit upon (idea)
пока́, while, meanwhile
показа́ть, to show, indicate
показа́ться, to seem
пока́зывать, to indicate, show
пока́зываться, to appear
поката́ться, to go
— на лóдке, to go boating
покида́ть, to leave, abandon
поки́нуть, to leave, abandon
покóй, rest; room
поколéние, generation
покóнчиться (c), to finish, have done (with)
покра́ска, colour
покрóв, covering
покры́ть, to cover
покупа́тель, purchaser, customer
покупа́ть, to purchase
поку́пка, purchase
пол, floor
полага́ть, to suggest; believe
полвéка, half a century
полгóда, half-year
пóле, field
полéзный, useful
полёт, flight
полетéть, to fly

полирова́ть, to polish
политехни́ческий, polytechnical
полити́ческий, political
политэконóмия, political economy
полновóдный, deep
пóлностью, completely
полноцéнный, rich; of full value
пóлный, full, complete
    пóлным хóдом, at full speed
полови́на, half
половóй, sexual
положéние, position, situation; condition, state; attitude
положи́ть, to place
полоса́, strip, band, zone
полотнó, canvas (painting); permanent way (rail.)
полстака́н, half-glass
полтора́, one and a half
полтора́ста (gen. полу́тораста), one hundred and fifty
полугóдие, half-year
полуóстров, peninsula
полуприлега́ющий, loose fitting
полупроводни́к, semiconductor
получа́с, half-hour
получа́ть, to get, acquire
получи́ть, to obtain, receive
полуша́рие, hemisphere
пóльзование, use
    това́ры дли́тельного пóльзования, durable goods
пóлюс, pole
поля́рный, polar
помéньше, somewhat less
помести́ть, to place, locate; advertise
помéха, hindrance, obstacle; disadvantage
помеща́ться, to be located
помещéние, premises, accommodation
помидóр, tomato
поми́мо, in addition to, besides
помога́ть, to help, aid
помóчь, to help
пóмощь, help, assistance
пона́добиться, to be necessary
понижéние, reduction, drop (temperature)
понима́ние, understanding
    в на́шем понима́нии, in our view
понима́ть, to understand
поня́тие, concept, idea
поня́ть, to understand
попада́ть (на), to get (on to), come (on to)

пополниться, to be supplemented, enlarged
пополнять, to supplement, increase
попробовать, to try, test
попросту, simply
популярный, popular
попутно, incidentally; at the same time
пора, time
  с тех пор, как, since
  до сих пор, up till now
  порой, at times
порадовать, to make happy, gladden
поражать, to strike; be astonished
поразить, to be affected (*med.*); be astonished
порода, species
порождение, result
порт, port
портрет, portrait, likeness
портсигар, cigarette-case
порядок, order; system
посадить, to plant
посадка, landing
посвятить, to devote
поселить, to settle, accommodate
посёлок, settlement, estate
посетитель, visitor, customer
посещать, to visit
посещение, visit, visiting
поскольку, in so far as
посланница, envoy
послать, to send
после, after
послевоенный, post-war
последний, last, final
последующий, subsequent, following
пословица, proverb
послужить, to serve
послушать, to listen
посмотреть, to watch, look
поспорить (с + *instr.*), to vie (with)
поставить, to place, set; supply
  — вопрос, to pose a question
постель, bed
постепенный, gradual
посторонний, outside
постоянно, continuously
постоянный, constant
построение, construction
постройка, construction, building
построить, to build
поступать, to enter
поступить, to enter
посуда, crockery

посыпать (*p.*), посыпать (*imp.*), to sprinkle
потесниться, to make room for
потолок, ceiling
потом, afterwards
потомок, descendant
потому что, because
потребительный, consumption (*adj.*)
потребительский, consumer (*adj.*)
  потребительские товары, consumer goods
потребность, need, requirement
потребовать, to require
потянуться, to stretch
походный, camping (*adj.*)
похожий (на), like, similar (to)
похолодание, cold spell
похолодать, to become cold
почва, soil
почему, why
почётный, honour(able)
  — караул, guard of honour
почитать, to read
почка, kidney
почки (*pl.*), kidneys (*cul.*)
почти, almost
почтовый, postal
пошивочный, sewing
поэма, poem
поэтический, poetic
поэтому, therefore
появиться, to appear
появление, appearance
появляться, to appear
пояс, belt, band
  ловчий пояс, grease-band (*hort.*)
  плечевой пояс, shoulder region
правда, truth; to be sure, indeed
  не правда ли, is it not true?
правило, regulation, rule
правильный, correct
правительственный, governmental
право, law; right
правовой, legal
правонарушитель, wrongdoer, delinquent
праздник, holiday, festival
практический, practical
прародитель, predecessor
пребывание, stay
превосходно, superbly
превосходный, excellent
превратить, to convert, become
превысить, to exceed; beat (*sport*)
превышать, to exceed

предвари́тельно, previously
предвеща́ть, to portend, foreshadow
предвы́борный, pre-election (*adj.*)
преде́л, limit, boundary
предлага́ть, to offer
предложе́ние, suggestion; sentence, clause
предме́т, object
предназнача́ть, to intend for, destine for
предолимпи́йский, pre-Olympic
предоставля́ться, to be available
предосуди́тельный, reprehensible, worthy of blame
предполага́ть, to propose, suggest; assume; intend
предположи́ть, to suggest, put forward
предпочте́ние, preference
предприня́ть, to undertake
предприя́тие, firm, business, works
предрасполо́женный, predisposed
председа́тель, president
представа́ть, to appear
представи́тель, representative
предста́вить, to present, show
представля́ть, to present; represent
предстоя́ть, to be coming; to have to
предусма́тривать, to envisage, provide for
предусмотре́ть, to plan, provide for
предъявля́ть, to show; require of
— тре́бование (к), to demand (of)
предыду́щий, preceding, previous
пре́жде, before
— всего́, above all
преждевре́менный, premature
пре́жний, previous, former
президе́нт, president
преиму́щественно, predominantly
прекра́сный, beautiful; excellent
прекрати́ться, to cease
пре́лесть, charm
преоблада́ть, to predominate
преобразова́ть, to change, transform
преодолева́ть, to overcome, surmount
преодоле́ть, to overcome, surmount
преподава́ние, teaching
преподава́тедь, teacher
преподнести́, to present
препя́тствие, obstacle
прерыва́ть, to interrupt
преры́висто, intermittently
пресдову́тый, notorious
при, during the time of; at; on; in the presence of

приба́вить, to add
Приба́лтика, Baltic Sea area
приблизи́тельный, approximate
прибо́р, apparatus, equipment
прибыва́ть, to arrive; increase, grow
привезти́, to bring in
привести́ (к), to lead (to)
привива́ть, to inculcate
приви́ть, to inculcate, implant
привле́чь, to attract
приво́д, drive (*mech.*)
приводи́ть (к), to lead (to), result (in)
привы́чка, custom, habit
привы́чный, habitual, customary
пригласи́ть, to invite
приглаша́ть, to invite
пригоре́ть, to burn
приго́товить, to prepare; cook
приготовле́ние, preparation; cooking
прида́ть, to give, impart
придво́рный, court (*adj.*)
придётся, it will be necessary
приди́рчивый, meticulous, exacting
прие́зд, arrival
приезжа́ть, to arrive, come
прие́м, method; reception, audience; admission, intake (students)
приёмник, receiver
приёмный, entrance, admission (*adj.*)
прие́хать, to come, travel
приз, prize
призва́ть, to destine for
при́знак, sign
призово́й, prize (*adj.*), top position (sport)
при́зрак, illusion
прийти́, to arrive, come
прика́з, order
по прика́зу (+ *gen.*), by order of
прикладно́й, applied
прила́вок, counter
примене́ние, application
примени́ть, to use, employ
применя́ть, to use, apply
приме́р, example
приме́рно, roughly, approximately
приме́тный, perceptible
приме́шивать, to add, mix
примкну́ть (к), to add (to), join (to)
примыка́ть (к), to lie adjacent (to)
принадлежа́ть, to belong
принести́, to bring
принима́ть, to accept
приноси́ть, to bring
принужде́ние, necessity

принц, prince
при́нцип, principle
при́нято, it is usual, customary
приня́ть, to take, accept
— старт, to make a start
приобрести́, to acquire
приобрета́ть, to acquire
приписа́ть, to ascribe to, attribute to
припра́ва, seasoning, flavouring
приро́да, nature
приро́дный, natural
пристава́ть, to come alongside, moor (boats)
при́стань, pier, landing stage
приступи́ть, to commence
— к рабо́те, to get down to work
притяже́ние, attraction
прихо́дится, it is necessary
приходи́ть, to come, arrive
приходи́ться, to have to
причи́на, cause, reason
пришле́ц, newcomer
пришко́льный, school (adj.)
прию́т, refuge
прия́тный, pleasant
проанализи́ровать, to analyse
про́ба, trial, test
пробле́ма, problem
про́бный, trial, test (adj.)
проведе́ние, carrying out, establishment
прове́рить, to check, verify
прове́рка, check, test
провести́, to carry out; spend (time); play (game)
прови́нция, province
проводи́ть, to carry out; spend (time); pass by
провозгласи́ть, to proclaim, propose
— тост, to drink a toast
прогно́з, prediction, forecast
прогнози́рование, forecasting, prediction
програ́мма, programme
прогу́лочный, strolling; sailing
продавщи́ца, saleswoman, shop assistant
прода́жа, sale
прода́ть, to sell
продово́льственный, grocery
продолжа́ть, to continue
продолже́ние, continuation
проду́кт, foodstuffs
проду́кция, production
проду́мать, to think out, devise

проезжа́ть, to pass through, pass by
проектиро́вщик, planner
про́за, prose
прозра́чность, transparence
прозра́чный, transparent, clear
произведе́ние, work of art, literary work
произвести́, to produce; carry out
производи́ть, to produce
произво́дственный, industrial
произво́дство, production
произво́льно, at will, arbitrarily
произноси́ть, to pronounce
произноше́ние, pronunciation
произойти́, to happen, take place
происходи́ть, to take place
пройти́, to go past, go by; occur
прокипяти́ть, to boil thoroughly
прокла́дывать, to lay
промыва́ть, to wash thoroughly
промы́ть, to wash thoroughly
промы́шленность, industry
промы́шленный, industrial
прониза́ть, to permeate, drench with
прони́кнуть, to penetrate
пропа́сть, to be wasted, be lost
пропо́рция, proportion
прорасти́, to sprout, put forth shoots
просвети́тельный, instructive
просвеще́ние, education
проси́ть, to ask, request
прославле́ние, glorification
прослу́шивание, attendance (lectures, etc.)
просмо́тр, viewing
просмотре́ть, to look over
простира́ться, to stretch, extend
просто́й, simple
просто́рный, spacious, roomy
простра́нство, space
протека́ть, to proceed, develop
про́тив, against
проти́виться, to oppose
проти́вник, opponent
противополо́жный, opposite
противопоста́вить, to oppose, set against
протяже́ние, course, duration
на протяже́нии (+ gen.), in the course of
протяжённость, length, extent, distance
протяну́ть, to extend
профе́ссор, professor
профила́ктика, preventive medicine

профсою́зный, trade union (*adj.*)
прохла́дный, cool
проходи́ть, to pass
процеди́ть, to sieve
проце́женный, sieved, filtered
проце́нт, percentage
проце́сс, process; happening
про́чий, like, similar
прошлого́дний, of last year
про́шлое, the past
про́шлый, past
проща́льный, parting, farewell (*adj.*)
прояви́ть, to show
пружи́на, spring
пры́гнуть, to jump
пря́жа, yarn
прямо́й, direct, straight
психи́ческий, psychological
пско́вский, of Pskov
пти́ца, bird
пу́блика, public
пункт, point, place, location
пустова́ть, to stand empty
пусту́ющий, empty
пусты́нный, deserted, empty
путёвка, pass, holiday permit
путеше́ственник, traveller
путеше́ствовать, to travel
путь, way, route, path; distance
   по пути́ к, on the way to
   путём, by way of, by reason of
пуши́стый, downy, fluffy
пыль, dust
пыта́ться, to try, endeavour
пье́са, play
пье́са-хро́ника, chronicle play
пятито́мный, five-volume
пятни́стость, spottiness
пя́тница, Friday
пятнообразова́ние, sunspot formation
пять, five
пятьдеся́т, fifty

рабо́та, work, task
рабо́тать, to work
рабо́таться, to go smoothly
рабо́тник, worker
рабо́чий, worker; working
— объём, cubic capacity
— кабине́т, study
равни́на, plain
равнозна́чный, equivalent, synonymous
ра́вный, equal
ра́ди, thanks to, owing to

радиа́ция, radiation
ра́дио, radio
радиоальмана́х, radio almanac
радиоволна́, radio wave
радиозе́ркало, radio telescope
радиолу́ч, radio wave
радиопереда́тчик, radio transmitter
радиопостано́вка, radio performance
радиоприёмник, radio receiver
радиосвя́зь, radio communication
радиослу́шатель, radio listener
радиоста́нция, radio station
радиотелеско́п, radio telescope
радиоте́хника, radio engineering
радиоэлектро́ника, electronics
ра́довать, to gladden, fill with joy
ра́дость, joy
раз, time, occasion
   на сей раз, on this occasion
разба́вить, to dilute
разведе́ние, cultivation
разве́дчик, ''scout'', reconnaissance man
разве́яться, to be dispersed, dispelled
развива́ть, to develop
разви́тие, development
разви́ть, to develop
разгильдя́й, ruffian
разгово́рный, conversational, colloquial
разгрузи́ть, to relieve
разда́ться, to resound, be heard
разде́л, section
раздели́ть, to divide
разли́в, flood
разли́ться, to spread; overflow
разли́чный, different, various
разма́х, swing
   с разма́ху, with force
разме́р, dimension, size
разме́рение, dimension
размести́ть, to accommodate, be located, housed
размета́ть, to disperse, scatter
размеще́ние, distribution, placing, location
разми́нка, warm-up, limbering up
разновысо́кий, of different height
разнообра́зие, variety, diversity
разнообра́зный, different, varied
разносторо́нний, many-sided
разноцве́тный, of different colours
ра́зный, various
разогре́ть, to heat, warm up
разрабо́тка, working out, devising

160

разрежа́ть, to thin out (*hort.*); rarify
разре́зать, to cut up
разреша́ть, to permit, allow
разруше́ние, destruction
разря́д, rank, rating
разуме́ется, of course
райо́н, region, area
ра́лли, rally
ра́ма, frame (garden)
ра́нний, early; young (years)
ра́ньше, earlier
раски́нуться, to stretch, spread out
расколо́ть, to cleave, split
раско́пки (*pl.*), excavations
расписно́й, painted, decorated
распи́сывать, to paint
распозна́ть, to recognize; diagnose
располага́ть, to have available, display; be situated
расположи́ть, to be situated, be placed
распростере́ть, to extend, stretch
распространённый, widespread
распространя́ться, to be propagated
расса́да, seedlings
расска́з, short story
рассказа́ть, to say, relate
расска́зывать, to tell, report, relate
рассма́тривать, to consider
рассо́л, brine
рассо́льник, soup (with pickled cucumbers)
расста́вить, to arrange, place
расста́ться с (+ *instr.*), to part with, dispense with
расстоя́ние, distance
расстро́йство, disorder
рассчи́тывать на (+ *acc.*), to rely on, reckon on
раство́р, solution
расте́ние, plant, herb
расти́, to grow, increase
расти́тельный, plant (*adj.*)
растопи́ть, to melt
растяну́ться, to stretch
расхо́д, expenditure
расходи́ться, to disperse
расхо́довать, to expend, consume
расце́нивать, to value; consider
расчища́ть, to clear
расшире́ние, extension
расши́рить, to enlarge, extend
расширя́ть(ся), to enlarge, expand
расши́ть, to embroider
рациона́льный, rational
реализова́ть, to achieve

реа́льный, real
ребя́та (*pl.*), children
ребяти́шки, children
ревни́вый, jealous
рега́лия, regalia
регистри́ровать, to register
регуля́рно, regularly
редакти́рование, editing
реда́ктор, editor
реда́кторский, editorial
реди́с, radishes
ре́дкий, rare
ре́дька, horse radish
режи́м, policy, plan; method of working
рези́новый, rubber (*adj.*)
ре́зкий, sharp
результа́т, result
река́, river
рекла́ма, advertisement; publicity
реконструи́ровать, to reconstruct
реконстру́кция, reconstruction
реко́рд, record
— страны́, national record
реко́рдный, record (*adj.*)
рекордсме́нка, record holder (female)
рекреа́ция, place of recreation, playspace
реле́йный, relay (*adj.*)
религио́зный, religious
рели́квия, relic
ремо́нт, repair, renovation
репертуа́р, repertoire
ре́пчатый(лук), onions
респу́блика, republic
рестора́н, restaurant
реце́пт, recipe (food)
ре́чка, rivulet
речь, speech
реша́ть, to decide; solve
реше́ние, solution
реши́мость, resolve, determination
реши́ть, to decide; to make (clothes)
ржано́й, rye (*adj.*)
ро́вный, even
ро́бот, robot
род, kind, genus
роди́тель, parent
роди́ться, to be born
рожда́ться, to be born
родно́й, native
ро́зничный, retail (*adj.*)
ро́зовый, rose (*adj.*)
роль, role, part
рома́нтика, romantic attraction

роса́, dew; mould (bot.)
ро́спись, painting
Росси́йский, Great Russian
Росси́я, Russia
рост, growth
рот, mouth
ру́бленый, chopped, minced
рубль, rouble
рука́, hand
руководи́тель, leader
руководи́ть, to lead, be at the head of
руково́дство, direction, leadership
руководя́щий, leading
ру́копись, manuscript
ру́сский, Russian
  по-ру́сски, in Russian
Русь, Russia
рыба́к, fisherman
рыболо́в, angler
рыболо́вный, fishing (adj.)
ры́жий, red
ры́нок, market
рыхли́ть, to loosen, hoe
ры́царство, knighthood, nobility
ры́царь, knight
рюкза́к, rucksack
ряби́ть, to ripple
рябь, ripple
ряд, series; a number (of); row
ря́дом, at hand, nearby
— с (+ instr.), by the side of, next to

с, with; from, off; since
сад, garden
сади́ться, to shrink (fabrics)
садо́вый, garden (adj.); tree-lined
сажале́ние, regret
  к сажале́нию, unfortunately
салама́ндра, salamander
сала́т, lettuce
са́ло, fat, suet
  свино́е са́ло, lard
сало́н, saloon (aircraft)
сам, myself, yourself, etc.
  са́ми по себе́, in themselves
самоде́ятельность, individual activity
самолёт, aircraft
самостоя́тельно, independently
са́мый, most; very
санато́рий, sanatorium
санита́рный, clean
сантиме́тр, centimetre
сапожо́к, small boot
сарди́на, sardine
сбор, collection

сбо́рный, combined
све́дения (pl.), information, data
све́жесть, freshness
све́жий, fresh
свёкла, beetroot
сверка́ть, to sparkle, shine
сверхда́льний, very long distance
све́рху, on top, above
сверхъесте́ственный, supernatural
свет, light; world
све́тлый, bright
свиде́тельство, evidence
свиде́тельствовать, to bear witness,
  show evidence
свобо́да, freedom
свобо́дный, free
сво́дка, summary
своекоры́стие, self-interest
своеобра́зный, special
сво́й, my, his, her, its, etc.
сво́йство, quality, property
свы́ше, more than, over
связа́ть, to connect, link up
связь, communication, link
сдава́ться, to give up, surrender
сдать, to pass (exam); hand in
— в эксплуата́цию, to put to use, in
  commission
сда́ча, passing (exam)
сде́лать, to do, make
сеа́нс, period, session
себя́, self
се́вер, north
се́верный, northern
се́веро-восто́к, north-eastern
се́веро-за́падный, north-western
сего́дня, today
седьмо́й, seventh
сезо́н, season
сейча́с, now, at the present time
секу́нда, second
село́, village
сельдь, herring
се́льский, rural
  се́льское хозя́йство, agriculture
сельскохозя́йственный, agricultural
семе́йный, family (adj.)
семе́йство, family
семенни́к, seed
семь, seven
семья́, family
се́мя, seed
сенса́ция, sensation
серде́чно-сосу́дистый, cardiac
серебри́стый, silvery

серебро́, silver
середи́на, middle
серёзный, serious
seри́йный, serial
    seри́йная маши́на, mass-produced car
се́ро-бе́жевый, greyish
се́рый, grey
се́ссия, session
сесть, to land
сеть, network, a number of
се́ять, to sow
сжать, to compress
сиби́рский, Siberian
Сиби́рь, Siberia
сигна́л, signal
сиде́ть, to sit; be fast, stuck (naut.)
си́ла, force, power, strength
силуэ́т, outline, shape
си́льно, very, appreciably
сильноро́слый, strong growing, vigorous
си́льный, strong; horse-power (adj.)
Симферо́поль, Simferopol
симфони́ческий, symphony (adj.)
си́ний, dark blue
си́нтез, synthesis
синтети́ческий, synthetic
систе́ма, system
системати́ческий, systematic
ситуа́ция, situation
сказа́ть, to say
скала́, cliff
скаме́ечка, small bench
Скандина́вия, Scandinavia
скандина́вский, Scandinavian
сквер, square
сквозь, through
ске́псис, scepticism, doubt
ски́фский, Scythian
складно́й, folding
скла́дывать(ся), to form, take shape; arise
склон, slope
скова́ть, to hammer out
сковоро́дка, frying pan
ско́льзкий, slippery
ско́лько, how much, many
ско́рость, speed, velocity
скри́пка, violin
скрыва́ться, to be concealed, hidden
ску́ка, boredom
ску́льптор, sculptor
скульпту́ра, sculpture
скульпту́рный, sculptural

ску́тер, scooter
сла́ва, renown, glory
славя́нский, Slav
сле́ва, on the left
следи́ть за (+ instr.), to follow, keep watch on
сле́довательно, consequently
сле́дствие, consequence
сле́дует, it is necessary, one must
сле́дующий, next
слеса́рный, fitter's; mechanical
сле́сарь, fitter; craftsman
сли́ва, plum
сли́вки (pl.), cream
сли́вочный, creamy
слова́рь, dictionary
сло́вник, glossary
сло́во, word
    сло́вом, in a word, in short
сло́жный, complex, difficult
слой, layer, stratum; section (population)
слон, elephant
слу́жащий, employee; office/professional worker
слу́жба, service; duty; system
служи́ть, to serve, be used for
слух, hearing
слу́чай, event; case
случи́ться, to happen
слу́шать, to listen, hear
слы́шный, audible
сма́зать, to smear, grease
сме́лый, bold
сменя́ться, to interchange
смесь, mixture
смета́на, sour cream
смеше́ние, intermingling
сме́шивать, to mix
смешно́й, comic, funny
смея́ться, to laugh
смоли́стый, resinous
сморо́дина, currants
смотр, review
смотре́ть, to watch
смочь, to be able
снабди́ть, to supply, equip with
снару́жи, from the outside
снача́ла, at first
снег, snow
снегопа́д, snowfall
Снегу́рочка, Snow Maiden
сне́жный, snow (adj.)
сниже́ние, reduction
сни́зить, to reduce

снима́ть, to photograph
сно́ва, again
сня́тие, removal
собесе́дник, interlocutor
собира́ть, to collect
собира́ться, to intend; assemble
соблюда́ть, to observe, adhere to
собо́р, cathedral
собо́рный, cathedral (adj.)
собра́ние, collection
собра́ть, to collect, assemble
собра́ться, to assemble, put together
со́бственно, as a matter of fact
собственнору́чно, with one's own hand
со́бственный, own
собы́тие, event
соверша́ть, to perform
— прогу́лку, to take a walk
соверше́нно, completely; quite
соверше́нствование, perfecting
соверше́нствовать, to improve, perfect
сове́т, council; advice
сове́тский, Soviet
совеща́ться (о), to consult (on), deliberate (on)
совпаде́ние, coincidence
совреме́нный, contemporary, present-day
совсе́м, completely
— не, by no means
согла́сие, agreement
согла́сно, in accordance with
содержа́ние, content
содержа́ть, to contain
соедини́ть, to join together
соединя́ть, to join together
создава́ть, to create
созда́ние, creation
созда́ть, to create
созна́ние, consciousness
созна́тельный, conscientious, mindful
созрева́ние, maturity
соизво́лить, to deign to, agree to
сойти́, to come off, move away
сократи́ть, to reduce, shorten
сокро́вище, (art) treasure
солёный, salted
соли́дный, strong; reliable
со́лнечный, sunny; solar
со́лнце, sun
сомне́ние, doubt
сон, dream
соне́т, sonnet
сообща́ть, to report, inform of
сообще́ние, report, information

сообщи́ть, to inform
сооруди́ть, to construct
сооружа́ть, to construct
сооруже́ние, building, erection
соотве́тственно, correspondingly
сопе́рничество, rivalry
сопреде́льный, appropriate, relevant, germane to
сопровожда́ть, to accompany
соревнова́ние, competition, contest
сорт, kind, type
сосно́вый, pine (adj.)
составле́ние, compilation
составля́ть, to form, comprise; compose, put together
состоя́ние, state, condition
состоя́ть в, to be
— в ра́нге, to have the status of
состоя́ть (из), (в), to consist of
состоя́ться, to take place
со́тня, hundred
софи́йский, of Sophia
Софи́я, Sophia
сохрани́ть, to maintain, preserve
сохра́нность, preservation
сохраня́ть, to retain, preserve
социа́льный, social
сочета́ние, combination
в сочета́нии с, in conjunction with
со́чинский, of Sochi
сою́з, union
сою́зный, allied; of the union
спаса́тельный, life-saving, emergency
спать, to sleep
спекта́кль, play
сперва́, at first
специализи́рованный, specialized
специали́ст, specialist, expert
специа́льность, special subject; special skill
специа́льный, special
специ́фика, specific feature
спе́ция, spice
спиг, lard
спина́, spine, back
спи́сок, list
сплошно́й, continuous
сплошь, entirely, completely
— и ря́дом, quite often
споко́йный, peaceful, quiet
спорт, sport
спорти́вный, sporting, in sport
споркко́мната, games room
спортплоща́дка, sports area
спортсме́н, sportsman

способность, ability, capability
способный, capable
способствовать, to help, promote; be
    conducive to
справа, on the right
справедливость, truth; justice
справка, information
справочный, inquiry (*adj.*)
спрос, demand
спутник, satellite
спутница, satellite, fellow-traveller,
    accomplice
сравнение, comparison
    по сравнению (с + *instr.*), in com-
    parison (with)
сравнить, to compare
сразу, at once, immediately
среди, among
Средиземное море, Mediterranean
Средиземноморье, Mediterranean
средневековый, medieval, Middle
    Ages
среднерусский, Central Russian
среднеспелый, mid-season
средний, central; medium; average
    средняя Азия, Central Asia
    средняя школа, secondary school
    в среднем, on the average
средство, means, method
срок, date, period of time
ССР, Soviet Republic
ставить, to place
стандарт, standard
становиться, to become
станция, station
старение, ageing
старенький, old
старик, old man
старина, ancient times, the past
старичок, (little) old man
старческий, of age, senile
старший, oldest
старый, old; senior
статуя, statue
стать, to become
статья, article
стационарный, fixed, permanent
стая, flock, a mass of
стекло, glass
стеклянный, glass (*adj.*)
стена, wall
степень, degree, extent
стеснительный, shy, diffident
стиль, style
стимулятор, stimulator

стипендия, grant
стиральный, washing (*adj.*)
    стиральная машина, washing mach-
    ine
стирка, washing, laundering
стих, verse
сто, hundred
стоить, to be worth while
стол, table
    за столом, at table
столетие, century
столица, capital
столкновение, conflict, clash
столовая, dining-room
столовый, table (*adj.*)
столь, so, such a
столько же, just as much
столярный, joiner's, woodwork
сторона, side
    с одной стороны, on the one
    hand
    с другой стороны, on the other
    hand
стоянка, parking (vehicles)
стоять, to stand
страна, country
страшный, terrible
стрела, arrow; branch (roads)
стремиться, to strive, aim at
стремление, desire, striving
строгий, strict
строитель, builder, construction
    worker
строительный, building
    строительная площадка, building
    site
строительство, building, construction
строить, to build
структура, structure
студент, student
стул, chair
ступить (на), to set foot (on)
стык, joint
стюардесса, stewardess
суббота, Saturday
субтропический, subtropical
сувенир, souvenir
сугроб, snowdrift
суд, court
судно, vessel, ship
судоходство, shipping
судьба, fate
судья, judge, referee
Суздальский, Suzdal
суровый, severe, rigorous

суть, essence
  по су́ти де́ла, in essence, in actual fact
сухожи́лие, tendon, sinew
сухо́й, dry
сушёный, dried, dry
суще́ственно, fundamentally, radically
суще́ственный, important, substantial; essential
существо́, essence
  по существу́, in essence
существова́ние, existence
существова́ть, to exist, be
схе́ма, plan
сходи́ть, to come off
схо́дный (с), similar (to)
счастли́вый, happy
сча́стье, happiness
  с но́вым сча́стьем, Happy New Year
счётно-реша́ющий, computing
счита́ть, to consider, regard
США, U.S.A.
сын, son
сыро́й, damp
сюда́, here
сюже́т, subject
сюрпри́з, surprise

табли́ца, table
тайфу́н, typhoon
так, thus, so
— как, since
— что (бы), so that
та́кже, also
тако́й, such a
тако́й же, precisely, the very
тако́й-то, such and such a
такси́, taxi
та́лия, waist
там, there
танцева́льный, dancing
ташке́нтец, inhabitant of Tashkent
твёрдо, firmly, definitely
творе́ние, creation, work of art
тво́рческий, creative
тво́рчество, creative work
теа́тр, theatre
театра́льный, theatrical
текст, text
телеви́дение, television
телевизио́нный, television (adj.)
телеви́зор, television set
телегра́мма, telegram
телемеха́ника, telemechanics
телеско́п, telescope

телефо́нный, telephone
те́ло, body
те́льце, body
тем не ме́нее, nevertheless
тёмный, dark
темп, tempo
температу́ра, temperature
тенде́нция, tendency, trend
те́ннисный, tennis
тент, tent, beach-tent
тео́рия, theory
тепе́рь, now, at present
тепли́ца, greenhouse, hothouse
тепло́, warmth
теплохо́д, motor vessel
теплоэне́ргия, thermal energy
тёплый, warm
терра́риум, terrarium, tropical house
территориа́льный, territorial
террито́рия, territory
те́сный, compact, close
те́сто, dough
те́хник, technician
те́хника, technology; technique
техни́ческий, technical
тече́ние, flow; course
  в тече́нии (+ gen.), in the course of
тип, type
типи́чный, typical
тирани́я, tyranny
ти́тул, title
ти́хий, quiet, calm
  Ти́хий Океа́н, Pacific Ocean
ти́ше, quieter
ткань, fibre, fabric
то, then
— или ино́й, this or that, some or other
това́р, goods, wares
това́рищ, colleague, team-mate
това́рищеский, friendly
товарооборо́т, trade turnover
тогда́, then
то́же, also
толка́ние, throwing (discus, etc.)
толкну́ть, to push
толпи́ться, to crowd, throng
то́лстый, thick
то́лько, only
  не то́лько . . . но и, not only . . . but also
том, volume
тон, tone, colour
то́нна, ton
тонне́ль, tunnel

тополь, silver poplar
торговец, merchant, trader
торговля, trade
торговый, trade (*adj.*)
тот, та, то, that
   тот и другой, this and that
точка, point
   — зрения, point of view
точный, accurate, exact
трава, grass
трагедия, tragedy
трагический, tragic
традиционный, traditional
транзитный, in transit, passing
   through
транслировать, to transmit (radio)
транспорт, transport
транспортировка, transportation
транспортный, transport (*adj.*)
трасса, route
тратиться на (+ *acc.*), to spend money
   on
требование, demand
требовать, to demand, require
тренер, trainer
тренироваться, to be in training
тренировка, training
тренировочный, training (*adj.*)
третий, third
три, three
тридцатый, thirtieth
   тридцатые годы, the thirties
тридцать, thirty
трикотаж, knitted fabric
троиться, to triple
троллейбус, trolley-bus
троллейбусный, trolley-bus (*adj.*)
тропа, path; route
трос, rope, line
трофей, trophy
труд, work, labour
трудиться, to work
труднодоступный, difficult of access
трудность, difficulty
трудный, difficult
трудовой, labour (*adj.*), working
труппа, troupe, company (actors)
туда, there
туловище, trunk, body
туман, mist, fog
туризм, tourism
турист, tourist
туристский, tourist (*adj.*)
турне, tour
турнир, tournament

тут, there
   — же, on the spot
туфли, shoes
тушёный, stewed
тушить, to stew
тысяча, thousand
тысячелетие, thousand years
тянуться, to stretch, extend

у, at; from; with; by; near
убедиться в (+ *loc.*), to be convinced
   of
убирать, to gather, collect
убор, attire, dress
уборка, gathering, harvesting; clean-
   ing, tidying
убранство, attire, clothing; armour
уважать, to esteem, value
увеличение, increase
увеличивать, to increase
увеличить, to increase
увенчать, to crown, adorn with
уверенно, confidently
увидеть, to see
увлечение, attraction
угол, corner; home
   иметь свой угол, to have one's own
   home
удаваться, to succeed
удаление, removal
удалять, to remove
удаться, to succeed
удивительный, astonishing
удобный, convenient; comfortable
удобрение, fertilizer
удобство, convenience, amenity; comfort
удостоверение, certificate
удочка, fishing-rod
уединение, solitude, seclusion
уединяться, to join together, combine
уехать, to go away
уже, already
ужинать, to have supper
узбекский, Usbek
узел, knot (*naut.*); bundle, pack; group
узкий, narrow
узнавать, to recognize
указ, decree
указывать, to show, indicate
УКВ, ultra-short waves, VHF
уклад (жизни), way of life
украинский, Ukrainian
украсить, to adorn, decorate
украшать, to adorn, decorate

167

украше́ние, decoration, ornamentation
укро́п, fennel
ула́вливать, to catch, pick up
у́лица, street
у́личный, street (*adj.*)
улучше́ние, improvement
улы́бка, smile
ультракоро́ткий, ultra-short (wave)
уме́лый, clever
уме́ние, ability
уме́ть, to know how, be able
универма́г, department store
универса́л, all-purpose car
универса́льный, universal
университе́т, university
университе́тский, university (*adj.*)
уничтожа́ть, to destroy
уничтоже́ние, destruction
управле́ние, administration area
управля́емость, control
упражне́ние, exercise
урага́н, hurricane
Ура́л, Urals
урбаниза́ция, urbanization
у́ровень, level
урожа́й, harvest, crop
урожа́йный, productive, high-yielding
усвое́ние, mastering; learning
усво́ить, to master, learn
уси́ливать, to strengthen; amplify
уси́лие, effort, labour; strength; energy
ускоре́ние, acceleration
усло́вие, condition
услу́га, service; good turn; amenities
успе́ние, Assumption (*rel.*)
успе́ть, to have time to; be successful
успе́х, success
успе́шно, successfully
устана́вливать, to set up
установи́ть, to establish
установи́ться, to set in (weather)
устано́вка, setting up; pitching (tents)
усто́йчивость, stability
устро́йство, organization; equipment,
    appliance; installation; station
    (radio)
устро́ить, to place, install, fix; organize
усту́п, ledge
уступа́ть, to yield, be inferior to
усыпа́льница, tomb, burial place
утвержда́ть, to confirm, state, assert
утёс, crag
утоми́тельный, wearisome
у́тро, morning
ухо́д (за), care (of)

уходи́ть, to go away, depart
уча́ствовать, to take part
уча́стие, part
    приня́ть уча́стие, to take part
уча́стник, participant
уча́сток, section, part; plot (land)
учаща́ться, to increase, become more
    frequent
уча́щийся, pupil, student
уче́бник, textbook
уче́бный, educational
учени́к, pupil
учёный, scholar; scientist
учи́тель, teacher
учи́тывать, to take into account
учи́ться, to learn, study
учрежде́ние, establishment, institu-
    tion
у́ши, ear-flaps
ушко́, eye (needle)
Уэ́льс, Wales
ую́тный, comfortable

фа́брика, factory
факт, fact
фа́ктор, factor
факультати́вный, faculty (*adj.*)
факульте́т, faculty (*univ.*)
фанта́зия, imagination
ФГР, Federal German Republic
февра́ль, February
феода́льный, feudal
фибергла́совый, fibre glass
фи́зика, physics
физи́ческий, physical
фикси́ровать, to fix
филосо́фия, philosophy
фи́рма, firm
флаг, flag
флагшто́к, flagstaff
Фла́ндрия, Flanders
фо́льга, foil
фона́рный, lamp (*adj.*)
— столб, lamp-post
фо́рма, shape, form
форси́рованный, forced; extra-power
фо́сфорный, phosphate (*adj.*)
фра́за, phrase, sentence
Фра́нция, France
францу́зский, French
фре́ска, fresco
фре́сковый, fresco (*adj.*)
фронт, front
фу́нкция, function
фурго́н, station wagon, estate car

футбол, football
футболист, footballer
футбольный, football (*adj.*)

халатный, careless, negligent
ханжество, hypocrisy
характер, character
характеризовать, to characterize
характеристика, characteristic
характерный, characteristic (*adj.*)
Харьков, Kharkov
хвойный, coniferous
    хвойное дерево, conifer
хвост, tail
хвоя, needles (conifer)
химический, chemical
химия, chemistry
хлеб, bread
хлопать, to clap
— в ладоши, to clap one's hands
хлопушка, Christmas crackers
хлопчатобумажный, cotton (*adj.*)
ход, course
ходатайство, recommendation (legal)
ходить, to go, travel
— на лыжах, to ski
хозяйка, housewife; hostess
хозяин, host; director; supervisor;
    master
хозяйственный, economic
хозяйство, economy
холод, cold spell
холодильник, refrigerator
холодный, cold
хоровод, dance
    водить хоровод, to dance in a ring
хоронить, to bury
хороший, good
хорошо, well
хотеть, to wish, want
хотеться, to wish, want
хоть раз, only once
хотя, although
хохотать, to laugh loud
храм, cathedral
хранение, preservation
хранить, to preserve
хребет, range (mountains)
хроника, chronicle
хрустальный, crystal (*adj.*)
художественный, artistic
художник, artist, painter
хулиганство, hooliganism

царить, to reign

царский, Tsar's, royal
царство, kingdom, realm
царь, Tsar
Царь-колокол, Tsar Bell
Царь-пушка, Tsar Cannon
цвет, flower; colour
цветной, coloured
цветовой, coloured
целебный, salubrious, healthy
целесообразный, useful, advantageous
цель, aim
целый, whole, complete
    в целом, as a whole
цена, price
ценный, valuable
центр, centre
центральный, central
цепочка, chain
цепь, chain
церемониальный, ceremonial
церковь, church
цех, factory shop
цикл, cycle
циркуляция, circulation
цифра, figure, number
ЦСУ, Central Statistics Board

чай, tea
чайка, seagull
чарльстон, charleston (dance)
час, hour
часовой, hour (*adj.*)
частность, special feature
    в частности, especially
частный, particular, special; private
часто, often, frequently
частота, frequency
часть, part
    по большей части, for the most part
часы (*pl.*), clock
чаще, more often
— всего, most often
чей-то, чья-то, чьё-то, some
чеканка, trimming
человек, man; people
человеческий, human
человечество, humanity, human race
человечность, humanity
чем, than
чемпион, champion
чемпионат, championship
черёд, turn; course
через, via, through; during
черенок, cutting
Чёрное море, Black Sea

169

черта́, feature; line
че́тверть, quarter (hour)
чёткий, clear
четы́ре, four
четырёхме́стный, four-seater
четырёхто́мный, four-volume
число́, number
   в том числе́, among whom, including
чистосо́ртный, selected
чистота́, cleanliness, purity
чи́стый, pure, clean
чита́тель, reader
член, member
член-корреспонде́нт, corresponding
   member
что, what, a fact which
— же, as far as; what then
— ж, well
что́бы, in order to, so that
чувстви́тельный, sensitive
чу́вство, feeling
чугу́нный, cast-iron (adj.)
чуде́сно, wonderfully
чу́до, wonder, miracle, wonderful
   sight
чужо́й, foreign
чуло́к, stocking
   ажу́рный чуло́к, open-mesh stocking
чуть, hardly
— ли не, almost

шаг, step
ша́пка, hat, cap; cover
ша́почка, little cap, hat
шар, sphere, globe
ша́рик, small sphere
ша́хта, mine
шве́дский, Swedish
Шве́ция, Sweden
швея́, seamstress
швырну́ть, to fling, throw
шезло́нг, couch, seat
Шекспи́р, Shakespeare
шёлковый, silk (adj.)
шерстяно́й, woollen
шест, pole
шестиле́тний, six-year old
шестито́мный, six-volume
шестнадцатиле́тний, sixteen-year old
шесть, six
шеф-по́вар, chef, chief cook
ши́ре, wider
ширина́, width
широ́кий, wide, broad; general

широковеща́тельный, broadcasting
широ́тный, broad
ши́тый, sewn
шкаф, cupboard
шко́ла, school; technique (football)
шко́льник, scholar, student; school
   leaver
шко́льница, schoolgirl
шлюз, lock
шля́па, hat
шоссе́, highway
шпик, lard
шпина́т, spinach
шпон, thin layer of wood
штормово́й, storm (adj.)
штрафно́й, penal
шу́ба, fur coat
шум, noise

щель, crack, fissure

эгои́зм, egoism
эква́тор, equator
экза́мен, examination
экзо́тика, exotic character
эконо́мика, economics
эконом́ист, economist
экономи́ческий, economic
экономи́чность, economy
эконо́мия, economy
экра́н, screen
эксгума́ция, exhumation
экску́рсия, excursion
экспеди́ция, expedition
экспериме́нт, experiment
эксперимента́льный, experimental
экспона́т, exhibit; specimen
экспони́ровать, to exhibit
элега́нтный, elegant
электри́ческий, electric
   электри́ческая доро́га, electric line
электри́чка, electric train
электро́нный, electronic
электроэне́ргия, electrical energy
элемента́рный, elementary
эли́та, elite
эма́ль, enamel
энциклопеди́ческий, encyclopedic
энциклопе́дия, encyclopedia
эпо́ха, epoch
эскала́тор, escalator
эстафе́та, relay
эта́п, stage
этиле́новый, polythene
этно́граф, ethnographer

э́тот, э́та, э́то, this
  при э́том, in this process, hereby
эфи́р, ether
эффе́кт, effect
эффекти́вный, effective

ювели́рный, jeweller's, jewel (*adj.*)
  ювели́рные изде́лия, jewellery
юг, south
юго-за́падный, south-western
Югосла́вия, Yugoslavia
югосла́вский, Yugoslav
ю́жный, southern
ю́ность, youth
ю́ноша, youth

я, I
я́блоко, apple
явле́ние, phenomenon

явля́ться, to appear, be
я́вно, clearly
я́года, berry
ядро́, shot
язы́к, language
яйцо́, egg
Я́ков, James
янва́рь, January
япо́нец, Japanese
Япо́ния, Japan
ярд, yard
я́ркий, bright
я́ркость, brightness, vividness
я́рус, circle, tier
я́сеневый, ash (*adj.*)
я́сли, crèche
я́сный, clear
я́хта, yacht
яче́йка, cell; micro-unit

Subject Index

NTC RUSSIAN TEXTS AND MATERIAL

Manual and Audiocassette
How to Pronounce Russian Correctly

Graded Readers
Basic Russian, Book 1
Basic Russian, Book 2
Beginner's Russian Reader
Russian Intermediate Reader
Modern Russian Reader for Intermediate Classes

Civilization & Culture
Russian Composition and Conversation
Business Russian
Russian Area Reader
Songs for the Russian Class

Literary Adaptations
Trio: Intermediate-Level Adaptations of Pushkin, Lermontov,
   and Gogol
Quartet: Intermediate-Level Adaptations of Turgenyev, Tolstoy,
   Dostoyevsky, and Chekhov

Annotated Russian Literature
Six Soviet One-Act Plays
The Inspector General
The Queen of Spades
Asya

Grammar and Reference
Simplified Russian Grammar
Reading and Translating Contemporary Russian
Roots of the Russian Language
Essentials of Russian Grammar
Pattern Drills in Russian

Language Learning Material
NTC Language Learning Flash Cards
NTC Language Posters
NTC Language Puppets
Language Visuals

Duplicating Masters
Basic Vocabulary Builder
Practical Vocabulary Builder

For further information or a current catalog, write:
National Textbook Company
a division of NTC Publishing Group
4255 West Touhy Avenue
Lincolnwood, Illinois 60646-1975 U.S.A.